# L:
# Lafer

Collection
Rolf Heyne

JOHANN LAFER

# L: Lafer

DIE AUTOBIOGRAFIE

COLLECTION ROLF HEYNE

**Das System**
Anstelle eines Vorworts 6

**Anarchie in Lila**
Im Visier der Kameras von Studio 1 10

**Haarlack, Trockeneis und Betablocker**
Ein Koch kommt ins Fernsehen 32

**Rührei mit Minze**
Ein Waldbauernbub 54

**Rosa Jägers Geheimnisse**
Lehrjahre im *Gösser Bräu* 78

**Hummer statt gebackenem Emmentaler**
Der Steirer und die Nouvelle Cuisine 96

**Bohnen putzen**
Von den *Schweizer Stuben* zur *Aubergine* 116

**L'amour et le petit fou**
Kochen wie Gott in Frankreich 134

**Der Koch, der Dieb, der Liebhaber**
Neue Heimat Guldental 146

**Wie schmeckt die Welt?**
Entdeckungsreisen durch die Küchen der Welt 170

**Das Burgfräulein**
Aus dem goldenen Tal auf die Stromburg 184

**Kochen auf Sicherheitsstufe 1**
Politik geht durch den Magen 198

**Zwischen Himmel un Erd**
Ein Koch geht in die Luft 214

**info@johannlafer**
Mensch und Marke 230

**Intime Gespräche mit der Barbe**
Spitzenköche als Visionäre 246

**Bilder meines Lebens** 257

**Lafer, Lichter, Lachen**
Der Koch als Komödiant 274

**Die Zeit und das Glück**
Über die zweite Hälfte des Lebens 282

Rezepte 288
Bibliografie 318
Literatur 319
Impressum und Bildnachweis 320

## DAS SYSTEM
## ANSTELLE EINES VORWORTS

Vor nicht einmal einem Jahr, in der Vorweihnachtszeit 2006, traf ich mich zum ersten Mal mit meiner Verlegerin Anja Heyne. Wie so oft war ich unterwegs von einem Termin zum anderen. Ich hatte es gerade noch geschafft, meinen selbst gebackenen Weihnachtsstollen als Gastgeschenk mitzunehmen und war, hin und her schwankend zwischen Neugier auf das, was mich erwarten würde, und Hektik, noch rechtzeitig mein Flugzeug zu erreichen, gespannt, was Frau Heyne mir vorschlagen würde. Frau Heyne verlegt in der Collection Rolf Heyne opulente Bildbände, und im Grunde genommen war mir klar, dass ich mich an diesem Tag überreden lassen würde, aus Anlass meines fünfzigsten Geburtstages zur Riege ihrer illustren Kochbuchautoren zu stoßen.

Ich sollte mich irren. Sogar gewaltig irren. An diesem Samstagnachmittag antwortete sie mir auf meine betont lässige Frage, was sie denn eigentlich so von mir wolle, ganz lapidar: »Kein Kochbuch.« Das saß. Ich muss wohl mitsamt hängendem Schnauzbart ziemlich irritiert geschaut haben, denn Frau Heyne lachte und begeisterte mich auf ihre charmant-hartnäckige Art für Ihre Idee, mein Leben aufzuschreiben. Sie erzählte mir, wie sehr sie fasziniert sei vom »System Lafer« und beschrieb mir anschaulich, was sie unter dem für mich anfangs befremdlichen Begriff verstand.

Neugier auf Neues und Unbekanntes ist meine Triebfeder, und gleiches gilt für Verleger mit Herzblut. Frau

Heyne war neugierig darauf, wie ein kleiner Steirer Bub es unter anderem zu einer Hunsrücker Burg, einem Hubschrauber und zahllosen Fernsehauftritten gebracht hatte – sie vermutete dahinter ein System. Ich habe gar kein System, aber ich habe bei diesem Gespräch erkannt, dass die wenigen Stationen meines Lebens, die in der Öffentlichkeit bekannt sind, genau darauf hindeuten. Ich wurde neugierig darauf, mein bisheriges Leben Revue passieren zu lassen. Denn schon damals beschäftigten mich so viele, noch ungeordnete Gedanken dazu, was mir mein fünfzigster Geburtstag bedeuten würde, ob es Zeit sei für eine Zäsur, was die Zukunft für mich bereit hielt … Was für eine Chance sollte dieses Buch für mich werden: darüber nachzudenken, was war, und herauszufinden, was kommen sollte. Ich musste mir nun zwangsweise die Zeit nehmen, inne zu halten. Neues entsteht immer auch aus kritischer Betrachtung des Gewesenen.

Nachdem ich 1973 meine Ausbildung zum Koch angetreten habe, bin ich nicht mehr still gestanden. Ein Lebensziel vor Augen, habe ich in den folgenden drei Jahrzehnten alles daran gesetzt, mir meine Kindheitsträume zu erfüllen. Natürlich erdrückten so manches Mal die Rückschläge die kleinen Siege, die ich erringen konnte, und selbstverständlich war meine nervöse Ungeduld nicht selten ein Stolperstein. Aber mit Leidenschaft für meinen Beruf und für meine Gäste – ob im Restaurant, vor dem Fernseher oder bei einer Kochvorführung –, und vor allem dank der liebevollen Unterstützung meiner Frau Silvia, des Lachens meiner beiden

Kinder Jennifer und Jonathan und des unermüdlichen Einsatzes all derer, die mich, oft genug hinter den Kulissen und zu Unrecht anonym, unterstützt haben, habe ich alter Zweifler inzwischen endlich begriffen, dass viele meiner Träume wahr geworden sind. Bis hierhin war es nie leicht, auch wenn ich nach außen hin sehr oft den Anschein erwecke. Bis hierhin war es immer spannend. Bis hierhin hat es mich viel Kraft gekostet. Aber ich habe, Gott sei es gedankt, vieles geschafft. Meiner Vision »Ein Leben für den guten Geschmack!« werde ich weiter treu bleiben.

Es scheint mir anmaßend, öffentlich Ratschläge zu erteilen, die über die richtige Zubereitung eines Gerichtes hinaus gehen. Aber Frau Heynes Frage nach dem »System Lafer« hat mich nachdenklich gemacht. Ich glaube, dass ich es inzwischen definieren kann: Ich habe mein Leben lang nur das getan, woran ich glaube, und das, woran ich glaube und wovon ich überzeugt bin, habe ich mit der größtmöglichen Hingabe getan.

Ich widme dieses Buch meinen beiden Kinder, Jennifer und Jonathan Lafer. Und ich danke mit diesem Buch meiner Frau Silvia Buchholz-Lafer für ihre Liebe, die mir mehr Kraft gegeben hat als alles andere. Damit ist eigentlich fast alles gesagt …

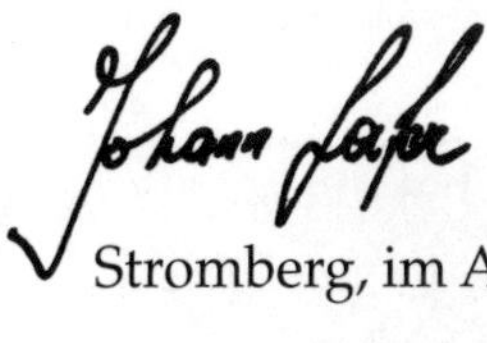

Stromberg, im August 2007

# ANARCHIE IN LILA –
# IM VISIER DER KAMERAS
# VON STUDIO 1

**MORGENS, KURZ NACH HALB SIEBEN. UNTEN IN DER KÜCHE RUMORT ES SCHON. MEINE FRAU SILVIA UND UNSERE BEIDEN KINDER, JENNIFER UND JONATHAN, FRÜHSTÜCKEN. ICH WERDE DIE DREI VERMISSEN, DENN IN DEN KOMMENDEN BEIDEN TAGEN STEHEN FERNSEHAUFZEICHNUNGEN IN HAMBURG AUF MEINEM TERMINKALENDER: *KOCHEN BEI KERNER* – JEDEN TAG WERDEN DREI SENDUNGEN AUFGEZEICHNET, JEWEILS UM ZWÖLF UHR, HALB ZWEI UHR UND FÜNF UHR.**

Heute Abend, wenn wir den ersten Drehtag hinter uns gebracht haben, habe ich etwas ganz Besonderes vor. Horst Lichter und ich wollen bei einem Japaner zu Abend essen. Als er mir einmal erzählte, dass er noch nie Sushi gegessen hätte, konnte ich es kaum fassen. Horst ist mir ein echter Freund geworden, aber Freundschaft hin oder her; heute Abend wird er nicht darum herumkommen, rohen Fisch zu essen – auch wenn er sich mit Händen und Füßen sträuben wird. Ich werde ihm beweisen, dass Sushi ein echter Genuss ist! Sein kunstvoll gezwirbelter Schnurrbart wird vor Freude vibrieren …

»Tschüss, Papa«, ruft Jennifer von unten zu mir herauf. Meine Tochter muss zur Schule, seit Kurzem geht sie sogar wieder mit großer Begeisterung hin, was vielleicht daran liegt, dass sie nun ein Berufsziel vor Augen hat:

Sie möchte unbedingt Sängerin werden. Bevor sie zur Haustür hinaus ist, rufe ich ihr noch zu: »Wir telefonieren.« – »Alles klar.« Und schon ist sie zur Türe hinaus gestürmt.

Auch für mich wird es jetzt höchste Zeit, denn Sigfried Krumberger wird gleich mit dem Wagen vor der Türe stehen und mich zum Frankfurter Flughafen bringen. Mein Flug nach Hamburg geht um neun Uhr. Ich greife zu einer fliederfarbenen Hose. »Flieder, Tendenz Aubergine – der kommende Sommertrend«, wie mir der Verkäufer in diesem Florentiner Designerladen versichert hatte. Okay, er muss es ja wissen, und wenn ich schon in meiner freien Stunde durch die Stadt schlendere und dann auch noch diesen Laden betrete, schaffe ich mir eben eine fliederfarbene Hose an. Immer nur Nadelstreifenanzügen, das ist mir ein bisschen zu langweilig. Hätte ich damals schon geahnt, was dieser Hosenkauf nach sich ziehen würde … Aber: Ich mag die Farbe. Und ich fühle mich in meiner neuen Hose richtig gut.

»Mensch, Papa, coole Hose!« Jonathan, der blonde Wuschelkopf schaut erstaunt, aber anerkennend zur Tür herein. Gleich weiß der ganze Kindergarten über den kommenden Sommertrend Bescheid. Ich kann mir kaum das Lachen verkneifen. Wenn mich gewisse Journalisten jetzt sähen, würden sie sicher wieder süffisant von meinem »gebleckten Lächeln« schreiben, meinem »Lächeln auf Knopfdruck«, oder dem »Skifahrerblick«. Eigentlich ist es ein verdammter Mist, dass man sich all dieses Zeug ständig merkt. Aber egal! Ich wollte immer schon ins Fernsehen, also muss ich jetzt mit Kritik und Neid umgehen können.

Durchs Fenster sehe ich, wie Sigi durch den Garten unseres weinumrankten ehemaligen Pfarrhauses neben der St.-Jakobus-Kirche in Guldental eilt. Er ist unruhig. Von hier bis zum Flughafen sind es ungefähr siebzig Kilometer, und der morgendliche Berufsverkehr ist nicht zu unterschätzen.

Bald werden die Rosen blühen, die Schwertlilien – aber wo sind eigentlich meine Turnschuhe? In einer der *Kochen bei Kerner*-Aufzeichnungen geht es heute um das »Sommermenü nach den Ferien«, da ist ein lässiges Outfit Pflicht ... Wo sind bloß die Turnschuhe?

Schaffe ich es rechtzeitig zum Flughafen? Hat der Flug Verspätung? Sobald ich im Auto sitze, beschäftigen mich die immer gleichen Gedanken. Nichts irritiert mich mehr als erzwungenes, nutzloses Nichtstun. Dafür ist mein Alltag zu angespannt, mit Terminen angefüllt, durch und durch organisiert. Bevor ich mich aber in Grübeleien verliere, hole ich den Zettel mit meinen Rezepten heraus, die ich für die nächsten beiden Tage in Hamburg vorbereitet habe. Obwohl ich bereits gestern alles mit meinen beiden Mitarbeitern Susanne Eichler und Alexander Gieseler durchgesprochen habe, gehe ich es noch einmal durch. Susanne ist bereits mit einem Lieferwagen nach Hamburg gefahren, um die Lebensmittel, den Grill, eine Friteuse und das Geschirr ins Fernsehstudio zu bringen und alle Utensilien entsprechend zu arrangieren.

Zum Glück gibt es keine Verspätungen. Ich bin pünktlich im Studio Eins im Medienzentrum an der Hamburger Rothenbaumchaussee. Auf dem Centre Court der Tennisanlage nebenan wird schon alles für die Masters 2007 vorbereitet, die hier in zwei Wochen beginnen. Durch die riesige, lichtdurchflutete Eingangshalle des Glaspalasts gehe ich, wie schon so oft in den letzten Jahren, in die Garderobe, deponiere meinen Koffer und hänge meine Kochjacke auf, die noch von der Plastikfolie der chemischen Reinigung geschützt wird. Diese wenigen Quadratmeter werden in den nächsten beiden Tagen wieder so etwas wie mein »Basislager« sein. Überall sehe ich bekannte Gesichter, Menschen, die mich freundlich begrüßen.

In einer guten Atmosphäre macht mir meine Arbeit Freude. So banal das klingen mag, so entscheidend ist es für mich, und sicher nicht nur für mich: Gerade weil ich viel unterwegs bin, hart arbeite und bei meiner Arbeit immer mit Menschen zu tun habe, lege ich Wert auf ein gutes Miteinander, reagiere sehr sensibel auf die Stimmungen in meinem Umfeld und trage, wo immer ich kann, selbst meinen Teil dazu bei, dass die Atmosphäre stimmt. Was nützt schon das raffinierteste Rezept, wenn einem beim Essen schlechte Laune den Appetit verdirbt.

Zuerst steht eine kurze Besprechung mit dem Regisseur an, der wissen möchte, was ich kochen werde, um seine Kameraleute entsprechend zu instruieren: Muss ich an den Backofen oder bleibe ich wie angewachsen am Herd stehen. Anschließend ein Blick in die Maske, wo die Maskenbildnerin gerade vorsichtig an Horst Lichters Bart dreht.

»Hallo Johann! Dich Leckermaul werde ich heute füttern. Ich mache die tollste Pizza, und ich will sehen, dass du keinen Krümel übrig lässt.«

Ein Prinzip von Kerners Kochsendung ist ja, dass die Köche gemeinsam probieren, was jeder einzelne zubereitet hat – und ein Urteil fällen. Das ist nicht immer ganz einfach …

»Wenn du das schaffst«, antworte ich, »dann hast du viel von mir gelernt.« – »Der eine bedient eben den CD-Player, der andere die Stradivari«, kontert Horst, »beides ist unverzichtbar.«

Warum ist Horst immer so schlagfertig? Privat ein sehr ernster Mensch, wandelt er sich zu einem Komiker par excellence, sobald er ein Studio betritt. Bewundernswert, einfach bewundernswert.

Während ich nun auch für die Aufzeichnung zurechtgemacht werde, höre ich die Mailbox meines Handys ab. Zehn Anrufe seit meinem Abflug aus Frankfurt.

»Die Zuschauer sind im Studio«, verkündet die Aufnahmeleiterin. Also noch zehn Minuten, bis es losgeht. Fünf Köche werden gleich antreten: Horst Lichter auf der ersten Position, dann Mario Kotaska und ich, die letzten beiden Kochstationen besetzen Alexander Herrmann und Tanja Grandits.

Auf dem schmalen Flur zum Studio begegne ich dem Moderator. Johannes B. Kerner packt, ohne mich zu begrüßen, meinen Arm und starrt fasziniert auf meine Hose: »Verzeihung, sehe ich recht? Du trägst eine lilafarbene Hose? Johann, Du bist wirklich der letzte Anarchist im deutschen Fernsehen.« – »Der eine fällt mit Kochen auf, der andere eben mit seiner Hose«, witzelt Horst, der sich gerade an uns vorbeidrängt. »Aber als Schlafanzughose ist die genial.« – »Leute, wir machen jetzt gleich eine Kochsendung und keine Modenschau!« Fast sollte ich mich mit dieser Ansicht getäuscht haben. Denn diese Hose wird uns noch ein Weilchen beschäftigen …

Es kostet mich auch heute noch ein wenig Überwindung, ein Fernsehstudio zu betreten, obwohl ich so viele Tausend Fernsehsendungen hinter mir habe. Was erwarten die Zuschauer?, frage ich mich, während mich – wie immer – ein heißkalter Schauer durchfährt. Sind alle Zutaten da? Ist alles frisch? Sofort gehe ich auf meine Position, überprüfe die bereitgestellten Gewürze und das Gemüse, suche im Kühlschrank nach dem Fleisch und sehe nach, ob alle Gerätschaften auch an der Stelle liegen, an der ich gleich routinemäßig nach ihnen greifen werde. Ist alles gut organisiert, dann habe ich auch die Gewissheit, dass ich mit Unwägbarkeiten zurechtkommen werde.

Manchmal ärgert es mich, dass so einige Kollegen mit weniger Aufwand und Fürsorge Erfolg haben. Man kann leicht merken, welcher Koch mit Liebe und Sorgfalt dabei ist, und welcher nicht. Für mich aber zählt einzig der bedingungslose Einsatz. Erwische ich einen meiner Mitarbeiter bei einer Nachlässigkeit, gibt es eine ganz klare Ansage, dass das nicht geht: »Wir sind kein Kasperltheater, sondern ein gutes Haus.«

Während ich in Gedanken ein wenig umherschweife, beginne ich, eine Zwiebel zu schälen. Und ich wage einen ersten schnellen Blick in den Zuschauerraum. Bevor die Aufzeichnung der eigentlichen Sendung beginnt, wird noch der »Teaser« gedreht, der nur wenige Sekunden kurze Film, mit dem für die Ausstrahlung geworben wird. Ich fasse es nicht: Wir stehen zu sechst zusammen, lächeln in die Kamera, Johannes B. Kerner gibt das Motto der Kochsendung bekannt … und fügt hinzu: »Ich verspreche Ihnen auch, dass Johann Lafers Hose zu sehen sein wird.«

Nun geht's los. Nach Horst Lichter und Mario Kotaska stelle ich das Gericht vor, das ich heute zubereiten möchte: Hühnchen- und Rindersatés, dreifach gefaltet, mit pikanter Erdnusssoße – eines meiner Lieblingsgerichte während meiner zahlreichen Reisen nach Malaysia. Johannes B. Kerner blickt etwas skeptisch drein – was er gern tut –, und ich beruhige ihn pflichtschuldig: »Das ist wirklich einfach.«

Johannes hält dagegen: »Das sagst du immer.« Dann mustert er mich von unten bis oben mit kritischem Blick. »Angefangen bei den Turnschuhen, habe ich mir Küchenkönig Johann Lafer heute im Detail erobert. Meine Verneigung vor dieser Hose in Mauve.« Das war heute Morgen nun wahrlich nicht meine Absicht gewesen. Schließlich geht es mir noch immer in erster Linie ums Kochen …

Horst bereitet als Vorspeise seine Pizza zu. Nachdem wir von ihr probiert haben, bemängeln wir, dass sie für einen ersten Gang wohl zu gehaltvoll sei. Horst Lichter hingegen behauptet, alle Kalorien seien längst im Backofen gestorben.

Mario zaubert etwas, das aussieht, als wolle er sich damit für die *documenta XII* in Kassel bewerben – eine Farbexplosion aus verschiedenen Gemüsesorten, Garnelen, tasmanischem Honig und Tandooripulver. »Das ist viel zu stark gewürzt«, kommentiere ich als Letzter, als schon alle anderen seine Speise probiert haben. »Das finde ich überhaupt nicht«, widerspricht Mario. Alexander Hermann ist ganz Marios Ansicht: »Die Garnelen sind der absolute Hammer.« »Für euch mag das ja in Ordnung sein, aber für mich enthält das eine Überdosis an Extrakten und Aromen.«

Eigentlich kritisiere ich Kollegen höchst ungern, und ich mache das auch nicht um der Kritik willen, weil ich gerade schlechte Laune habe oder weil ich mich für einen Anpfiff revanchieren möchte. Da ich mir als Koch eine hohe Kompetenz erworben habe, darf der Zuschauer von mir eine eindeutige und fundierte Antwort erwarten. Und dabei darf ich mich weder von dem, der die Speise gekocht hat, noch durch die Sendung selbst beeinflussen lassen. Eine klare Haltung dazu einzunehmen, was für mich gutes und was für mich weniger gutes Essen ist, ist entscheidend. Und wenn jemand nach meinem Empfinden zu intensiv mit Gewürzen umgeht, dann entspricht das Rezept eben nicht meinen Anforderungen an ein gutes Essen. Da man bekanntlich über Geschmack nicht streiten kann, er also rein subjektiv ist, bleibe ich bei meiner ehrlichen Meinung; alles andere wäre doch nichts weiter als Verrat an meinen Zuschauern.

Mario sieht mich an. Ich spüre, dass er etwas verwundert ist, aber nicht beleidigt. Zum Kochen gehört, dass man Höhen und Tiefen hat – und dass die eigene Leistung ständig beurteilt wird.

Ich habe schon viele Fehler bei *Kochen bei Kerner* gemacht, besonders dann, wenn ich bereits genervt ins Studio kam, weil vielleicht das Flugzeug Verspätung hatte und ich mich nicht richtig auf das, was ich zu tun habe, konzentrieren konnte. Dennoch muss ich kochen. An solchen Tagen bestätigt sich: Nur unter besten Voraussetzungen sind auch beste Ergebnisse möglich. Kochen, gerade wenn man es professionell betreibt, kann nur unter idealen Bedingungen gelingen. Ansonsten ist es nicht möglich, ein sensationell gutes Essen zuzubereiten. Ist Freude die Basis meiner Arbeit, dann läuft es. Aber entgegen eines offensichtlich landläufigen Vorurteils bin ich nicht jeden Tag gleich gut gelaunt und kann auch nicht jeden Tag gleich kreativ sein und herausragende Ergebnisse erzielen. Ich gehe in eine Fernsehsendung mit dem Auftrag und dem Wunsch, ein Rezept umzusetzen. Was dann aber während der Aufzeichnung passiert, in dieser einen Stunde, auf die es ankommt, kann ich nicht immer beeinflussen.

Weil Kochsendungen unter extremem Zeitdruck entstehen, ist es mir schon einige Male passiert, dass ich ein Gericht entweder versalzen oder gleich gar nicht abgeschmeckt habe. Dann fehlt die Raffinesse, und meine Kochkollegen kritisieren mich zu Recht. Auch dem Fernsehzuschauer bleibt ja nicht unbedingt verborgen, wenn ich einmal handwerklich nicht perfekt bin, wenn ich nicht so gut bin wie sonst. Zum Glück kann ich dann ein wenig auf meine Fernseherfahrung zurückgreifen und mich etwas unauffällig im Hintergrund halten. Mehr aber nicht.

Horst Lichter hat genau das natürlich überhaupt nicht im Sinn. Plötzlich steht er neben mir, er trägt graziös einen fliederfarbenen Schal um den Hals. Das kann nicht wahr sein! Hat er den einer Zuschauerin im Studio abgeluchst? Wir Köche servieren ja unsere Gerichte immer dem Publikum, und da hätte er ohne Weiteres an den Schal kommen können. Bei Horst ist alles denkbar.

Hilfe! Horst strahlt über das ganze Gesicht: »Ich wandle auf den Spuren von Johann Lafer!« – »Die Hose ist ein richtiger Kracher«, ergänzt Mario. »Die sieht total hallo aus!« – auch Alexander Herrmann kann sich eine Bemerkung nicht verkneifen. Nur Tanja Grandits bleibt ruhig. Sie ist zum ersten Mal in der Sendung zu Gast, da ist es nur verständlich, dass sie dem eingespielten Quartett »den Vortritt« lässt. Und ich? Ich habe mich unwiderruflich entschieden: Diese Hose trage ich nur noch, wenn ich mit meinem Sohn zum Eisessen gehe.

Endlich geschafft: Alexander Herrmann hat Lammrücken mit flambiertem Pfeffer und lauwarmem Bohnensalat präsentiert, Tanja Grandits Melonen-Ziegenfrischkäse-Frühlingsrollen mit Lavendel-Limonensorbet und Dip gereicht. Es ist fast sieben Uhr abends, ich bin abgeschminkt – und völlig erledigt.

Im sogenannten VIP-Raum des Studios treffen wir uns alle noch einmal. Johannes B. Kerner fragt, wie man eigentlich den Geschmack einer Wassermelone beschreiben könne. Er hat einen hohen kulinarischen Anspruch, kann fühlen und schmecken und sich genau vorstellen, ob ihm ein Gericht aus bestimmten Zutaten gefallen könnte. Er kocht selbst sehr gut, geht respektvoll mit den Lebensmitteln um und hat zu Hause eine Küche, bei der ich aus dem Staunen nicht herauskomme. Hin und wieder treffen wir nach den Aufzeichnungen zusammen und unterhalten uns dann stundenlang über ein Esserlebnis. Jedes Mal bin ich erstaunt, wie gut Johannes es versteht, eine Speise so zu beschreiben, dass sie unvergesslich wird. »Eine Wassermelone schmeckt gut.« Das ist typisch Horst. »Was heißt ›gut‹?« Johannes hakt nach. »Na, eben super nach Wasser.« Das war Mario. »Schmeckt süß und ohne Kalorien … Kommt mir vor, als hätte ich damit Johann beschrieben.« Wieder Horst. Natürlich. »Johannes, willst du nicht auch noch den Kilopreis einer Wassermelone wissen?«, frage ich. Ich ziehe ihn ein wenig damit auf, dass er in vielen seiner Sendungen wissen will, was dieser Fisch oder jenes Wild kostet. Johannes ist sehr fair, gibt jedem Koch seinen Freiraum, aber wenn ihm etwas zu teuer erscheint, dann weist er darauf hin. »Das ist einfach meine Pflicht«, lacht Johannes.

Dann verabschieden wir uns freundschaftlich voneinander und vergessen auch nicht, unserem Gastgeber zu versichern, wie sehr wir uns auf den anstehenden Aufzeichnungsmarathon freuen.

Es dauert immer einige Zeit, bis der Studiostress von mir abfällt: Immerhin sind rund achtzig Scheinwerfer auf uns gerichtet, ungefähr sieben Kameras haben mich während der Sendung im Visier, fahren auf meinen Kopf zu oder zeigen meine Hände in Großaufnahme. Ich habe es aufgegeben, mich zu fragen, wo um Gottes willen ich jetzt hinschauen soll, was ich tun oder sagen soll. Nichts ist schlimmer, als eine rundum gelungene Speise zu verkosten und dabei ein Gesicht zu machen, als beiße man gerade in einen sauren Apfel. Ich bin vor Scham beinahe im Boden versunken, als, nachdem ich gerade Alexander Herrmanns Graubrot als zu banal niedergemacht hatte, Gelächter aus dem Publikum erklang, weil mich eine Kamera in Großaufnahme auf die Studiomonitore übertrug: Das Brot, das ich eben noch vernichtend kritisiert hatte, wollte ich dennoch mit Anstand verspeisen und war dafür nach hinten in die Kulisse gegangen. Den Genuss sah man mir wohl nicht an.

Köche essen gern etwas Einfaches, wenn es gut ist. Aber ein wichtiges Ziel von Kerners Sendung ist ja, die Zuschauer zu kreativerem Kochen zu inspirieren. Alexander Herrmann beispielsweise ist in der Lage, in jeder Situation erstklassig zu kochen, aber dann bereitete er in dieser Sendung Graubrot mit Tomaten und Frischkäse zu. Meiner Meinung nach hatte er sich diesmal unter Wert verkauft, sein Rezept war einfach zu schlicht.

»Ist dir eigentlich aufgefallen, dass du meist als Letzter deinen Senf zu unseren Kochkünsten abgibst?«, fragt mich Horst. »Das stimmt schon, Horst, obwohl ich das nie wollte und ich schon gar nicht glaube, dass mein Urteil so wichtig ist. Die Redaktion hat das auch nicht von mir verlangt. Ich glaube, das hat sich einfach so ergeben. Weißt du, ich freue mich schon darüber, dass meine Kollegen Wert auf meine Meinung legen, und ich bin ein bisschen stolz, dass mancher von ihnen sagt: ›Mensch, wie der die Sachen beurteilt, das geht in Ordnung‹. Am meisten aber freue ich mich darüber, wenn der eine oder andere Zuschauer meine Ansprüche an das Kochen und meine Vorstellungen von Genuss versteht und teilt. Und wir zwei treffen uns um halb neun in der Hotellobby. Roher Fisch, du weißt hoffentlich Bescheid.« – »Lass aber bitte deine neue Hose an, vielleicht schwimmen die Fische dann noch rechtzeitig davon.«

Johannes B. Kerners Sendung würde nie funktionieren, wenn einfach nur fünf mit all den Sternen, Hauben und Punkten der Gourmetführer dekorierte Köche ein Steak um die Wette braten würden. Diese Sendung lockt deshalb so viele Menschen vor den Fernseher, weil die einzelnen Köche so unterschiedliche Charaktere sind. Wie Sarah Wiener zum Beispiel. Vor einigen Jahren saßen wir zusammen in der Talkshow von Johannes B. Kerner. Bis zu diesem Zeitpunkt kannte ich sie nicht und hatte nur gehört, dass in der ARD eine Serie mit dem Titel *Abenteuer 1900. Leben im Gutshaus* lief, in der es unter anderem um das Kochen um die Jahrhundertwende ging. Als ich mir die Serie daraufhin einmal anschaute, erschien mir Sarah Wiener sehr natürlich und sympathisch. Bevor ich sie kennenlernte, war ich davon überzeugt, dass man es nur mit ausgefallenen Inhalten oder einer gewissen Erfahrung als TV-Koch zu Erfolg bringen könnte. Ich finde es bewundernswert, wie schnell Sarah Wiener im Kreis der Fernsehköche Fuß gefasst hat. Vermutlich wird sich so mancher Koch fragen, warum gerade sie bei Kerner auftritt. Aber an ihrem Beispiel sieht man, dass im Fernsehen nicht nur die fachliche Perfektion eine große Rolle spielt, entscheidend ist letztlich, ob jemand »telegen« ist. Sarah Wiener hat bei den Zuschauern eine große Akzeptanz, und sicherlich befinden sich unter den Zuschauern Männer, die in ihr eine tolle Frau sehen. Sexappeal, Lebensart und österreichischer Tonfall sind eine ansprechende Mischung, auch wenn ich persönlich das Handwerk des Kochs vielleicht etwas anders interpretiere.

Diese Talkshow mit Sarah Wiener, Tim Mälzer, Ralf Zacherl, Rainer Sass und mir war übrigens die wahre Initialzündung für *Kochen bei Kerner*. Am Tag nach der Show, am 16. Dezember 2004, sollte die letzte Folge von *Johannes B. Kerner* vor Weihnachten ausgestrahlt werden. Als Stargast war Hollywoods Superstar George Clooney angekündigt. Der sagte aber kurzfristig ab, sodass man uns Köche fragte, ob wir nicht alle zusammen im Studio ein Weihnachtsmenü zubreiten wollten: »Heute Abend kochen Fernsehköche für Johannes B. Kerner ein Festtagsessen.« Warum eigentlich nicht? Mir gefiel die Idee sehr gut!

Die Studiokulisse wurde also komplett umgebaut, das Podest, auf dem normalerweise die Studiogäste sitzen, entfernt, um Platz für vier Kochfelder, einen Backofen und eine Spüle zu schaffen. Ich ließ einige Töpfe und Pfannen aus Guldental kommen, die Zutaten für meinen

Part an diesem Fünf-Gänge-Menü waren schon besorgt: Ich sollte das Hauptgericht Fleisch, ein mit Kräutern gefülltes Almochsenfilet mit Portweinzwiebeln und Koriandernocken zubereiten. Rolf Zacherl machte die Vorspeise: eine Suppe Carotte au Lait mit geräucherten Plätzchen, Rainer Sass: Walnussnudeln als Zwischengericht, Tim Mälzer: das Hauptgericht Fisch, in Olivenöl pochierter Lachs mit Kartoffel-Birnen-Püree, Basilikum und Lebkuchengewürz, und eben Sarah Wiener: »Kerners Weihnachtsknödel«. Alle waren dabei.

Von diesen vier Köchen kannte ich nur Rainer Sass persönlich. Ralf Zacherl aber wusste ganz genau, wer ich war, denn er hatte einige Jahre zuvor ein Vorstellungsgespräch bei mir gehabt – und ich musste ihm nun gestehen, dass ich mich nicht mehr an ihn erinnern konnte. »Du hast mich nicht genommen, denn ich war dir zu teuer«, begrüßte mich Zacherl. Peinlich, peinlich, aber unsere ganze Küchenriege hatte dennoch viel Freude beim gemeinsamen Kochen.

Inzwischen gehört Rolf Zacherl zu den jungen, wilden und kreativen Köchen. Er verfügt aber über ein vernünftiges Fundament, auf das er jederzeit bauen kann: Er versteht sein Handwerk. Das klingt nach einer einfachen Wahrheit: Erst kommt das Handwerk, dann kommen Kunst und Kreativität in der Küche. Leider begegnet man allzu oft Dilettanten in der Küche, die selbst einfache Wahrheiten nicht verstehen wollen oder können.

Ich war bisher noch nie als Teil einer Gruppe von TV-Köchen aufgetreten und hatte mir von Anfang an vorgenommen, meine Gerichte zuzubereiten, wie ich es gewohnt war. Alexander Hermann machte mir darauf hin einige Zeit später ein großes Kompliment: »Mit dir gemeinsam in einer Sendung zu sein, hat den großen Vorteil, dass du niemanden links und rechts neben dir sterben lässt.«

Als wichtiger »Koch bei Kerner« ist natürlich Alfons Schuhbeck hinzu gekommen, mit dem ich aber nur selten gemeinsam auftrete. Während meiner Zeit bei Eckart Witzigmann in der *Aubergine* lernte ich ihn kennen, als er dort ein Praktikum absolvierte und immer mal wieder zu mir in die Patisserie kam.

Die Welt der Köche gleicht manchmal eher einem Haifisch- als einem Saiblingsbecken, besonders, weil sich verständlicherweise jeder von uns im Fernsehen durchsetzen möchte. Es wäre unaufrichtig von mir, würde ich behaupten, wir Köche seien untereinander nicht auch Konkurrenten. Das fängt bei dem Verkauf von Büchern und Produkten an, bei der Positionierung von Gewürzen, Fonds oder Nudeln in Feinkostläden, Supermärkten oder den Gourmetabteilungen der Kaufhäuser, die von unserer mehr oder weniger identischen Zielgruppe aufgesucht werden. Und jeder von uns versucht natürlich, seine Position zu halten, den eigenen »Kuchen« so groß wie möglich zu machen. In *Kochen bei Kerner* geht es aber darum, unsere Mitbürger kulinarisch voranzubringen. Wir wollen in der Sendung nützliche Kochtipps geben, und da ist es einfach nicht angebracht, dass sich erwachsene Menschen gegenseitig auszustechen versuchen. Es wäre geradezu dumm, die Sendung nicht als Plattform dafür zu nutzen, aktuelle Entwicklungen zu diskutieren – Themen wie Übergewicht und falsche Ernährung.

Als vor einigen Jahren eine Generation junger Köche, etwa Tim Mälzer oder Jamie Oliver, populär wurde, befürchtete ich, meine Zeit wäre nun vorbei. Mein erster Gedanke war: »Jetzt geht nichts mehr.«

Gerade Jamie Oliver: Da kam ein junger, unkonventioneller Kerl aus England, also aus einem Land, in dem in den vergangenen Jahrzehnten kulinarisch wirklich nicht viel passiert war, und erregte viel Aufmerksamkeit. In England vielleicht verständlich, weil ein Koch dort mit relativ wenig Innovation sehr viel bewirken kann. Aber er kam (und kommt noch immer) in Deutschland gut an. Was war der Grund für seinen Erfolg? Jamie Oliver nahm beispielsweise das in England sehr beliebte Lammfleisch, machte daraus jedoch keinen Lammrücken mit Minzsauce, sondern Spieße aus Lammwürfeln mit ein paar kleinen Tomaten auf Rosmarinzweigen – schon hatte er etwas scheinbar Spektakuläres gezaubert. Eigentlich war das gar keine Pottersche Zauberei, der Mann konnte seine Lammspieße einfach nur sensationell gut präsentieren und machte aus dem oft mühsamen, aufwändigen Vorgang des Kochens eine Party.

Wirklich großartig und fern jeder Kritik ist Jamie Olivers unermüdlicher Einsatz für eine gesunde Speisung an Englands Schulen. Auch ich beschäftige mich seit Jahren intensiv mit diesem Thema, weil mir die gesunde und schmackhafte Ernährung unserer Kids über alle Maßen am Herzen liegt. Ich habe selbst als Kind erfahren, wie wohltuend natürliche Produkte sind, und dieses Gefühl, diese Einsicht möchte ich gerne den nächsten Generationen mit auf den Weg geben. In Deutschland zum Beispiel werden Milliarden von Euro ausgegeben, um Krankheiten, die durch falsche Essgewohnheiten entstanden sind, zu therapieren. Würde nur ein Bruchteil dieser Summen dafür eingesetzt werden, die Menschen über richtiges Essverhalten aufzuklären … Eine schönere Aufgabe kann es für einen Koch doch eigentlich nicht geben.

Nun ja, die Olivers und die Mälzers haben mich ganz und gar nicht »arbeitslos« gemacht. Im Gegenteil. Was ist passiert? Klar, ich habe mich ein wenig »verjüngt« und darüber nachgedacht, wie ich Menschen erreichen könnte, die mich bisher noch nicht kannten. *Kochen bei Kerner* hat mir dabei auf jeden Fall geholfen. Mit einer Kochshow, die im Vormittagsprogramm ausgestrahlt wird, oder mit einem Kochkurs, den ich tagsüber abhalte, erreiche ich natürlich all diejenigen nicht, die von neun bis fünf arbeiten müssen. *Kochen bei Kerner* wird freitags um elf Uhr abends gesendet, viele haben zu diesem Zeitpunkt eine anstrengende Woche hinter sich, wollen nicht mehr ausgehen und machen es sich vor dem Fernseher gemütlich. Weil Kochen plötzlich wieder in ist, auch dank der Mälzers und Olivers, sehen sie uns dann bei Kerner zu. Immerhin pro Sendung durchschnittlich knapp zwei Millionen Menschen, was einem Marktanteil von ungefähr dreizehn Prozent entspricht. Wie sagte Horst Lichter einmal zu Recht über unsere Gerichte bei Kerner: »Wenn man jeden Tag so gut essen kann, muss man so glücklich werden wie Mahatma Gandhi.«

# HAARLACK, TROCKENEIS UND BETABLOCKER – EIN KOCH KOMMT INS FERNSEHEN

**BEGONNEN HAT EIGENTLICH ALLES MIT DEM BAYERISCHEN REGIONALFERNSEHEN. IN DEN *SCHWEIZER STUBEN* IN WERTHEIM WURDEN IN REGELMÄSSIGER FOLGE SENDUNGEN AUFGEZEICHNET: FÜNFGÄNGIGE WEIHNACHTSMENÜS UND EBENSO FÜNFGÄNGIGE OSTERMENÜS. ICH SPIELTE BEI DIESEN SENDUNGEN DIE ROLLE DES PATISSIERS. EINEN FERNSEHREDAKTEUR MUSS ICH DAMIT WOHL ÜBERZEUGT HABEN, WIE AUCH IMMER: DENN ER FORDERTE MICH RUNDHERAUS DAZU AUF, MICH BEI IHM ZU MELDEN, FALLS ICH MICH ENTSCHEIDEN SOLLTE, DIE *SCHWEIZER STUBEN* ZU VERLASSEN.**

Und so nahm meine eigentliche Karriere als TV-Koch erst 1985 in Guldental ihren Lauf: Günther Buchholz war als Vorsitzender des Fremdenverkehrsamts von Guldental nie um eine Idee verlegen, unser Dorf in die Medien zu bringen. Verständlich, dass er alles daran setzte, die Show *Glaskasten* nach Guldental zu holen, mitsamt Reporter, Kameramann und Ü-Wagen. *Glaskasten* vom Südwestfunk stellte seinen Zuschauern »Land und Leute« vor und präsentierte allerlei kulturelle sowie kulinarische Besonderheiten – davon hat Guldental einige zu bieten, gehört es doch zum größten Weinanbaugebiet an der Nahe. Günther Buchholz, ganz und gar umtriebiger Tourismusmanager, zu einer Zeit, zu der das sicher noch nicht so hieß, kannte selbstredend eine Redakteurin des SWF und fand mit seinem Vorhaben Gehör.

Am steinernen Brunnen an der Hauptstraße, der zu den ältesten in dieser Region gehört und sich unmittelbar neben unserem Lokal *Le Val d'Or* befindet, spielte also bald Willy Ketzer (der später zur *Paul Kuhn Big Band* gehörte und zuvor Mitglied von Klaus Doldingers *Passport* gewesen war). Willy Ketzer stammte aus Guldental. Keine Frage, dass die Weinköniginnen, die aus Guldental stammten, nicht fehlen durften – unter ihnen meine damalige Chefin. Vor der Einfahrt zu unserem Restaurant sollte ich nun ein Dessert zubereiten, was ja eigentlich mein Steckenpferd ist. Bevor die Sendung »live on tape« aufgezeichnet wurde, schickte ich alle Guldentaler Hausfrauen los, um in ihren Gärten die schönsten Himbeeren zu pflücken. Ich hatte mir nämlich vorgenommen, eine Himbeercharlotte zu machen, also eine Creme, die mit Löffelbisquit umhüllt wird – ein sehr aufwendiges Rezept, auf das ich mich voll konzentrieren musste. Und dann war ich während der Aufzeichnung so über alle Maßen nervös und aufgeregt, dass ich, als die Kameras auf mich gerichtet waren, einen dieser klassischen Fehler begangen habe: Auf die Frage des Moderators, woher ich denn all diese wunderbaren Himbeeren hätte (er wusste natürlich, dass die Frauen aus dem Dorf die Beeren gesammelt hatten), antwortete ich völlig geistesabwesend: »Vom Frankfurter Großmarkt.«

Klar, dass hinterher ganz Guldental nicht allzu gut auf mich zu sprechen war. »Wir brauchen den Frankfurter Großmarkt nicht! Wir sind stolz auf unsere Landwirtschaft.« Das war ein Einstand nach Maß im Dorf, und meiner Chefin Silvia Buchholz gelang es nur mit Engelszungen, unseren Mitbürgern zu erklären, dass ich nicht böswillig gewesen war, sondern dass Lampenfieber den unsäglichen Quatsch, den ich vor laufender Kamera von mir gegeben hatte, verursacht hatte.

Nach dieser Sendung erinnerte ich mich an das lange zurückliegende Gespräch mit dem Redakteur des Bayerischen Fernsehens. Hatte er nicht gesagt, ich solle mich melden, falls ich einen Job als Koch hätte, weil man dann ja vielleicht etwas zusammen machen könnte? Kurz entschlossen rief ich ihn an – was sollte mir nach der Blamage von Guldental noch weiter passieren? – und erzählte ihm, dass ich nun Küchenchef im *Le Val d'Or* in Guldental sei. Der Haken an der Sache: Guldental liegt nun mal in Rheinland-Pfalz, und nicht in Bayern. Aber es klappte, und 1985 kam der Redakteur zusammen mit Kameramann, Assistent und Tonmann nach Guldental. Ein Weihnachtsmenü in fünf Gängen stand auf dem Drehplan.

Die Aufzeichnung verlief recht problematisch, gelinde gesagt. Ich war sehr unsicher und konnte mir nicht vorstellen, wie das alles funktionieren würde. Allein schon die Ansage »Ruhe, bitte, Kamera läuft!« traf mich wie ein Faustschlag. Heute mache ich Fernsehen, als würde ich ein Schnitzel braten oder eine Gulaschsuppe kochen, aber damals reichten diese vier Worte, und mir brach der kalte Schweiß aus. Ich empfand die

Kamera als etwas Bedrohliches, sie hatte für mich etwas an sich, das mir gnadenlos erschien. Sobald das Objektiv auf mich gerichtet war, gab es kein Zurück mehr. Ich dachte immer nur daran, dass ich vielleicht gerade noch eine Vespa fahren könnte, aber sicher keinen Formel-1-Wagen – und genau das wurde jetzt von mir verlangt. Im Hinterkopf pochten die entscheidenden Fragen des Möchtegern-Fernsehkochs: Wie sehe ich aus? Wie spreche ich? Wie bewege ich mich? Ich hatte keine Ahnung und also auch keine Antworten, die mich hätten beruhigen können.

Aufgrund des großen Erfolges der bayerischen Weihnachtssendung kam bald eine Anfrage vom SWF – der Sender wollte ebenfalls ein Weihnachtsmenü mit mir aufzeichnen. Mein Guldental-Desaster schien mir nicht weiter nachzuhängen ... Aus der Erfahrung mit dem Bayerischen Fernsehen hatte ich gelernt, jetzt wollte ich es natürlich ganz professionell angehen. Die Dreharbeiten für das erste Weihnachtessen hatten noch in der Küche vom *Le Val d'Or* stattgefunden. Nun räumten wir unser Lager, das im ersten Stock direkt über dem Restaurant lag, komplett leer. Anschließend installierten wir in diesem Lager eine Küche.

Trotz aller Vorbereitungen verlief die Produktion katastrophal. An meiner Seite moderierte Gaby Dietzen »Johann Lafers Weihnachtsmenü«. Als Vorspeise gab es ein Parfait der geräucherten Forelle mit Salat. Dazu musste ich Butter erhitzen, Schalotten hinzugeben, dann die Forellenwürfel, und am Ende wollte ich alles mit Fischfond und Sahne aufgießen. Und als ich genau das tat, schrie der Regisseur im Hintergrund: »Warum kocht das denn nicht?« Ich erklärte in aller Ruhe: »Wenn man einen halben Liter kalte Flüssigkeit auf etwas Warmes gibt, dann dauert es eine Weile, bis es zu köcheln anfängt.« – »Dann schütten Sie doch kochende Sahne und kochenden Fischfond drüber, damit es schneller geht«, tobte der Regisseur. Ich verfluchte den Mann innerlich – er hatte wirklich überhaupt keine Ahnung vom Kochen. Während der nächsten Gänge spitzte sich die Situation deutlich zu: Alle stritten sich so heftig, dass ich am Ende der Aufzeichnungen zu Gaby Dietzen, die den Tränen nahe war, sagte: »Wenn sich dieser ahnungslose Regisseur noch einmal hier blicken lässt, dann hole ich mein Hackbeil aus der Küche und verjage ihn. Außerdem: Ich mache nie, nie wieder Fernsehen!«

Ich hatte mit dem Fernsehen ein für alle Male abgeschlossen. Ich war überzeugt, dass die Welt des Fernsehens nicht mit der Welt des Kochens zusammenpasste. Eigentlich hatte ich nur etwas Schönes kochen wollen, aber die einzelnen Arbeitsschritte, die beim Zubereiten nun mal ihre Zeit benötigen, haben im Fernsehen keinen Platz. Mit anderen Worten: Alles, was lange dauert, ist für den Zuschauer uninteressant. Fünf Minuten in einen Kochtopf reinzuschauen, in dem nichts passiert, ist nicht unbedingt das spannende Kochen, das sich der Zuschauer wünscht. Ich brauchte einige Zeit, bis ich lernte, damit umzugehen, und erkannte, wie man durch

Schnitte oder Überblenden auf andere Zubereitungsschritte Garzeiten geschickt überbrücken kann.

War für Lafer, den Koch, die Sendung ein einziges Desaster gewesen, so kam sie beim Publikum unglaublich gut an. Tausende von Zuschauer schrieben an die Redaktion und baten um die Rezepte.

Im Januar des folgenden Jahres lud mich der SWF zu einem Gespräch nach Mainz ein. Ich ahnte, was sie von mir wollten. »Tu es nicht«, sagte ich mir wieder und wieder während der ganzen Autofahrt. Wie vorausgesehen, empfingen mich die TV-Leute mit den Worten: »Herr Lafer, wir würden gern weiter zusammen mit Ihnen Fernsehen machen!« – »Wie stellen Sie sich das denn vor?« – »Sie fahren einmal im Monat übers Land, zum Beispiel dorthin, wo der beste Kohl wächst. Sie unterhalten sich mit dem Bauern, der ihn anbaut. Und dann gibt es einen zweiten Teil bei Ihnen in Guldental mit Warenkunde und einem besonders guten Kohlrezept.« – »Ich glaube, ich eigne mich nicht dazu«, erwiderte ich. »Ich will kein solches Desaster wie beim letzten Mal erleben.« – »Nach den Publikumsreaktionen haben wir einen anderen Eindruck gewonnen. Aber Sie könnten etwas ändern, damit Ihre Akzeptanz bei den Zuschauern noch größer wird.« – »Und was soll ich ändern?« – »Etwa Ihre Sprache, auch Ihre Körpersprache. Das sind Dinge, die nicht unseren Vorstellungen entsprechen. Sie wirken ein wenig zu steif, reden zu schnell.« – »Und wie soll ich das abstellen?« – »Sie gehen nach Wien, dort hält

Samy Molcho Seminare zur Körpersprache. Der Mann ist ein Guru.« – »Wenn ich das mache, dann müssen Sie mir versprechen, dass ich mir die Leute aussuchen darf, mit denen ich zusammenarbeite. Ich möchte nur mit Menschen Fernsehen machen, mit denen ich dabei Spaß haben kann.« – »In Ordnung.«

Ich fuhr nach Guldental zurück, und der Kurs bei Samy Molcho, Professor an der Wiener Universität für Musik und darstellende Kunst, wurde sofort gebucht. Voller Erwartungen blickte ich dem Seminar entgegen.

Doch die Zeit in der Hauptstadt meiner Heimat erlebte ich als wahren Albtraum. Insgesamt dreißig Leute nahmen an dem Seminar teil, ich kam mir völlig deplaziert vor, vor allem, weil sich der Kurs allein um Verkaufsgespräche auf Managementebene drehte. Wir wurden trainiert, wie man reagiert und welche Miene man macht, wenn man mit bestimmten Situationen konfrontiert ist. Mich beeindruckte sehr, was einem sein Gegenüber und was man selbst via Körpersprache verrät. Ich war begeistert von Samy Molchos Geschäftsidee. Aus der Perspektive eines Kochs erschien es mir unglaublich, wie man mit so wenig Wareneinsatz – einem gemieteten Saal und einer Videokamera – einen solchen Preis (ich wusste, was der Kurs kostete) erzielen konnte. Doch zugleich verunsicherte mich dieses Seminar, weil man mir immer nur zu verstehen gab, was ich alles falsch anging. Doch wie sollte ich es richtig machen?

Nach meiner Rückkehr aus Wien verpflichtete ich mich dann zu weiteren Fernsehauftritten: Im Mai 1991 ging die SWF-Produktion *Johann Lafer kocht*, sozusagen die »Mutter« aller meiner TV-Kochsendungen, in Serie. Und wir verfolgten tatsächlich das ursprüngliche Konzept, zogen über den Wochenmarkt, wo ich den frisch geernteten Spinat einer näheren Überprüfung unterzog, oder wir besuchten den Spargelstecher auf dem Feld, um dann in Guldental ein entsprechendes Rezept vorzuführen. *Johann Lafer kocht* wurde monatlich ausgestrahlt, immer sonntags, jede Sendung dauerte fünfzehn Minuten. Wer nichts wagt …

Es wurde aber leider nicht besser, nur anders: Trotz des Molcho-Seminars empfand ich das Agieren vor der Kamera als schrecklich, es fiel mir sogar noch schwerer als zuvor. Ich konzentrierte mich nicht auf das, was ich tun musste, sondern überlegte die ganze Zeit, ob ich auch richtig stand, ob meine Hände verschränkt waren, ob ich sie sichtbar für den Zuschauer oberhalb des Herdes hielt. Ich fühlte mich nach der Aufzeichnung so miserabel, dass ich den SWF-Leuten eingestand: »Ich muss aufhören, so geht das nicht. Ich würde es gern machen, aber ich habe nicht die Voraussetzungen dafür. So, wie Sie sich das vorstellen, kann ich das nicht umsetzen.« Zu viele Einstellungen mussten wiederholt werden, vierzehnmal musste ich einen einzigen Satz immer wieder neu sprechen, weil ich mich jedes Mal verhaspelt hatte. So hatte die ganze Sache keinen Sinn – das war wirklich nicht das, was ich mir vorgestellt hatte! Trotz Wagnis: Ich konnte wohl nichts gewinnen.

Dieter Klein, der Direktor der Landesstudios Rheinland-Pfalz dachte laut nach: »Herr Lafer, entweder Sie bleiben so, wie Sie sind, eben authentisch, und Sie vergessen all das, was Sie in dem Seminar gelernt haben, dann machen wir mit Ihnen weiter, oder Sie beenden tatsächlich Ihre Fernsehkarriere.« Jetzt war ich völlig durcheinander. Was wollten die eigentlich von mir? Erst soll ich unbedingt diesen Molcho-Kurs besuchen, und jetzt sollte ich so sein, wie ich immer war? »Okay«, antwortete ich, »ich probiere es noch einmal. Ich möchte nämlich eigentlich ganz gern so bleiben wie ich bin – falls ich das nach all den Anweisungen überhaupt noch kann.«

*Johann Lafer kocht* wurde in der Folge zum Dauerbrenner. Nach zwei Jahren strahlte die ARD die Sendereihe täglich in verkürzter Form im Vorabend-Regionalprogramm aus – wieder mit großem Erfolg – und immerhin kamen wir auf 378 Folgen bis zum Jahr 2003. Wie konnte es anders sein, das ZDF schaute auch ab und an ARD und wurde auf mich aufmerksam. So ging es von nun an immer weiter – meine Fernsehkarriere war ins Laufen gekommen.

Und warum hatte es geklappt? Ins Fernsehen zu wollen, unbedingt und mit allen Mitteln, unter Preisgabe seiner Persönlichkeit, ist im Grunde eine ganz schlechte

Idee. Sicher sehen wir mitunter Mitmenschen auf der Mattscheibe, auf die das zutreffen könnte, aber sie überzeugen uns nicht, und ihr Erfolg wird nicht von Dauer sein. Man stürmt auch nicht den Großglockner, wenn man schon beim Spazierengehen außer Atem gerät.

Diese Erkenntnis, die ich heute so locker formulieren kann, war für mich sehr schmerzhaft.

Ende 1977 und Anfang 1978 war ich eine Zeit lang Assistent von Reinhart Wolf in Hamburg, damals ein sehr bekannter und vielleicht der künstlerischste, visionärste Food-Fotograf überhaupt. Nachdem ich Wolf bei einigen Arrangements geholfen und einige Speisen so zubereitet hatte, dass er kunstvolle Stillleben zauberte, dachte ich, mal wieder, eine Spur zu groß: Was der kann, das kann ich auch. Das Einzige, das mir dazu fehlte, war eine Kamera-Ausrüstung, natürlich von Hasselblad. Da diese 25 000 Mark kosten sollte – was meine Finanzen weit überstieg –, bat ich meine Mutter, mir einen Teil dieser Summe zu leihen.

Schon hatte ich auch die Ausrüstung – und fotografierte drei Filme durch. Jetzt erst bemerkte ich, wie unnachahmlich Reinhart Wolf Schatten und Licht beurteilen konnte. Weder Schatten noch Licht hatte ich bis dato überhaupt Beachtung geschenkt. So blieb ich bei dem, was ich konnte. Statt Starfotograf wurde ich ein »Botschafter des guten Geschmacks«.

Aus Fehlern soll man ja lernen, gerade wenn man Johann Lafer heißt. Mein Entschluss war gefasst, und ich setzte alles daran, in jeder Hinsicht nur noch ich selbst zu sein. Kein Starfotograf, kein beliebiger Fernsehfuzzi. Und was passierte? Meine Popularität wuchs. Meine Zuschauer mochten meine Art. Ich stelle mir das Publikum, als blickte es durch eine Fensterscheibe in ein fremdes Haus, dort sah es einen Menschen, dem es vielleicht Guten Tag sagen wollen, den es bitten wollen, doch für ein kurzes Schwätzchen an den Zaun zu kommen.

In erster Linie hatte ich natürlich Glück: Als ich meine ersten Gehversuche im Fernsehen unternahm, spielte das Kochen dort wirklich keine große Rolle. Ob ich also schief in die Kamera blickte, was meine Hände währenddessen falsch machten oder wie häufig ich mich beim Reden verhaspelte, das alles war zwar ärgerlich, aber irgendwie auch egal. Der kritische Blick und der Hang zur technischen Perfektion, die inzwischen aus dem Fernsehen nicht mehr wegzudenken sind, waren damals mangels Vergleichsmöglichkeiten nicht so bestimmend wie heute. Vielleicht war ich ein Einäugiger unter Blinden und bekam meine Chance.

»Ihr lieben goldigen Menschen, meine Brüder und Schwestern in Lukullus«, so begrüßte Clemens Wilmenrod in den Fünfzigerjahren seine Zuschauer. Mit Menjoubärtchen und Kochschürze war der Gelegenheitsschauspieler Gastgeber der WDR-Sendung *In zehn*

*Minuten zu Tisch:* Eine simple Bulette wurde bei ihm flugs zu »arabischem Reiterfleisch«. Wilmenrod war Zeitzeuge und Wegbegleiter des Wirtschaftswunders in Deutschland – und liebte wie selbstverständlich Konserven und Tütensuppen. Unvergesslich bleiben seine dramatischen Auftritte, wenn er sich etwa beim Thema gefüllte Erdbeeren das Messer an die Brust hielt und dann mit bedeutungsschwerer Stimme sagte: »Wenn auch nur ein Zuschauer behauptet, er hätte schon mal solche Erdbeeren gemacht, dann stech' ich mir hier in der Öffentlichkeit das Messer ins Herz.«

Ein gefühltes Jahrzehnt später trat Max Inzinger zwischen 1964 und 1982 in der ZDF-Sendung *Drehscheibe* auf. Ich erinnere mich noch sehr gut an seinen zum geflügelten Wort gewordenen Satz: »Ich hab da schon mal was vorbereitet«, und an seine »delikate Tupperware«. Bei ihm gab es »Anti-Dracula-Steaks« und »Frutti d'amore«.

Inzwischen wurden meine Kochsendungen in unserem Lagerraum gedreht, einige aber auch in der Weinhalle von Günther Buchholz. Mein erster Assistent bei diesen Kochsendungen war Rainer Mitze, der ebenso perfektionistisch veranlagt ist wie ich – trotz der vielen Malheure, die uns immer mal wieder unterliefen. Aber, wie gesagt, aus Fehlern lernt man, beim Kochen ebenso wie im Fernsehen. Vor jeder Sendung probierten wir die Rezepte aus, damit vor laufender Kamera nichts mehr schief laufen konnte. Aufgezeichnet haben wir meist am

Vormittag, da ich abends am Herd im *Le Val d'Or* stehen musste.

Bis heute kann ich mich dafür begeistern, dass einer meiner größten Fernseherfolge kein klassisches, schlichtes »Man nehme ...«-Gericht war, sondern meine ausgebackenen Rotkrautknödel: Ich kochte Rotkraut, das ich anschließend zu Kugeln formte, die ich leicht anfror, anschließend mit Mehl, Ei und Semmelbröseln panierte und dann ausbuk – noch Jahre später fragten mich ehemalige Zuschauer dieser Sendung nach meinem Rezept.

Hang zum Perfektionismus? Von wegen, es gab weiterhin Pannen vor laufender Kamera. Ein in sich zusammengefallenes Soufflé bei einer Aufzeichnung ist nicht so schlimm, weil wir hier immer noch die Möglichkeit haben, das Rezept zu wiederholen. Misslingt ein Soufflé jedoch während einer Live-Übertragung, dann liegt eine veritable Katastrophe vor. Als es, natürlich während einer Live-Übertragung, an der Zeit war, die Eier für einen Kuchen aufzuschlagen, griff ich zu der Schüssel, in der sie lagen – man hatte sie extra schön sichtbar auf meiner Arbeitsplatte dekoriert – nahm ein Ei in die Hand, wollte es eben in meiner Rührschüssel aufschlagen, als ich entsetzt feststellte: hart gekocht! Das war das Ende der Sendung. Ein anderes Mal goss ich mir einen Becher Sahne über meine Hose. Von dort lief die schöne weiße Flüssigkeit in meine Schuhe. Das brachte zwei Probleme: Ich hatte keine Sahne mehr, und musste mein

Pfifferlingsragout allein mit zerlassener Butter zubereiten, außerdem waren meine Socken nass. Heute würde ich vielleicht entspannter reagieren: »Liebe Zuschauer, schauen Sie mal, mir ist gerade die Sahne in die Schuhe gelaufen. Entweder habe ich Glück und im Kühlschrank befindet sich noch ein zweiter Becher oder wir kochen heute eben ohne Sahne.« Das wäre souveräner, aber die Socken blieben trotzdem nass.

Geht man regelmäßig einer Tätigkeit nach, wird man natürlich perfekter. Die stets angepappte Schnitzelpanade wird einer Donauwelle immer ähnlicher, und der ambitionierte Fernsehkoch Lafer wird entspannter und fehlerfreier, sodass ich meine Rezepte aufwendiger und pompöser gestaltete.

Heute glaube ich, dass Fernsehleute für alles einen Begriff finden müssen. Bei mir hieß es dann, die Gerichte müssen »aufgelafert« sein oder den »gewissen Lafertouch« haben. Das war eine richtige Herausforderung, zum einen wusste ich nämlich nicht genau, was sie meinten, zum anderen ist es schon eine gewisse Kunst, aus etwas Einfachem etwas Besonderes zu machen – und zwar ohne dreißig verschiedene Zutaten, die den Fernsehzuschauer nur verwirren. Also würzte ich etwa eine ganz normale Tomatensuppe mit etwas gemahlenem Chili und Essig – und schon war die Suppe »aufgelafert«: Der südliche, milde Tomatengeschmack streichelt den Gaumen, die Säure des Essigs und die Schärfe der Chili kitzeln ihn.

Chilischoten, das ging ja gerade noch, aber 1991 erweiterte ich meine »kulinarische Basisarbeit« und drehte mit dem ZDF die zwölfteilige Serie *Kochen wie in Asien*. Für die Dreharbeiten flogen wir nach Hongkong, um unseren Zuschauern die Vielfalt der asiatischen Küche vorzustellen, hatten dabei aber gar nicht darüber nachgedacht, wo man die Zutaten für diese noch sehr exotischen Rezepte bei uns zu Hause einkaufen sollte. Es kam noch schlimmer: Niemand hatte Interesse an solchen Gerichten. Schwärmte ich von Zitronengras oder beschrieb, wie eine Pekingente gezüchtet wurde, dann war mir wirklich daran gelegen, exotische Einflüsse in unsere heimische Küche zu integrieren, aber diese »Crossover«-Kochphilosophie hatte bei uns seinerzeit nur eine sehr überschaubare Anzahl von Anhängern. Mit anderen Worten: In dem Maß, in dem sich unsere Kochsendungen weiterentwickelten, entfernten sie sich zugleich von den Erwartungen unserer Zuschauer. Hier öffnete sich die Schere zwischen Theorie und Praxis.

Von Kollegen bekam ich Anerkennung, weil ich so gut kochte, verlor gleichzeitig aber jede Menge Zuschauer – heute würde es heißen: »Die Quote, die Quote …« Eine Kochsendung soll ja Lust machen, das Gericht nachzukochen – wenn schon nicht das gesamte Menü, dann wenigstens Teile davon. Nur: Wenn keiner zusieht, dann bleibt das ein frommer Wunsch.

Vielleicht sollte ich nicht weiter abgehobene Kochexperimente durchführen, sondern mich wieder auf die

Grundlagen der Nachvollziehbarkeit meiner Arbeit besinnen?

Aufgrund der zahlreichen Drehtermine pendelte ich viele Jahre zwischen Hamburg, Mainz und München hin und her: 1995 ging *Johann Lafers Culinarium* in ZDF/3sat auf Sendung, *Genießen auf gut deutsch* brachte es auf 206 Folgen und wurde als beste deutschsprachige Kochsendung ausgezeichnet. Ab 1998 bis 2006 wurde die dreißigminütige SWR-Regionalsendung *Himmel un' Erd'* gezeigt. Dazu kam die Sendung *Mit Johann Lafer um die Welt*, die mich nach Südafrika, Tasmanien, Kalifornien, Malaysia oder in die Steiermark führte. Um bei der Vielzahl der Sendungen trotzdem meiner Familie nahe sein und mich um meine Unternehmen kümmern zu können, verfolgte ich, Gott sei Dank, schon frühzeitig den Gedanken an ein eigenes Kochstudio daheim in Guldental.

Das alte *Le Val d'Or*, das bis zur Eröffnung der Kochschule leer stand, war ungeeignet, auch weil es zu nahe an der Hauptstraße lag, auf der, bevorzugt während unserer Aufzeichnungen, Lastwagen entlangrauschten und -rumpelten. Aber hinter dem Restaurant stand ein altes Bauernhaus, eigentlich eine riesige Scheune – die mir für mein Vorhaben geeignet schien. Der Besitzer der Scheune war vor Kurzem verstorben, und seine Erben wollten das Anwesen nun verkaufen. Nur gab es leider schon einige Interessenten, wie mein noch immer umtriebiger und gut informierter Schwiegervater herausgefunden hatte. Die Situation war klar und glich einem K.-o.-System: Wer am meisten bot, würde den Zuschlag bekommen. Bei diesem Verfahren konnte ich eigentlich nur verlieren, denn keiner der Beteiligten würde mit offenen Karten spielen. Also musste ich mir etwas anderes überlegen, um vielleicht doch noch der »lucky looser« zu werden. Also rief ich eines Tages die Erben an: »Ich bin morgen früh beim Notar. Das Geld für das Anwesen habe ich in der Tasche. Wenn Sie kommen, dann kaufe ich es, wenn nicht, dann vergessen wir die ganze Geschichte.« Der Kaufvertrag wurde am nächsten Tag unterschrieben, und ich baute die Scheune zum Fernsehstudio um.

Es ist schon erstaunlich, wie sich die Kochsendungen im Lauf der Jahre verändert haben. Zu Anfang arbeiteten wir mit allen möglichen Tricks, um die Gerichte wie auf einem Hochglanzfoto zu präsentieren. Wir nahmen Haarspray und Haarlack, um die Speisen perfekt aussehen zu lassen, obwohl sie nach unserer »Behandlung« nur noch künstlich wirkten. Wir bohrten Teller an und platzierten darunter einen Dampfgenerator aus dem Fundus der Märklin-HO-Eisenbahn unserer Kindheit. Wir richteten Teller an, stellten den Generator an, und urplötzlich stieg Dampf durch die Löcher. Unsere ersten Versuche mit Trockeneis waren nämlich buchstäblich im Orkus der Fernsehgeschichte versunken, da der Dampf des Eises nicht nach oben, sondern nach unten zog. Genau genommen wäre ein Steak, das ich so heiß braten würde, bis Rauch aufsteigt, sowieso absolut ungenießbar. Aber seinerzeit war diese Showeinlage Teil des »Kocherlebnisses«.

Und warum dampfte das Fleisch im Kochtopf so sinnlich und genussvoll? Wir hantierten mit Salzsäure. Himbeeren, die nicht die perfekte Tropfenform hatten, wurden ausgetauscht. Wir wollten unsere Zuschauer für den Essensgenuss begeistern, aber letztlich war unsere Perfektion abschreckend für all diejenigen, die eines unserer Gerichte nachkochen wollten.

Ich wollte mich aber nicht schon wieder von meinem Publikum entfernen, nein, ich wollte mich ihm annähern. Ich empfand und empfinde es bis heute schlichtweg als eine Art von Selbstverpflichtung, dass alle meine Rezepte nachvollziehbar sind. Natürlich will ich unterhalten, natürlich soll es in meinen Sendungen lustig zugehen, muss Raum für Kreativität vorhanden sein und muss – gerade nicht zu allem Überfluss – in erster Linie gut gekocht werden. Aber es geht auch um den Inhalt, um die Rezepte.

Meine Gäste in der Stromburg und meine Zuschauer vor dem Fernseher dürfen und sollen das von mir erwarten. Mein Ziel bleibt, möglichst vielen Menschen das Kochen zugänglicher zu machen und zu erleichtern, vor allem aber: ihnen die Freude am Kochen zu vermitteln.

Darum bleibe ich ein Fan von Alfred Biolek. In seiner Sendung *Alfredissimo! Kochen mit Bio* schaffte er es (obwohl er selbst gar kein Koch ist) stets, Gerichte vorzustellen, deren Zubereitung einleuchtend war: »Mensch, das könnte ich auch mal probieren.« Seine Erfahrungen als Talkmaster waren ihm dabei sicher nicht gerade hinderlich – die Art und Weise, wie er sich den Zutaten und Töpfen näherte, nahm vielen Zuschauern die Angst vor dem Herd und animierte sie, Neues zu wagen. Durch seine im besten Sinn unbekümmerte Art half er vielen Zuschauern über die Schwelle ... Er hat es geschafft, Menschen, die zuvor nie etwas mit Kochen im Sinn hatten und die Küche als feindliches Gebiet betrachteten, für sich – und für den Genuss – zu gewinnen. Bei ihm wirkt alles unkompliziert, seine Speisen sehen lecker aus – er geht den richtigen Weg, bekennt sich zwar auch zu Convenience-Produkten, jedoch interpretiert er diese neu, indem er zum Beispiel das Kartoffelpüree aus der Tüte mit frischen Kräutern verfeinert.

Als Sternekoch sollte ich im Fernsehen eigentlich ausschließlich Gourmetküche kochen, aber das würde meine Zuschauer nur verschrecken. Es schauen eben nicht nur Meisterhobbyköche bei meinen Kochsendungen zu. Manchmal betrübt mich das ein wenig, aber mithilfe des einen oder anderen Kompromisses gelingt es mir dennoch meistens, ein hohes kulinarisches und qualitatives Niveau zu präsentieren und zu halten.

Nur etwa zwei bis drei Prozent aller Zuschauer einer Kochsendung kochen die Gerichte tatsächlich selbst nach. Viele holen sich im Fernsehen nur verschiedene

Anregungen für ihre alltägliche Essgewohnheiten, etwa, dass sie den Knoblauch nicht pressen, sondern schneiden sollen, oder dass grobkörniges Meersalz manchmal die bessere Wahl sein kann.

Eigentlich ist es frustrierend, dass so selten wirklich ein Rezept ausprobiert wird – aber ich sage mir immer wieder, dass das nun mal in der Natur der Sache liegt. Wie viele Menschen schauen sich im Fernsehen Sportsendungen an, ohne dass sie je selbst aktiv werden? Ich bleibe hartnäckig (oder unbelehrbar) dabei, einer breiten Öffentlichkeit Anregungen zu guter und gesunder Ernährung zu geben. Ich möchte dazu motivieren, etwas Gutes zu kochen, es schön anzurichten und mit Freude zu verspeisen. Kochen und essen muss man ja immer, also haben wir Köche einen recht krisensicheren Job, vor allem im Fernsehen: Zwar kann es sich kaum einer leisten, jeden Tag ins Restaurant zu gehen, jedoch das Fernsehen mit seinen Kochsendungen kann jeder zu jeder Zeit einschalten.

Daher liegt es mir wirklich am Herzen, mit meiner Arbeit ein großes Publikum zu erreichen – und das ist der Hauptgrund, warum ich immer gern Kochsendungen, auch im Radio, moderiert habe.

Radioshows sind wesentlich schwieriger zu machen als Fernsehsendungen, weil der Zuhörer die Zubereitung un die Speisen nicht sehen kann: Bekanntlich isst das Auge ja mit. Über viele Jahre hinweg habe ich auf SWR4 jeden Freitagnachmittag *Mit Johann Lafer ins Wochenende* moderiert. In jeder Sendung riefen vier bis fünf Zuhörer an, die allgemeine Fragen zum Kochen stellten oder sich Rezepttipps geben ließen. Zwei Fragen tauchten unweigerlich in jeder zweiten Sendung auf: »Wie schaffe ich es, dass die Bratkartoffeln schön knusprig werden?«, und: »Wie wird ein Rumpsteak richtig zart?« Haut sich ganz Deutschland am Wochenende ein Steak samt Kartoffeln in die Pfanne? Das kann doch nicht wahr sein ...

Im Fernsehen darf ein Koch auch redefaul sein, denn in erster Linie geht es ja darum, was er tut. Das Radio hat mir sehr geholfen, eine Speise und ihre Zubereitung anschaulich zu beschreiben. Das ist eine echte Herausforderung für mich, die mir so viel Vergnügen bereitet, dass ich noch heute Radiosendungen mache.

»Kochfremde« Sendungen sind allerdings ein echtes Problem. Als mich Thomas Gottschalk 1986 zum ersten Mal zu *Na sowas* eingeladen hatte, war ich so sehr in Panik, dass ich letztlich meinen Hausarzt fragte, was ich denn gegen diese Nervosität und das Herzrasen machen könne, und er verschrieb mir prompt einen Betablocker. Vorschriftsmäßig nahm ich das Präparat ein – und als ich dann bei Gottschalk meinen Auftritt hatte, wäre ich fast eingeschlafen. Wieder zu Hause, stellte die kritische Familienrunde fest: »Du hast ja gar nichts gesagt.« Hätte ich auch nicht gekonnt ... Seitdem lasse ich die Finger von solchem Zeug und vertraue darauf, dass ich es irgendwie packe. Ich bleibe halt immer der, der ich bin.

# RÜHREI MIT MINZE –
# EIN WALDBAUERNBUB

**BEI UNS ZU HAUSE IN DER STEIERMARK, INMITTEN VON NIRGENDWO, LERNT MAN ETWAS, DAS VOR ALLEM IN MEINER KINDHEIT GAR NICHT ALS SO WERTVOLL ANGESEHEN WURDE, DAS EIGENTLICH EINE SELBSTVERSTÄNDLICHKEIT WAR: DIE EINSICHT IN DIE TATSACHE, DASS DIE NATUR SCHLICHTWEG UNSER HÖCHSTES GUT IST. DIE GABEN DER NATUR SIND DER LEBENSINHALT DES LANDWIRTS, SIE SIND UNSERE LEBENSGRUNDLAGE. WENN ETWA DER MAIKÄFER DIE KARTOFFELBLÜTE FRASS, GAB ES IM WINTER KEINE KARTOFFELN. DA WAR KEIN SUPERMARKT, UND DA WAR AUCH KAUM GELD. BIS HEUTE HOFFE ICH IN DEN WOCHEN VOR DER ERNTE, DASS ALLES GUT GEHT, ERINNERE MICH AN DAS BANGE WARTEN, OB NOCH EIN HAGEL DAS GETREIDE KAPUTT MACHT ODER DER FROST DAS OBST ERFRIEREN LÄSST.**

Mit der Natur und ihren Jahreszeiten im Einklang zu leben, war für uns selbstverständlich, waren wir doch von ihren Gaben abhängig, die sie übers Jahr verteilt. Bei uns zu Hause, in Sankt Stefan im Rosental, richtete sich ebenso selbstverständlich das Essen am Lauf der Jahreszeiten aus. Waren etwa die Bohnen reif, so bereitete meine Mutter in dieser Zeit Bohnensuppe, Bohneneintopf, Bohnen zum Fleisch. Auch wenn die Grundzutat die gleiche war, schaffte es meine Mutter, für mich und meine beiden jüngeren Schwestern Irmgard und Christine abwechslungsreich zu kochen. Die übrig gebliebenen Bohnen wurden in Weckgläsern eingemacht. Eine Tiefkühltruhe gab es noch nicht, also konservierte meine Mutter mit den klassischen Methoden von Einmachgläsern bis zu den Sandbergen, in denen man Kartoffeln oder anderes Wurzelgemüse lagern konnte. Als Fett hatten wir übrigens nur Schmalz von geschlachteten Schweinen zur Verfügung.

Meine Aufgabe war die Apfelernte; sobald ich aus der Schule kam, und noch bevor ich mich zum Mittagessen setzen durfte, musste ich die Äpfel, die reif vom Baum gefallen waren, aufklauben. Die guten wurden in Holzsteigen gelagert, aus den schlechteren machten wir Most. Und logischerweise gab es in den nächsten Wochen Unmengen von Apfelstrudeln und Reibekuchen mit Apfelkompott – was mir lieber war als die Bohnensuppe.

Im Winter, wenn ich vor unserem Haus den Schnee geräumt hatte, bereitete mir meine Mutter ein Weinchaud-d'eau zu: Eigelb, Zucker, und, statt Weißwein, der normalerweise in dieses Rezept gehört, nahm meine Mutter Apfelsaft. Alle Zutaten wurden richtig lange in einem Wasserbad geschlagen, und die entstandene, herrlich schmeckende Creme aß ich dann mit selbst gebackenen Löffelbiskotten flugs auf. Bekamen wir Kinder damals eine Belohnung, dann war es nicht etwas aus dem Supermarkt oder aus dem Computerladen, sondern tatsächlich und wortwörtlich eine Gabe der Natur.

Wir haben alles verwendet, was uns die Natur gegeben hat, bis ins letzte Stück.

Meine Vorfreude auf das Essen war immer riesengroß. Noch heute läuft mir das Wasser im Mund zusammen, wenn ich daran denke, wie köstlich der Sonntagsbraten geduftet hat, wenn wir vom traditionellen Kirchgang nach Hause kamen. Schon am Samstag wurde besprochen, was es zu essen geben sollte, Kaninchen oder Huhn. Ich habe alles gemocht und kann mich eigentlich nicht erinnern, dass ich mich jemals geweigert hätte, etwas zu essen – bis auf eine einzige Ausnahme, von der ich noch erzählen werde. Gab es kein Fleischgericht, dann kochte meine Mutter Heidensterz aus Buchweizenmehl ein. Dabei entstanden kleine Klumpen, die zerbröckelt wurden und entweder auf Grammerlschmalz oder in eine Schwammerlsuppe gegeben wurden. Dieses sehr kräftige Gericht war eine Delikatesse.

Sonntags saßen wir alle um den Küchentisch herum, auch mein Vater war dabei, der unter der Woche im Steirischen Magnesitwerk in Bruck an der Mur arbeitete. Er musste den gemahlenen Magnesit in Säcke füllen und auf Güterwagons verladen, eine sehr harte körperliche Arbeit, denn die Säcke wogen um die fünfzig Kilogramm. Am Küchentisch besprachen wir, was in der vergangenen Woche passiert war und welche Neuigkeiten es aus der Nachbarschaft gab. Selbstverständlich wurden bei dieser Gelegenheit auch gleich alle Streitfragen geklärt. Entscheidend war für mich aber immer nur eines: Wie war die Laune meiner Mutter? Denn von ihrer Stimmung hing ab, wie ihr das Essen gelungen war. War sie etwas traurig oder unzufrieden, dann konnte man sicher sein, dass der Schweinebraten nicht so saftig und mürbe ausfiel. War das einmal der Fall, lobten wir Kinder sie trotzdem: »Das schmeckt doch gut!« Nur konnten wir sie damit nicht aufheitern, denn sie hatte einen gewissen Anspruch an sich und merkte sehr wohl, wenn sie den nicht perfekt erfüllen konnte. Das ist etwas, das ich wohl von ihr geerbt haben muss. So gab es also bei uns schöne und manchmal auch weniger schöne Mittage.

Ganz schwierig war es für mich, wenn meine Eltern sich am Wochenende gestritten hatten. Das kam hin und wieder vor, weil sowohl meiner Mutter als auch meinem Vater die Arbeit über den Kopf wuchs. Da mein Vater während der Woche nicht zu Hause war, musste sich meine Mutter allein um unsere kleine Landwirtschaft kümmern, die beiden Kühe mussten mit der Hand gemolken, die Schweine und Hühner gefüttert, der Stall ausgemistet werden. Ebenso kümmerte sie sich um die kleinen Äcker, schnitt und bündelte das Getreide, mähte die Butterblumenwiesen, pflegte den Obst- und Gemüsegarten, wusch die Wäsche, kümmerte sich um ihre Eltern, die im Nebengebäude wohnten – und natürlich um uns Kinder. Kam mein Vater dann heim, erschöpft von der langen Busfahrt und der anstrengenden Arbeit, trug sie ihm gleich die Dinge auf, die sie nicht erledigen konnte. Dann musste das Dach ausgebessert, eine andere Wiese mit der Sense gemäht (landwirtschaftliche Maschinen hatten wir nicht), ein Schwein geschlachtet werden – und möglichst alles sofort.

Mein Vater wollte sich aber stets erst einmal ausruhen, was meine Mutter nicht so gut fand. So kam es, wie es kommen musste: Sie stritten sich, und das schlug mir jedes Mal aufs Gemüt. Da Essen für mich nicht nur Nahrungsaufnahme ist, sondern auch etwas Sinnliches und Lustvolles (auch wenn der kleine Johann das so noch nicht hätte formulieren können), wollte ich, dass beim Essen gute Stimmung herrschte. Hatten meine Eltern Streit, dann konnte man mir das beste Wiener Schnitzel vorsetzen, übrigens bis heute mein Lieblingsgericht, ich konnte mich daran nicht freuen. Dabei lernte ich, dass nicht nur das Kochen, sondern auch der Genuss davon abhängt, ob man sich ungestört darauf konzentrieren kann. Wenn man etwas nur nebenbei isst, kann man es gleich bleiben lassen.

Wer selbst am Herd steht, kann die Speisen oft nicht so genießen, wie er es vielleicht gern möchte. Aber wenn ich heute meiner Mutter beim Essen zusehe, mit welcher Ruhe und Gelassenheit, mit welcher Aufmerksamkeit sie jeden einzelnen Bissen genießt, dann bin ich mir ganz sicher, dass ich meine Berufung als Koch von ihr »geerbt« habe.

Neben dem Sonntagsbraten waren Mehlspeisen fester Bestandteil unseres Speiseplans. Bei uns in Österreich sind sie Nationalgerichte, ihre Zubereitung gleicht einem Ritual. So war auch meine Mutter stolz, wenn sie Besuchern ihre Mehlspeisen servierte. Kündigte sie beispielsweise an, dass sie nun den Hefeteig für Krapfen vorbereiten musste, dann durften wir in den nächsten Stunden die Haustür und die Fenster nicht öffnen. Sie brachte einen Topf mit Wasser auf dem großen Herd zum Kochen, damit sich die Küche mit Dampf füllte. Die Luftfeuchtigkeit musste sehr hoch sein, damit der Teig perfekt aufging. Hatten die Krapfen aber dann trotz der Mühen keinen gelben Rand bekommen, war sie untröstlich.

Meine Mutter war froh, dass sie in mir jemanden gefunden hatte, der ihr bei den Küchenarbeiten helfen wollte und das sogar gerne tat. Irmgard, die knapp drei Jahre jünger ist als ich, und Christine – zwischen uns liegen fünf Jahre – waren nie sehr angetan, wenn sie Pflaumen entkernen, einen Salat waschen oder sonstige Küchenarbeiten machen sollten. Sie deckten lieber den Tisch – ansonsten verbrachten sie ihre Zeit draußen zusammen mit ihren Freundinnen.

Mein großer Ehrgeiz war es, meiner Mutter zu beweisen, dass ich in ihrer Küche selbst etwas zuwege bringen konnte. Eines Tages, ich war neun Jahre alt, hatte sich meine Tante Maria Horber aus der Schweiz angekündigt. Sie besuchte uns in Sankt Stefan ein oder zwei Mal im Jahr. Im Vorfeld fragte sie immer: »Was wünscht sich der Kleine von mir?« Normalerweise brachte sie mir etwas zum Anziehen in meiner Lieblingsfarbe blau mit, oder auch Sportsachen. Meine Mutter hatte dieses Mal eine andere Idee.

So kam es, dass ich nach Tante Marias Ankunft in Sankt Stefan mit ihr zu Fuß in den Nachbarort Kirchbach ging, um im Haushaltswarengeschäft Bierbauer auf Empfehlung meiner Mutter eine Plastikschüssel und einen Schneebesen zu bekommen. Denn bei uns zu Hause gab es häufig eine Biskuitroulade, die eigentlich eine Schicksalsroulade war: Himmelhoch jauchzend oder zutiefst betrübt, die Gemütszustände meiner Mutter hingen davon ab, ob der Teig eingerissen war oder glatt blieb. Wie gerne hätte ich ihr geholfen, mich machte das so verrückt, dass ich tagelang darüber nachdachte, wie man es bewerkstelligen konnte, dass der Biskuitteig nicht mehr brach.

Nun hatte mir meine Tante die notwendigen Küchengeräte geschenkt, und ich konnte fortan eigenständige Biskuitrouladenexperimente durchführen. Eine neue Welt tat sich auf, noch fremd, aber unglaublich spannend für den kleinen Zuckerbäcker, der ich damals war. Ich nahm vier Eier und eine genau abgewogene Menge an Zucker und Mehl – und doch kam jedes Mal etwas anderes dabei heraus. Kochen und backen musste also von vielen Einflüssen bestimmt sein, damit das Ergebnis passte. Nur von welchen? Mein Ehrgeiz war geweckt, und sooft ich durfte, buk und kochte ich unter Aufsicht meiner Mutter.

September 1957: Irmgard Lafer, meine Mutter, arbeitete auf einem Acker hinter unserem Haus. Sie hatte zwei Kühe mitgenommen, die hinter sich eine Walze herziehen sollten, um größere Erdhaufen zu glätten. Bei jeder Kehre auf dem Acker musste das Blatt der Walze aus der Erde gehoben und wieder neu eingesetzt werden. Von Mal zu Mal fiel es meiner Mutter schwerer, sich zu bücken, denn sie war mit mir hochschwanger. Der errechnete Geburtstermin sollte zwar erst in zwei Wochen sein, aber als sie bei der letzten Reihe angekommen war, durchzuckte sie ein heftiger Schmerz. Waren das etwa schon die Wehen, von denen die Dorfhebamme gesprochen hatte? Sie ließ die Arbeit stehen und liegen, was sie sonst unter keinen Umständen tat, ging zurück ins Haus und legte sich ins Bett. In der Nacht biss sie die Zähne zusammen, aber die Schmerzen waren schließlich nicht mehr auszuhalten. Zögerlich machte sie sich auf den Weg zu einer Nachbarin, die sofort mit ihr ins Krankenhaus nach Graz fuhr. Mein Vater war in Bruck bei der Arbeit.

Am 27. September, um 4.25 Uhr morgens erblickte ich das Licht der Welt. Meine Eltern hatten sich schon vor der Geburt darauf geeinigt, ihr Kind – so es denn ein Bub würde – Johann zu nennen. Doch erst einmal riefen mich alle nur Hansi …

Nachdem der Arzt Mutter und Kind höchst offiziell für gesund erklärt hatte, konnte sie endlich ihr ganzes Glück fassen. Fast vier Jahre nach ihrer Hochzeit am

11. Juli 1953 hielt sie ihr erstes Kind im Arm. Während der Entbindung hatten sie Schuldgefühle geplagt, da sie befürchtete, mir könne etwas passiert sein, weil sie zu schwer gehoben hatte.

Meine Mutter beharrt darauf, dass ich »ein braver Bub« gewesen bin. Das übliche Geschrei, wenn die Windeln voll waren, hatte sie schnell vergessen. Wenn ich gewickelt und gefüttert war, gab es andere Sorgen, die Wirtschaft musste weitergehen, die Kartoffelernte stand bevor – Momente der Muße waren selten. Mein Vater stieg weiterhin jeden Sonntagabend in den Postbus, der vor der St.-Stefans-Kirche hielt und ihn nach Graz brachte, wo er dann mit dem Zug nach Bruck an der Mur fuhr. Immer packte ihm meine Mutter Bratenreste, Geselchtes oder ein Glas mit Pastete ein. Aber ihr fiel es immer schwerer, ihn ziehen zu lassen, weil die viele Arbeit auf dem Hof mit einem Kind noch schwerer von der Hand ging.

Wenn sie hinaus auf den Acker musste, legte sie mich in einen kleinen, mit einer dicken Decke ausgepolsterten Leiterwagen, klemmte sich einen Spaten und einen Regenschirm unter den Arm und zog mich so auf die Felder. Der Schirm, der mich vor der Sonne schützen sollte, wurde aufgespannt und meine Mutter hob mit dem Spaten die Erde um. Abends schlief ich in einer Holzkrippe, die schon über Generationen hinweg vererbt worden war und in der bereits meine Mutter als Baby gelegen hatte. Später sollte die Krippe auch meinen beiden Schwestern Irmgard und Christine als Babybettchen dienen.

Unser Hof bestand aus einem relativ kleinen Haus mit einem anschließenden Stallgebäude, im Muggental außerhalb von Sankt Stefan. Früher war hier eine Mühle gestanden, die dann aber abgerissen wurde. Aus den roten Steinziegeln der Mühle wurde unser Wohntrakt aufgemauert, zwei Räume, die innen geweißelt waren: ein Schlafzimmer, in dem wir alle, die Eltern und wir drei Geschwister, schliefen, und eine große Küche mit einem gusseisernen Herd. Daneben gab es noch einen alten gemauerten Backofen, in dem Brot und Kuchen gebacken wurden. Nicht weit davon ein Beistelltisch, auf dem eine Schüssel und ein Krug mit Wasser standen. Hier wuschen wir uns – ein Bad gab es nicht, und unsere Toilette befand sich auf dem Hof, in der Nähe des Stallgebäudes.

Praktisch unser gesamtes Familienleben spielte sich in der Küche ab. Hier wurde gekocht, gegessen und geredet, hier hielten wir uns auf. Hin und wieder kam ein Nachbar vorbei, setzte sich zu uns an den Holztisch und berichtete von Neuigkeiten aus dem Ort. Viel Zeit zum Schwätzen blieb aber nie, weil es immer irgendetwas auf dem Hof zu tun gab.

Als ich größer wurde, ging ich gern mit meiner Mutter in den Stall. Die Tiere hier, so erklärte sie mir, hielten wir uns als Schlachtvieh, nur die Kühe seien eine Ausnahme, denn sie gaben uns Milch. So ganz stimmte das nicht, denn das eine oder andere Kalb wurde doch zum Metzger gebracht.

Nachdem der Weißkohl geerntet war, füllten wir das geschabte Kraut in ein altes Most- oder Weinfass, würzten alles mit Salz und Kümmel, und wir Kinder traten anschließend mit unseren (frisch gewaschenen) Füßen darauf herum, um Sauerkraut herzustellen. Gab es dann im darauffolgenden Winter Sauerkraut mit Leberwurst, schmeckte mir das Kraut doppelt so gut, denn ich hatte ja dabei geholfen, es zu machen. Erlebt man, wie Essen entsteht und wie viel Arbeit darin steckt, so entwickelt man automatisch einen ganz anderen Bezug dazu. Aus diesem Grund leide ich immer, wenn ich sehe, dass Menschen mit Lebensmitteln respektlos umgehen, Essen einfach wegschmeißen oder ein Stück Fleisch in die Pfanne knallen, in der das Fett schon raucht. Essen gehört zum Grundlegendsten im Leben: Man kann einen Acker nicht umgraben, wenn man vorher nichts gegessen hat. Darum muss man Lebensmitteln Respekt entgegenbringen.

Ich bin in einer Welt der Selbstversorgung aufgewachsen. Strich ich Leberwurst auf mein Brot, wusste ich, welches Schwein dafür geschlachtet worden war. Ich lernte, dass nichts verschwendet werden darf und alles einem Zweck dient. Wenn wir Eier gegessen hatten, wurden die Eierschalen getrocknet, fein zerrieben und wieder unter das Tierfutter gemischt. Das Vorspülwasser, in das die Töpfe und Teller kurz getaucht wurden, und das darum voll von Fetten und Essensresten war, haben wir nicht einfach weggeschüttet, sondern den Schweinen zum Fressen gegeben. Damals fand ich das ein wenig ekelhaft, aber rückblickend verstehe ich, dass das Fleisch unserer Schweine, die Leberwurst, genau aus diesem Grund so besonders schmeckte – heute würde man sagen, »nach Heimat«: Weil unsere kleine Familie im Einklang mit der Natur und ihren Kreisläufen lebte, von der Natur etwas nahm und ihr etwas anderes zurückgab.

Meine Eltern haben uns wahrscheinlich eher unbewusst großen Respekt vor Lebensmitteln anerzogen – damals war das einfach so. Jede Kartoffel holten wir einzeln aus der Erde, schüttelten sie, damit die Erde abfiel, legten sie in einen Korb, trugen sie nach Hause, lagerten sie ein. Schälten wir sie später, wussten wir, wo sie herkam und wie viel Arbeit vom Säen bis zum Ernten in ihr steckte. Jedes Produkt war eine Gabe der Natur und kein Sonderangebot aus dem Supermarkt – damit war es etwas ganz Besonderes. Dieses Bewusstsein hat sich mir tief eingeprägt.

Und wenn ich heute sehe, wie jemand ein Kartoffelpüree macht und dabei die Kartoffeln lieblos zu Tode stampft (wenn er nicht der Einfachheit halber gleich zu einem Tütenpüree greift), frage ich mich schon, wo die Seele dieses Menschen verschüttet ist. Man kann etwas krumm und schief schneiden, aber wer Kartoffeln behandelt, als wären sie Holzklötze, die man beliebig aneinanderschlagen kann, dem fehlt doch wirklich jegliches Feingefühl.

Wir liebten unsere Tiere, aber zugleich wussten wir, warum wir sie hielten: Wir züchteten keine Schweine oder Hasen, weil wir uns einen kleinen Zoo halten wollten, sondern weil wir das Fleisch benötigten. Darum wurde auf dem Hof geschlachtet, und das brachte meine ersten Erfahrungen mit Tod und Trauer. Ich konnte es kaum ertragen, wenn einem Schwein der Bolzen gesetzt wurde. Ich verkroch mich ins Bett und drehte unser Radio so laut auf, dass ich nicht mehr hörte, was draußen vor sich ging. Was anschließend geschah, erlebte ich wieder mit: Ein Teil des Schweinebluts wurde nach dem Schlachten mit dem Holzquirl lange gerührt, dann in einer Pfanne erwärmt, bis es stockte, anschließend kamen Röstzwiebeln darüber – das war das Bluttommerl, das Frühstück am Schlachttag. Anfangs aß ich diesen blutroten Brei nur unter Androhung von Prügeln. Um mir zu erklären, warum das Schlachten notwendig ist, sagte mein Vater: »Stell dir einmal vor, wir würden kein Tier töten, wovon willst du dann satt werden?«

Ich war auch völlig schockiert, als ich zum ersten Mal mit ansehen musste, wie mein Vater einem Huhn den Kopf abschlug und meine Mutter danach kräftig die Federn rupfte. Meine Eltern sahen die Angst in meinen Augen und sprachen in aller Ruhe mit mir. Ich weiß nicht, was geschehen wäre, falls sie mich und meine

Panik nicht ernst genommen hätten. Ein »Geh weg hier, das ist halt so« hätte mir mit Sicherheit auf alle Zeiten Backhendl mit Kürbiskernölsalat verleidet.

Zum Glück habe ich eine pragmatische Einstellung zum Tier entwickelt und bereite Fleisch sehr gern zu. Wenn ich in meinen Fernsehsendungen Rezepte mit Fleisch vorstelle, dann erhalte ich schon mal Zuschriften von Zuschauern, die genau das kritisieren. Aber seit Urzeiten gibt uns die Natur Nahrung, und dazu gehören Fleisch und Fisch – das Schlachten und Töten ist Teil eines natürlichen Kreislaufs. Zu einer ausgewogenen gesunden Ernährung gehören Gemüse, Obst, Fleisch und Fisch. Unabdingbare Grundvoraussetzung aber ist auch für mich, dass die Tiere artgerecht gehalten werden. Massenproduktion und Fließbandschlachtung sind mir ein Graus. Gerade an der Schweinehaltung sieht man exemplarisch, was heute in der industriellen Viehzucht alles schiefläuft: Die Tiere werden mit Antibiotika und allerlei Kraftfutter und Medikamenten in Rekordzeit auf Schlachtgewicht gefüttert. So etwas macht mich wirklich wütend.

Wie die meisten Jungen aus unserem Dorf besuchte ich die Schule nicht gerade mit der allergrößten Begeisterung. Da es im Ort nicht so viele Kinder gab, unterrichtete unsere Lehrerin Gertraud Trummer alle Fächer zugleich. Die typischen Bubenstreiche haben wir schon gemacht, aber in einer kleinen Dorfgemeinde wie der, in der ich aufwuchs, wurde sehr viel Wert auf Disziplin gelegt ... also haben wir niemals etwas wirklich Schlimmes angestellt.

Jeden Tag ging ich, erst allein, später mit meinen beiden Schwestern, fünf Kilometer zu Fuß zur Schule nach Sankt Stefan, mittags dieselbe Strecke wieder zurück, einen Bus gab es noch nicht. Mein Weg führte an einem Wald vorbei, den ich besonders liebte, wenn sich im Herbst die Blätter der Bäume bunt färbten. Zum Teil war es ein Schotterweg, der sehr mühsam zu gehen war, wenn es heftig regnete oder tiefer Schnee lag. Da wir kein anständiges festes Schuhwerk besaßen, schon gar nicht warme Winterstiefel, waren die Füße schnell nass, und eigentlich wurden sie erst langsam wieder trocken, als wir uns nach Schulschluss bereits wieder auf den Heimweg machen mussten.

Zu unserem Hof gehörte ein Gebäude, in dem Agnes und Franz Suppan, die Eltern meiner Mutter, wohnten, zu denen ich sehr gerne ging und die nicht nur stets ein offenes Ohr für mich hatten, sondern meiner Mutter auf dem Hof zur Hand gingen. Mit dem Haus meiner Großeltern verbinde ich viele Erinnerungen, die mit einer Welt zu tun hatten, die damals noch weit jenseits meines jungen Horizonts lag. Im November 1963 – ich war sechs Jahre alt – feierten wir das Richtfest unseres neuen Hauses, als einer unserer Nachbarn vorbeikam und erzählte, dass John F. Kennedy tot sei. Ein Attentat. Die Gäste meiner Eltern schrien geradezu auf, und mir schien, dass alle vor Schreck erstarrt waren. Immer wieder hörte ich, wie vom »Weltkrieg« geflüstert wurde. Gleich am nächsten Morgen fragte ich meinen Großvater, wer denn dieser Kennedy gewesen sei und ob es nun einen Krieg geben würde? Die ganze Nacht über hatte ich kaum geschlafen, obwohl ich mir natürlich gar nicht vorstellen konnte, was das alles bedeutete. Noch nie zuvor hatte ich Erwachsene so ängstlich erlebt, noch nie hatte ich sie von Krieg reden hören. Das alles hatte sich auf mich übertragen. Mein Großvater nahm mich daraufhin mit auf den Speicher und zog zwischen all dem Gerümpel eine riesige, völlig verstaubte Holzkiste hervor. Er öffnete sie und erklärte mir, dass die Metallstücke darin alte Flugzeugteile seien, die von einem deutschen Kampfflugzeug stammten, das hier, ganz in der Nähe unseres Hofes, gegen Ende des Zweiten Weltkriegs abgestürzt sei. Er hatte sie aufgehoben, weil er sich immer daran erinnern wollte, wie sinnlos Krieg ist.

Meine Angst konnte er mir damit natürlich nicht nehmen, und ich muss meinen Großvater mit so erschrockenen Augen angesehen haben, dass er mich auf den Schoß setzte und mir sehr einfühlsam erzählte, dass die Steiermark von 1945 bis 1955 britisches Besatzungsgebiet gewesen war … und dann erklärte er mir, was der »Kalte Krieg« bedeutete. Mein Großvater hielt mich ganz fest, während er mit mir sprach, und seine Stimme beruhigte mich allmählich.

Mein Großvater faszinierte mich. Vieles von dem, was dieser große und schlanke Mann tat, fand ich geheimnisvoll. Abends, vor dem Schlafengehen, nahm er stets einen großen Schluck aus einer grünen Blechdose, die er oben auf einem Schrank deponiert hatte, sodass ich sie nicht erreichen konnte. Eines Tages, es war schon dunkel, aber Opa war noch draußen auf dem Hof, ging ich in seine Schlafstube. Direkt neben seinem Bett stand eine Werkbank, auf die ich kletterte und problemlos an die blecherne Dose, die mich so magisch anzog, herankam. Ich nahm auch gleich einen Schluck. Das Zeug schmeckte fürchterlich, aber ich schluckte es tapfer hinunter. Den Geschmack hasste ich noch Jahre später – es war spanisches Olivenöl gewesen.

Eine andere Episode hätte viel schlimmer ausgehen können. Mein Großvater war Jäger, und irgendwann einmal stahl ich aus seinem Schrank eine Gewehrpatrone. Diese spannte ich in den Schraubstock ein und schlug mit einem Nagel auf den hinteren Teil der Patrone – der Schuss ging los. Glücklicherweise blieb ich unverletzt … bis auf die Tracht Prügel, die unweigerlich folgte.

Zu meinen ersten kulinarischen Erlebnissen gehört etwas, das mein Opa für mich zubereitet hatte. Er hatte Ei mit ein wenig Milch verquirlt, dann ging er hinter das Haus und kam mit einigen abgezupften, bräunlichen Blättern zurück. Diese rührte er unter das Ei, stellte die Pfanne auf den Herd, erhitzte Schweineschmalz darin und gab das vermengte Ei dazu. Dann schmeckte er alles noch mit Salz und Pfeffer ab. Sein Rührei war unglaublich gut, immer bettelte ich darum, dass er mir doch wieder einmal das wunderbare Eiergericht machen solle, das mit den Blättern. Jahrzehntelang erinnerte ich mich an diesen besonderen, für mich bis dahin unentdeckten Geschmack. Doch ich schaute nie nach, welches Kraut da hinter dem Haus meines Großvaters wuchs. Ich fragte meine Mutter erst, als ich längst nicht mehr zu Hause wohnte und meine Großeltern schon Jahre tot waren. Sie antwortete: »Ich weiß es nicht mehr, und das Haus ist ja weggerissen, das Kraut wächst dort nicht mehr. Aber bei einer Nachbarin habe ich es noch wachsen gesehen. Sie wird es wissen.« Es stellte sich dann heraus, dass dieses Kraut eine Art von brauner Minze war. Mein Großvater hatte mir damals also Rührei mit Minze vorgesetzt.

Meine Kindheit verbrachte ich eigentlich ununterbrochen unter freiem Himmel, war ständig unterwegs und entdeckte die Natur. Ganz besonders gerne fing ich in unserem kleinen Bach Flusskrebse. Dazu schlug ich an beiden Ufern einen Pfosten in den sandigen Boden und spannte dazwischen Hasendraht. Die Krebse blieben dann in diesem Draht hängen. Ich sammelte sie auf und brachte sie nach Hause, wo wir sie kochten und aßen. Sie schmeckten einfach köstlich.

Im Herbst zog ich los, um Maronen, Pfifferlinge, Steinpilze und andere essbare Pilze zu suchen. Ich wusste, wo ich suchen musste, und daher machte ich so reiche Beute, dass ich die Pilze verkaufen und so mein erstes eigenes Geld verdienen konnte. Um meinen Gewinn zu steigern, tauchte ich die Pilze vor dem Wiegen in Wasser, damit sie richtig schwer wurden. Das ist eigentlich eine Todsünde, der Pilzgeschmack leidet entsetzlich darunter – und wenn mir heute ein Lieferant gewässerte Pilze verkaufen wollte, würde ich sie ihm sofort in die Ohren stopfen.

Als ich zur Schule ging, durfte ich meine Hausaufgaben erst am späten Nachmittag machen, wenn alle landwirtschaftlichen Arbeiten erledigt waren. Ich habe meiner Mutter immer gern geholfen, auch wenn der Fußball manchmal verheißungsvoll in der Ecke lag und nach einer Flanke oder einem Kopfballtor verlangte. Aber meine Mutter kannte mich gut genug und wusste, dass ich ihr mit viel Freude zur Hand ging; für mich war es eigentlich fast schon eine Art von Belohnung, ihr helfen zu dürfen.

Eines Tages war der Pastor bei uns zu Hause, und ich erinnere mich, dass auch mein Vater daheim war, so muss es also an einem Samstag oder Sonntag gewesen sein. Der Pfarrer schlug meinen Eltern vor, mich auf eine weiterführende Schule zu schicken, die mich auf das Priesterseminar vorbereiten würde. Sie waren stolz, als sie hörten, dass ihr Sohn sich »so gut angestellt« hätte. Aber dann kamen meinem Vater Bedenken: »Das Internat kostet viel Geld, das haben wir doch nicht. « Der Pfarrer verabschiedete sich mit der Bitte, noch einmal alles zu überdenken, denn nicht jedes Kind hätte die Fähigkeiten, einmal »etwas Besseres« zu lernen.

Ich war sehr traurig, als ich hörte, dass es mit der neuen Schule nicht klappte. Die Kirche war für mich ein besonderer Ort, der eine starke Anziehungskraft auf mich ausübte. Ich war leidenschaftlicher Ministrant in unserer heimischen Stefanuskirche, aus dieser Pfarrgemeinde stammt auch der heutige Erzbischof von Salzburg. Einer der Höhepunkte nach dem sonntäglichen Gottesdienst war der Besuch der Familie im Gasthaus Kaufmann, wo es für mich Frankfurter Würstel mit Gulaschsaft zu essen gab. Aber nicht zu viel, damit der Sonntagsbraten später noch schmeckte.

Niemand zwang mich zum Ministrieren, keiner drohte mit erhobenem Stock, ich machte es nur, weil ich es so wollte. Dabei habe ich erlebt, wie unsere Dorfgemeinschaft, deren Leben vom Kirchenjahr geprägt war, im Glauben einen Zusammenhalt fand. In unserer Familie war es selbstverständlich, dass wir an Feiertagen mehrere Kilometer in Prozessionen mit wanderten. Unser alltägliches Leben war von harter Arbeit bestimmt, und so war die Kirche für mich eine Stätte der Ruhe, Einkehr und Besinnung. Ich habe das schon als Kind und später auch als Jugendlicher sehr bewusst wahrgenommen. Während viele der Jungen aus dem Dorf irgendwo herumhingen, zog es mich zu Weihrauchfass und Bibel. Und weil ich gern in der Kirche war, hatte ich auch nicht das Gefühl, dass sie mir etwas von meiner knapp bemessenen Freizeit wegnahm. Für mich war die Zeit in der Kirche jedes Mal ein positives Erlebnis, sie war für mich wie ein Stück der weiten Welt, die ich nicht kannte.

Nur eine Situation irritierte mich völlig: der Aufklärungsunterricht in der Schule, ein ziemlich heikles Thema. Der Kaplan hielt die Stunde, und ich musste die ganze Zeit über lachen. Ich glaube, er hat mir, der ich doch sonst so ernsthaft war, diesen Fauxpas nie verziehen. Noch heute schäme ich mich, dass ich damals so deppert reagiert habe. Entweder habe ich nichts verstanden oder ich wollte nichts verstehen. Oder ich wollte ihn nur auf den Arm nehmen, weil er etwas erzählte, das mich beschämte. Leider hatte ich nie die Chance, mit ihm darüber zu reden.

Meine Verbundenheit zur Kirche ist geblieben: Zwei Gottesdienste habe ich schon für das ZDF gemacht, mein größter Wunsch jedoch ist ein Besuch bei Papst Benedikt XVI. in Rom, am liebsten würde ich einmal für ihn kochen. Schon in der Bibel steht, dass man das Essen genießen, es respektieren und teilen soll. Für mich haben das Kochen und Essen in der Tat religiösen Charakter.

Damit verbunden ist auch mein soziales Engagement. So habe ich zusammen mit der Lufthansa in Jakarta ein großes Galadiner für vierhundert Gäste präsentiert, deren Eintrittsgelder einem Projekte zur Speisung von Straßenkindern zugutekamen. Immer wieder koche ich oder spiele Fußball in »Promi-Mannschaften«, um Spenden zu sammeln: Einmal brauchte eine christliche Behindertenschule eine Küche, ein anderes Mal benötigte die Kinderkrebsabteilung der Uniklinik Mainz ein medizinisches Gerät – es gibt so viel zu tun!

Der Glaube ist mir deshalb so wichtig, weil er alles ist, was uns am Ende unseres Lebens bleibt. Aller materielle Reichtum ist vergänglich. Ich denke, wer an etwas glaubt, nicht nur an sich selbst, sondern auch an Gott, der wird sein Leben meistern. Als Kind habe ich gelernt, dass man nicht alles haben kann, aber dass vieles möglich ist, wenn man nach der christlichen Lehre lebt. Das heißt für mich nicht, dass man sich streng nach den zehn Geboten richtet, sondern dass man gewisse Grundsätze wie Nächstenliebe, Güte, Nachsichtigkeit und Selbstlosigkeit befolgt.

Meine Kindheit auf dem Land hat mich geprägt wie kein anderer Abschnitt meines Lebens. Meine Familie und die Liebe, die ich erfahren habe, spielen eine zentrale Rolle in meinem Leben. Zu meiner Mutter habe ich noch heute eine sehr intensive Beziehung – wir sind wie Seelenverwandte. Ich merke deutlich, dass ich viele meiner Charaktereigenschaften von ihr geerbt habe. Sie ist sehr sensibel, pflichtbewusst, strebsam, manchmal auch sehr nachdenklich – sie verfolgt das Geschehen um sie herum aufmerksam und macht sich Gedanken darüber. Sie merkt es mir sofort an, wenn etwas nicht stimmt, und umgekehrt sehe ich auch gleich, wenn es ihr nicht gut geht.

Zu meinem Vater Johann hatte ich nie ein ähnlich gutes Verhältnis. Da er nur am Wochenende zu Hause war und dann auch noch mit all den Arbeiten beschäftigt war, die meine Mutter unter der Woche nicht hatte erledigen können, blieb ihm wenig Zeit, sich um uns Kinder zu kümmern.

Die Erziehung der drei Kinder – meiner Schwestern Irmgard und Christine und mir– war ganz klar die Aufgabe meiner Mutter. Sie hatte auch gegenüber meinem Vater oft das letzte Wort. Da sie an fünf Tagen in der Woche allein die gesamte Verantwortung für Familie, Hof und Landwirtschaft trug, konnte sie sich am Wochenende nicht einfach zurücknehmen und meinem Vater die Oberhand überlassen.

Mein Vater ist vor beinahe zehn Jahren verstorben, und sein Tod hat mich in gewisser Hinsicht ratlos zurückgelassen. Ich war mir früher sicher gewesen, dass er keinen Zugang zu mir gefunden hatte, weil wir uns nicht nahestanden. Er erschien mir oft teilnahmslos, was mir das Gefühl gab, er würde sich nicht für mich und das, was ich mache, interessieren. Doch ich hatte mich geirrt: Als ich ihm einen meiner ersten TV-Auftritte zeigte, fing er während der Sendung an zu weinen.

# ROSA JÄGERS GEHEIMNISSE – LEHRJAHRE IM *GÖSSER BRÄU*

**DA SICH MEIN TRAUM VON DER HÖHEREN SCHULE ZERSCHLAGEN HATTE, DACHTE ICH KURZFRISTIG DARAN, EINE AUSBILDUNG ZUM KRANKENPFLEGER ZU MACHEN. TIEF IN MEINEM HERZEN WOLLTE ICH SCHON ZU DIESER ZEIT KOCH WERDEN – ABER WENN ICH MEINEN MITSCHÜLERN ODER DEN LEUTEN IM DORF DAVON ERZÄHLTE, BELÄCHELTEN SIE MICH NUR. FÜR SIE WAR MEIN BERUFSWUNSCH EINE ABWEGIGE UND »EXOTISCHE« IDEE, WIE SIE ANGEBLICH NUR HANSI LAFER HABEN KONNTE.**

Auch eine Modellzeichnerlehre hätte ich mir vorstellen können, weil ich schon immer gern auf einem großen Blatt Papier Schuhe und andere Gebrauchsgegenstände des täglichen Lebens entworfen hatte. Aber ein solcher Beruf war ebenso ungewöhnlich und kam daher überhaupt nicht in Frage. Jahre später habe ich dann meine Liebe zum Zeichnen und Gestalten bei meinen Teller- und Tortenverzierungen doch noch verwirklichen können.

Nach einem zusätzlichen Aufbaujahr am Polytechnikum in Kirchbach hatte ich endlich den Mut, meiner Berufung zu folgen: Ich kochte gern, und ich wollte nicht mehr nur zu Hause kochen.

»Ich will Koch werden, und zwar in Graz.« Diesen Entschluss teilte ich meinen Eltern mit – ich war damals sechzehn Jahre alt und bislang vielleicht zweimal in meinem Leben in Graz gewesen. Meine Mutter sagte nur: »Das hab ich mir schon immer gedacht«, mein Vater schaute mich eindringlich an, nickte dann und kümmerte sich darum, dass ich mich im *Gösser Bräu* in der Neutorgasse 46, in der Stadtmitte von Graz, vorstellen konnte.

An dem Tag, an dem mein Vater und ich mit dem Bus nach Graz fuhren, war ich unglaublich aufgeregt. Das Gösser-Bier gilt bis heute als eines der besten Österreichs, der *Gösser Bräu* ist einer der traditionellsten Brauereigasthöfe im Lande – und ich hatte die Chance, hier eine Lehre zu machen! Als wir vor dem Eingang des *Gösser Bräu* standen, kam ich aus den Staunen kaum heraus. Über der Türe war nicht eines der typischen gemalten Gasthausschilder angebracht, sondern eine moderne Neonschrift – so etwas gab's bei uns im Dorf nicht.

Da wir zu früh dran waren, setzten wir uns an einen der Holztische im großen Gewölbe. Ich kam mir unglaublich erwachsen vor, weshalb ich meinen Vater bat, ein Bier trinken zu dürfen. Er bestellte also zwei Krügerl Gösser, und wir tranken es in durstigen Zügen. In diesem Augenblick trat Erika Wagner an unseren Tisch, die Chefin des Hauses. Bevor sie uns einen guten Tag wünschte, tadelte sie mit sonorer Stimme meinen Vater: »Was soll denn aus dem Bub werden, wenn er schon vormittags Bier trinkt?«

Ich erinnere mich dunkel, dass sie nicht »trinkt« sagte, sondern »säuft« – aber da will ich mich lieber nicht festlegen.

Ich war mit großen Erwartungen zu diesem Gespräch gefahren, hatte mein schönstes G'wand angezogen, und nun saß ich da wie ein begossener Pudel. Das war wohl der denkbar schlechteste Start für meine berufliche Karriere … Trotzdem gelang es mir, besser gesagt, meinem Vater, dass Frau Wagner mir die Lehrstelle gab. Ich war überglücklich, als wir nach einem schönen Nachmittag in Graz wieder zu Hause in Sankt Stefan ankamen. Ich wusste: In meinem Leben würde sich nun vieles ändern. Ich würde in einem Internat wohnen, das der Berufsschule angegliedert war, in der wochenweise Blockunterricht stattfand, die übrige Zeit würde ich im *Gösser Bräu* arbeiten.

Was ich zu diesem Zeitpunkt aber noch nicht wusste: Meine Lehrjahre sollten für mich zum Albtraum werden. Ich habe bestimmt hundertmal daran gedacht, alles hinzuschmeißen. Die Situation war sehr schwierig, was aber nicht nur daran lag, dass man als Küchenlehrling der letzte Depp ist. Ich biss die Zähne zusammen und hielt durch, denn aufgeben kam für mich nicht infrage.

Zu meinem Lehrbeginn 1973 schenkte mir meine Großmutter den großen *Pellaprat* und das in rotes Leinen gebundene *Universallexikon der Kochkunst*. Es beinhaltete einen Küchenkalender für das ganze Jahr, daneben konnte man nachlesen, welche Köstlichkeiten man der Kronprinzessin Stephanie von Belgien zu ihrer Vermählung mit dem Kronprinzen Rudolf von Österreich 1881 aufgetischt hatte. Ich selber kaufte mir eine Proviantdose aus Blech, die ich mit Kantwurst füllte, einer österreichischen Dauerwurst aus gepökeltem Schweinefleisch. Diese Dose stellte ich immer auf die Fensterbank meines Internatszimmers. Wenn ich wieder einmal Heimweh hatte, schaute ich durch das vergitterte Fenster, aß eine Wurst und zählte die Tage bis zum Wochenende, das ich zu Hause verbringen konnte.

In der Küche vom *Gösser Bräu* waren annähernd zwanzig Leute beschäftigt, fast nur Frauen, bis auf den Küchenchef, der alles kontrollierte und sich in allen Küchenfragen bestens auskannte. Wir Lehrlinge wurden wie Idioten behandelt, im ersten halben Jahr durften wir das Kühlhaus putzen, spülen, Zwiebeln und Kartoffeln schälen – selbst kochen durften wir nie. Am meisten hasste ich es, beim Gulaschkochen helfen zu müssen. Das Geheimnis dieses Rezepts liegt darin, dass man gleiche Mengen an Fleisch und Zwiebeln verwendet. Wenn man also fünfzig Kilogramm Gulaschfleisch hatte, dann waren fünfzig Kilogramm Zwiebeln dazuzugeben. Und ich hatte die Ehre, diese fünfzig Kilogramm Zwiebeln zu schneiden.

Erst im Nachhinein habe ich richtig begriffen, dass auch solche »niederen Tätigkeiten« Respekt verdienen. Meinen Mitarbeitern sage ich heute, dass die Spüler für uns

Köche zu den wichtigsten Mitarbeitern zählen. Ohne ihre Arbeit könnten wir unsere Speisen gar nicht so schön auf Tellern präsentieren.

Unsere Arbeitskleidung bestand aus den üblichen Kochhosen und -jacken, den berühmten Birkenstockschuhen und einer Kochmütze. Die Kleidung musste meine Mutter an meinem freien Tag waschen, alles sollte blitzsauber sein und korrekt sitzen. Unsere Arbeitszeiten waren von neun Uhr morgens bis nachmittags um drei, dann wieder von sechs Uhr abends bis zehn Uhr nachts. Zu einer Zeit, in der jeder andere Schüler schon Feierabend hatte, fing also der ganze Stress noch einmal von vorne an. Diese Umstellung auf einen komplett neuen Tagesablauf war schon ziemlich mühsam.

Die Gerichte, die ich im *Gösser Bräu* lernte, waren »gutbürgerlich«. Auf der Speisekarte standen zum Beispiel Cevapcici, Rasnici (Lammfleisch- und Nierenspieße), gebackene Kalbshaxe, Kalbsfuß und auch gebackener Emmentaler. Schon im zweiten Monat meiner Lehre habe ich mir dann beim Schneiden eines Käselaibes fast den Finger im Messer der Maschine durchgeschnitten. Der Emmentaler war stecken geblieben, und weil ich zuvor noch nie ein solches Gerät bedient hatte, griff ich in die Klinge, um die Käsescheibe zu befreien. Bei meinen Kollegen in der Küchenbrigade rief mein Missgeschick großes Gelächter hervor – manche waren richtig schadenfroh: Sie mochten mich nicht, weil ich ihnen zu ernsthaft bei der Arbeit war und nicht mit ihnen herumalberte. Meine Chefin fuhr mich dann ins Krankenhaus, damit die Wunde genäht wurde. Für drei Wochen war ich im Anschluss krankgeschrieben und verbrachte die Zeit zu Hause bei meiner Mutter. Tag für Tag dachte ich darüber nach, wie ich besser arbeiten und neue Ideen einbringen könnte. Diese Zeit des unfreiwilligen Nichtstuns und Grübelns hat mich sehr verändert. Aus diesem Erlebnis habe ich gelernt, dass Ehrgeiz allein einen nicht weiterbringt, man muss schon seinen Verstand einsetzen. Vielleicht war dieser Unfall so etwas wie eine Initialzündung auf meinem Weg zum Berufskoch.

Zurück in der Arbeit, lernte ich, Fleisch zu parieren, also von den Sehnen und Häuten zu befreien – so würde es auch der Metzger machen, hieß es. Heute spricht man gern von einem »ganzheitlichen Blick« auf den Menschen und seine Ernährung, wir Lehrlinge hatten es mit einer ganzheitlichen Verarbeitung des geschlachteten Tieres zu tun. Jeder Knochen, jedes noch so kleine Stück wurde verwendet, nichts wurde verschwendet. Wenn wir uns davor ekelten und uns um die ungeliebte Aufgabe herummogeln wollten, wurden wir meist von Erika Wagner ertappt. Dann hat sie uns erst einmal kräftig geschimpft.

Das Zerlegen der Schlachttiere stieß mich aber derart ab, dass ich mir, wenn ich beispielsweise einen Hirsch bearbeiten sollte, nur das eine Stück aus dem Ganzen heraus schnitt, das ich später verwenden wollte. Und schon war ich fertig …

Trotz dieser schlechten Erfahrungen wollte ich, wissbegierig wie ich war, mehr und mehr lernen. Das war wohl ein entscheidender Grund, warum ich bei den anderen Küchenmitarbeitern, insbesondere bei den Lehrlingen, nicht sehr beliebt war. Sie hielten mich für einen Streber, was dazu führte, dass ich natürlich ganz schnell zum Außenseiter wurde. In meinem Internat hatten auch einige andere aus dem *Gösser Bräu* ein Zimmer. Nachts, wenn wir heimkamen, trafen sie sich noch in der Küche oder im Gemeinschaftsraum, um ein wenig Radau zu machen. Weil ich fast nie mit von der Partie war, machten sich meine Mitschüler über mich lustig. Als ich dann doch einmal mit ihnen über die Stränge schlug, ein ziemlich untauglicher Versuch, vielleicht doch Freundschaften zu knüpfen, wurde ich natürlich sofort erwischt und musste zur Strafe einen Flur des Internats mit einer Zahnbürste putzen.

Mein großes Glück war, dass ich mich schon als Kind für die Küche und das Kochen interessiert hatte. Meine Chefin merkte bald, dass ich den anderen Lehrlingen etwas voraushatte, und nach einer Weile sagte Küchenchef Schwarzbauer des Öfteren: »Hansi, mach du doch den Salat«, oder, »Hansi, brat du mal das Schnitzel.« Auch das hat die anderen Lehrlinge natürlich nicht gerade für mich eingenommen.

Wie oft weinte ich an den freien Tagen zu Hause in mein Kissen, wollte die Lehre abbrechen, dachte, ich sei viel zu dünnhäutig für diesen Job. Ich wollte nicht aufgeben, aber ich hatte Angst davor, dass mein Wille nicht stark genug wäre, dass ich scheitern würde. Als ich meinem Vater von meinen Problemen erzählte, antwortete er nur: »Hansi, du hast das so gewollt, jetzt musst du auch weitermachen.« Das Beispiel meiner Eltern vor Augen, die sich durch alle Schwierigkeiten kämpften, nahm mich in die Pflicht, nicht beim ersten Problem gleich aufzugeben und alles hinzuschmeißen. Eine solche Niederlage durfte ich mir nicht leisten, was würden meine Eltern sonst über mich denken?

Das Leben in Graz machte mir dennoch zu schaffen. Die Stadt war und blieb mir völlig fremd, im *Gösser Bräu* fehlten mir die Freunde, die langen Arbeitszeiten und der tägliche Stress zehrten an meinen Kräften. Ich fühlte mich überfordert und an den Grenzen meiner Belastbarkeit.

So saß ich manchmal völlig ausgepumpt im Kühlhaus, und gleichzeitig raste mein Herz. Es gibt ja diesen schlauen Spruch, dass der Mensch an seinen Aufgaben wächst. Der Spruch ist nicht nur schlau, nein, dieser Satz ist klug und von großer Weisheit, was ich immer wieder in meinem Leben bemerkt habe. Als Lehrling aber haderte ich mit meinem Schicksal. Ich saß in diesem Kühlhaus und fragte mich: »Was machst du da? Das alles macht dir keinen Spaß, du hast weder an deiner Arbeit noch an deinem Leben irgendeine Freud'!« Aber im gleichen Moment war mir klar, dass ich nicht die geringste Ahnung hatte, was ich stattdessen tun sollte. Das war meine wirklich simple Lektion: Wer A sagt, muss auch B sagen.

Meine Enttäuschung war sicher auch deshalb so groß, weil ich mit dem Kochberuf ursprünglich ganz andere Erwartungen verbunden hatte. Bei uns im Dorf lebte ein Mann, der als Schiffskoch arbeitete. Es hieß, dass er viel Geld verdiente und auch noch die ganze Welt gesehen hatte. Solche Geschichten weckten in dem Buben, der ich war und der aus einem kleinen Dorf stammte, natürlich Sehnsüchte und Träume. Manchmal besuchte ich den Mann, und er erzählte dann von Hongkong oder Amerika – diese Tage waren etwas ganz Besonderes für mich, denn er nahm mich mit auf eine Reise in fremde Welten, von denen ich noch nie gehört hatte. Und da ich seinerzeit noch nicht einmal bis Graz gekommen war, lag Hongkong für mich ungefähr links neben dem Mond. Wenn es mir in der Lehre besonders schlecht ging, dann reiste ich in Gedanken wieder und wieder um die Welt. Mein Traum, ein Koch zu werden und die Welt zu sehen, trieb mich weiter – auch wenn mir schon Graz weiterhin wie ein undurchdringlicher Dschungel vorkam ....

Lehrjahre sind keinen Herrenjahre, wie oft hatte ich das zu hören bekommen! Aber, dass ein Koch nur im Verborgenen arbeitet und ihn keiner kennt, gefiel mir überhaupt nicht. Denn neben dem Traum von der Ferne hegte ich einen weiteren Herzenswunsch: Ich wollte ein besonderer, ein bekannter Koch werden, der vielleicht auch mal im Fernsehen kocht. Als ich meiner Mutter davon erzählte, sah sie mich ziemlich verwundert an und sagte dann in der ihr eigenen wortkargen Art: »Wir haben doch gar keinen Fernseher.« Während dieser Unterhaltung standen wir auf dem Parkplatz des Friedhofs, und in diesem Moment erblickte ich den neuen Golf, das Nachfolgemodell des Käfers. Ich sagte zu meiner Mutter: »Stell dir vor, Mama, eine Autofirma schafft es, einen Käfer gegen einen Golf zu tauschen. Man gestaltet eine neue Marke aus einer bestehenden. Das wäre mein Lebenstraum: Ich möchte als Koch eine Marke erschaffen.«

Mit diesem Ziel vor Augen spornte ich mich immer wieder aufs Neue an, wenn ich am Sonntagabend in Sankt Stefan in den Bus nach Graz stieg. Und von Woche zu Woche ging es mir besser. Zum einen habe ich das meiner Lehrchefin Erika Wagner zu verdanken, die sich mir aufmerksam widmete und mir gegenüber den Kollegen den Rücken stärkte. Zum anderen erhielt ich die Chance, bei Rosa Jäger in der Mehlspeisenküche zu arbeiten. Rosa holte mich zu sich, weil sie merkte, dass ich schon einige Erfahrungen in der Küche hatte. Mit ihr konnte ich mich über Pilze und Pilzgerichte ebenso unterhalten wie über die Unberechenbarkeit einer Biskuitroulade. Nun stand ich also unter Rosas Fittichen, und die Arbeit machte auf einmal richtig Spaß. Unter ihrer Anleitung erlebte ich meine ersten Sternstunden als Koch, weil sie Vertrauen zu mir hatte und mich selbstständig arbeiten ließ. Sie hatte gemerkt, dass ich meine Aufgaben gewissenhaft und, um ehrlich zu sein, geradezu hingebungsvoll erledigte. Rosa weckte meine große Liebe zur Patisserie. Hier eröffneten sich mir viele kreative Gestaltungsmöglichkeiten, bei den Produkten gab es eine schier unglaubliche Auswahl. Ich war wohl eher der Typ, der gern Desserts zubereitete, und nicht der, der mit Wonne Fleisch klopfte. Mit Vorliebe zauberte ich Malakow- und Esterházy-Torten, ganz besonders lagen mir warme Desserts wie Brandteigkrapfen, Mohr im Hemd oder gebackener Mandelkoch mit Schokolade, nicht zu vergessen die typischen österreichischen Mehlspeisen wie Kaiserschmarrn mit Zwetschgenröster, Salzburger Nockerln und Palatschinken. Die ersten Gehversuche, die ich beim gemeinsamen Backen mit meiner Mutter unternommen hatte, halfen mir nun.

Plötzlich war ich ein Lehrling mit einem Förderer, der mir auch menschlich beistand, und mich nicht nur fair behandelte, sondern unterstützte und förderte. Rosa war nichts weniger als meine persönliche Fürsprecherin. Sie war eine gestandene, etwas kräftige Frau, sehr ruhig, sehr klar und unnachgiebig in ihren Anforderungen. Sie hat mir viel gezeigt, und darum habe ich unglaublich viel von ihr gelernt. Aber ein Rezept als Anleitung hat sie mir nie gegeben. Im Nachhinein ist das natürlich merkwürdig. Wenn ich einen Kuchen backen sollte, stellte sie mir alle Zutaten, in Schälchen aufgereiht und genau abgemessen, hin – so, wie ich es heute im Fernsehen mache. Auf diese Weise fand ich nie heraus, wie viel Mehl oder Zucker Rosa für die einzelnen Rezepte verwendete. Und diese Geheimniskrämerei hatte System: Rosa wollte unbedingt verhindern, dass wir eines ihrer Rezepte für uns in Anspruch nahmen. So war ich ganz von meiner Lehrerin abhängig. Natürlich hätte ich den Inhalt jedes Schälchens nachwiegen und aufschreiben können, aber auf diese Idee bin ich damals gar nicht gekommen. Viele Jahre später habe ich dann alles daran gesetzt, an ihr Originalbackbuch zu kommen.

Auf der Berufsschule in Bad Gleichenberg hatte ich ziemlich viel zu lernen. Hans Senk, mein damaliger Lehrer, erzählte mir später, ich sei ein sehr guter Schüler gewesen, am unauffälligsten im Nahrungsmittelkundeunterricht. Ein vornehmer Mann. Mit Feuereifer dabei war ich im praktischen Unterricht, und mit Vorliebe bereitete ich Dinge wie zum Beispiel eine Aspikbombe vor: Dazu wurde ein Mayonnaisesalat mit Aspik umhüllt. Das würde mit Sicherheit heutzutage kein Mensch mehr essen, aber rein optisch war die Aspikbombe eine Sensation: »nomen est omen«. Ich bin wirklich froh, dass mir meine Lehrzeit ein bodenständiges Wissensgerüst mitgegeben hat, denn ohne so eine Grundlage hätte ich nie weiterexperimentieren, mich niemals weiter entwickeln können.

Hans Senk hatte mich genau beobachtet und bemerkt, dass ich sehr konzentriert, flink und aufmerksam arbeitete. Zudem war ich ausdauernd, gab nun nicht mehr so schnell auf, wenn etwas nicht beim ersten Anlauf klappte, und ich war diszipliniert, was bei Kochlehrlingen nicht immer der Fall ist. Weil ich unermüdlichen Einsatz zeigte, nahm er mich mit drei oder vier anderen Auszubildenden zu Kochvorführungen mit, die er auf der Grazer Messe veranstaltete. Das war Mitte der Siebzigerjahre. Beim ersten Auftritt war ich so aufgeregt, dass ich von zu Hause einen ganzen Koffer voll Kleidung mitnahm; ich glaube, die Sachen hätten für vier Wochen gereicht. Dann marschierte ich in die Grazer Spohrgasse und kaufte mir mein erstes Kochmesser. Das erste eigene Messer – das ist für jeden Koch ein unvergesslicher Moment.

Die Grazer Messe war eine Publikumsmesse, unter anderem wurden die neuesten Koch- und Küchentrends gezeigt. Zu unseren Kochvorführungen kamen manchmal bis zu dreihundert Zuschauer, und ich als siebzehnjähriger Lehrling durfte so vielen Menschen etwas zeigen. Ich war zum Beispiel zuständig für einen Schinken kanadischer Art mit Nelken, Orangen und kanadischem Whisky – dabei hatte ich nicht die geringste Ahnung von kanadischer Küche, ich hatte noch nicht einmal gehört, dass es kanadischen Whisky gab.

Obwohl ich im Vergleich zu den anderen Azubis normalerweise eher der zurückhaltende und schweigsame Typ war, hatte ich, abgesehen von meiner mir eigenen Aufregung bei öffentlichen Auftritten nicht die geringste Scheu, den Zuschauern etwas zu erklären. Jetzt waren meine Mitschüler plötzlich kleinlaut und kriegten den Mund kaum auf. Meine Art kam beim Publikum gut an, das spürte ich deutlich. Mich jungen, unerfahrenen Spund hat dieses Erlebnis seinerzeit sehr ermutigt.

Nach drei Jahren schloss ich Lehre und Berufsschule im Mai 1976 mit der Note »Sehr gut mit Auszeichnung« ab. Nun durfte ich die Berufsbezeichnung »Koch« tragen. Und jetzt musste ich mich natürlich entscheiden, wie es beruflich mit mir weitergehen sollte. Auf keinen Fall wollte ich im *Gösser Bräu* bleiben, auch wenn ich mich in den letzten Monaten meiner Lehrzeit dort endlich eingelebt hatte. Aber meinen Gedankenspielen und Luftschlössern machte der Wehrdienst, den ich nun in Graz abzuleisten hatte, vorerst den Garaus.

1977 hatte ich dieses Kapitel hinter mich gebracht, und mein Freund Hermann Leber schlug mir vor, mit ihm nach Kärnten zu fahren, wo er am Faaker See eine Stelle als Saisonkoch innehatte. Warum nicht? Auch meine damalige Freundin hatte nichts gegen ein Zwischenspiel in Kärnten einzuwenden. Aber da ich ganz sichergehen wollte, dass das die richtige Entscheidung war, fragte ich Hans Senk, ob ich das Angebot annehmen sollte.

»Du musst dich entscheiden«, sagte er. »Entweder du hangelst dich von einem Saisonjob zum anderen und landest dann, wenn du älter bist, in irgendeinem kleinen Betrieb und hast geregelte Arbeitszeiten, oder du startest eine richtige Karriere als Berufskoch.« – »Aber habe ich denn die Fähigkeiten dazu?« – »Das wird sich zeigen. Probiere es aus! Ich weiß, dass im *Hotel Schwei-*

*zer Hof* in Berlin eine Stelle frei ist. Schick eine Bewerbung hin, alles andere ergibt sich.«

Jörg Schlenker, den Küchenchef vom *Schweizer Hof*, hatte ich einmal nach einer Kochvorführung auf der Grazer Messe getroffen. Ich weiß bis heute nicht, was ihn dazu veranlasst hatte, aber bei diesem ersten kurzen Treffen hatte er mir prophezeit, dass ich ein erstklassiger Koch werden würde. Nur – ich hatte bei seiner Vorführung gesehen, wie exzellent er selbst kochen konnte. Davon könnte ich natürlich profitieren, außerdem war der *Schweizer Hof* in der Budapester Straße 25, nahe des Zoologischen Gartens, ein Hotel der Medienleute. In Berlin wurde die *ZDF-Hitparade* produziert, und das Hotel diente den auftretenden Künstlern wie Michael Holm, Rex Gildo oder Manuela als Treffpunkt. Tatsächlich gaben sich im *Schweizer Hof* zahlreiche Prominente ein Stelldichein – das erschien mir natürlich sehr verlockend … Aber ich sollte schon bald merken, dass von der Küche aus keine Tür in die Glitzerwelt führte.

»Karriere« – dieses Wort, das mein Berufsschullehrer ausgesprochen hatte, ging mir nicht mehr aus dem Kopf. Berlin, das bedeutete Ausland, und das bedeutete, dass meine Freundin sicher nicht mitkommen würde …

»Mama, ich gehe nach Berlin.« Ich hatte noch nicht einmal eine Zusage, weil ich mich erst jetzt an unseren Küchentisch setzte, meine Bewerbung schrieb und sie in den Briefkasten steckte. Wenn man sich für mich entschied, würde ich zum ersten Mal in einer großen Küchenbrigade arbeiten. Es folgte eine Zeit, in der ich zwischen freudiger Erregung und Selbstzweifeln hin- und hergerissen war. Als ich Hans Senk anrief, um ihm mitzuteilen, dass ich meinen (noch sehr kurzen) Lebenslauf an den *Schweizer Hof* geschickt hätte, sagte er nur: »Nichts anderes habe ich von dir erwartet.«

# HUMMER STATT GEBACKENEM EMMENTALER – DER STEIRER UND DIE NOUVELLE CUISINE

**MIT 500 MARK IN DER TASCHE LANDETE ICH VOR DREISSIG JAHREN AUF DEM FLUGHAFEN BERLIN-TEGEL. MEIN NEUER CHEF HATTE MIR EIN FLUGTICKET GESCHICKT – ES WAR DAS ERSTE MAL IN MEINEM LEBEN, DASS ICH IN EINEM FLUGZEUG REISTE.**

Nach meiner Ankunft musste ich nicht gleich zur Arbeit antreten, sondern hatte zwei Tage frei. Gleich am ersten Tag ging ich in die Kochstraße, um mir im Ausländeramt eine Aufenthaltsgenehmigung ausstellen zu lassen. Was dort vor sich ging, war für mich jungen Burschen aus der Steiermark unvorstellbar: Ich musste mich in eine Schlange von etwa 300 Leuten einreihen, die alle das Gleiche wollten wie ich. Während des Wartens hatte ich regelrechte Panikattacken, so fremd war mir alles. Als ich dann nach vielen Stunden endlich meine Genehmigung in Händen hielt, teilte mir der Beamte mit, dass sie zwei Monate gültig sei und ich dann wieder kommen müsse. Wie sollte ich diese Tortur noch einmal durchstehen? Aller Anfang ist schwer, und genau so ging es mir in Berlin. Ich dachte mir, dass sei eben Schicksal, und legte los.

In Berlin-Schöneberg fand ich am Bayerischen Platz ein Zimmer zur Untermiete. Als ich mich bei der Vermieterin vorstellte, war sie nicht recht erfreut: »Was sind Sie? Koch? Köche kommen doch immer spät nach Hause, haben schmutzige Klamotten und stinken nach Küche!«

»Wieso denn das, Köche sind doch ganz normale Menschen. Ich bin neu in dieser Stadt, und ich bin ziemlich einsam.« Ich weiß nicht, ob dieser Appell an ihr Mitgefühl meine Vermieterin überzeugte, immerhin bekam ich das Zimmer. Leider merkte ich schon bald, dass die gute Frau recht distanzlos war. Sie machte in meiner Abwesenheit mein Bett und durchsuchte meine Sachen. Alles in allem ist sie mir aber als fürsorgliche Person in Erinnerung geblieben, die mir in der fremden Stadt ein wenig das Gefühl von Geborgenheit gab. Bei ihr kam ich vor allem in den ersten Wochen meines Berlinaufenthalts zur Ruhe.

Jörg Schlenker ließ mich in der Kalten Küche und bei den Mehlspeisen arbeiten, wo ich mich sehr wohl fühlte. Es gab gute, aber auch schlechte Zeiten: Als ich ein kaltes Büfett für dreihundert Personen anrichten sollte, kam prompt der Wirtschaftsdirektor des Hotels vorbei und schnauzte mich an: »Was soll das?! Das ist ja absolut lieblos!« Und so blieb ich schön brav bei der Patisserie.

Nach drei Monaten verließ uns der Chef-Patissier, und mir wurde die Gesamtverantwortung für diesen Bereich übertragen. Ein Sprung ins kalte Wasser. In den ersten Tagen war ich wieder unglaublich aufgeregt und musste mich oft vor lauter Herzklopfen am Waschbecken festhalten. Ich stand einerseits unter großem fachlichen Druck, andererseits musste ich mir auch bei der Küchenbrigade und unter meinen Mitarbeitern Respekt verschaffen.

Da wir für die Zubereitung der Desserts regelmäßig Hochprozentiges brauchten, gab es einige angebrochene Schnapsflaschen in unseren Regalen. Diese nahm ich nun jeden Morgen, kippte Rum, Grand Marnier und einige Liköre in eine der großen Hotelkaffeekannen, füllte das Gebräu mit Orangensaft und Eiswürfeln auf und servierte den Cocktail meinen Kollegen. Nun ja, was soll ich sagen, ich war schlagartig der beliebteste aller Köche. Die Patisserie avancierte zum Treffpunkt der Brigade, auf einen Aperitif kamen alle gerne vorbei. Nach einiger Zeit wusste ich genau, welchen Schnaps oder Likör ich mit welchen Säften kombinieren musste, und alle schwärmten von meinen Cocktails.

So eine morgendliche Cocktailparty lockerte die Stimmung ungemein auf. Normalerweise rangiert der Dessertkoch wie der Menügang, für den er verantwortlich ist, als Letzter in der Reihe. Ich hatte aber den Eindruck, dass ich in der Hierarchie der Köche jetzt nicht mehr auf der untersten Stufe stand, obwohl in größeren Betrieben die Patisserie zudem ein eigenständiger Bereich ist, der nicht in die normale Küche integriert, sondern in einem eigenen Raum untergebracht ist. Ich will nicht verhehlen, dass diese Abgeschiedenheit auch Vorteile hat: Der Patissier kann ganz für sich arbeiten und seine Ruhe genießen.

Eines Tages zitierte mich der schon erwähnte Wirtschaftsdirektor in sein Büro und konfrontierte mich mit der Tatsache, dass seit meinem Arbeitsbeginn der

Alkoholverbrauch in der Patisserie um 300 Prozent gestiegen sei. Er fragte, ob ich mir denn da jeden Tag ordentlich einschenken oder eine Party feiern würde. Natürlich musste er da nachhaken, denn ich gehörte zu den wenigen in der Küche, die ihre Warenbestellungen selbst ausführen durften. Wenn ich also zwei Flaschen Grand Marnier aufschrieb, dann bekam ich auch zwei Flaschen Grand Marnier. Ich hielt dem eindringlichen Blick des Direktors stand, setzte meine überzeugendste Unschuldsmiene auf und versicherte kopfschüttelnd, ich könne mir das alles überhaupt nicht erklären … Nach diesem Gespräch agierte ich allerdings etwas vorsichtiger und versuchte unseren Alkoholkonsum so zu minimieren, dass ich höchstens noch um 80 Prozent überzog.

Die Arbeit im *Schweizer Hof* war der Mittelpunkt meines Lebens, aber hin und wieder ging ich natürlich auch mit einigen Kollegen auf ein Bier oder erkundete an meinen freien Tagen Berlin – vom Zoo über den Wannsee bis zu den Currywurstbuden am Ku'damm. Aber ich fühlte mich einsam. Nach einigen Wochen gab ich mir einen Ruck und schaltete eine Anzeige: »Suche nettes Mädchen. Bitte um ein Treffen am Ku'damm-Eck, Erkennungszeichen: rote Rose.« Zum dem Termin, den ich im Inserat angegeben hatte, fuhr ich erwartungsfroh zum Ku'damm-Eck und suchte mir einen Platz, von dem ich einen guten Überblick hatte. Es kamen einige Frauen mit roter Rose vorbei, aber ich gab mich nicht zu erkennen. Als ich schon dachte, die Aktion sei ein rechter Reinfall, entdeckte ich dann eine, die g'scheit aussah, sehr sogar, und die sprach ich an.

Köche haben es nicht einfach mit Frauen, das hatte ich inzwischen begriffen. Wegen der ungeregelten Arbeitszeiten ist es eigentlich unabdingbar, dass beide Partner in der Gastronomie arbeiten. Oder die Liebe ist sehr stark … Schon in Berlin wusste ich, dass es für mich keine Alternative zum Beruf des Kochs gab. Ich hatte mich entschieden, und nun musste ich mit den Folgen der Entscheidung leben. Die Frau mit der roten Rose, die ich am Ku'damm-Eck getroffen hatte, entschwand bald wieder aus meinem Leben. Es dauerte nicht lange, und mein Freund Bernd Zöller brachte seine Bekannte Elke zu einem gemeinsamen Treffen mit. Es hat gleich gefunkt. Elke und ich wurden ein Paar.

Im *Schweizer Hof* versuchte ich nach und nach, neue Ideen einzubringen. Eine davon war, außergewöhnliche Eiscups in besonderen Gläsern zu servieren. Damit hatte ich durchschlagenden Erfolg, weil es so etwas damals – aus heutiger Sicht klingt das unglaubwürdig, ich weiß – noch nicht gab. Immer wieder experimentierte ich auch mit Zutaten wie Haselnüssen, Portwein, Rum, Aprikosen und eben Schokolade. Gleichzeitig versuchte ich innerhalb einer Geschmacksfamilie neue Zusammenstellungen zu finden. Hatte ich also einen Schokoladenpudding mit Vanillesoße, dann überlegte ich, ob ich nicht auch einen Schokoladeneis-Parfait mit Vanillesabayon machen könnte. Ich beherrschte die Grundlagen – sei es Biskuitteig, Eisparfait oder Soufflé –, jetzt wollte ich aus diesen Grundlagen etwas Neues, Eigenes schaffen. Ich will bis heute Rezepte immer weiterentwickeln, die Grenzen verschieben, Neues finden – ich kann gar nicht anders. Um das zu schaffen, braucht man Fantasie und einen differenzierten Geschmackssinn. Und ganz wichtig: Man braucht auch die Fähigkeit zur Selbstkritik, um beurteilen zu können, ob man mit seinen Kreationen zu weit gegangen ist. Manchmal habe ich das Gefühl, dass einige Köche mit aller Gewalt innovativ sein wollen, sich aber niemals fragen, ob sie ein echtes Geschmackserlebnis bieten. Natürlich sind heute andere Maßstäbe anzusetzen als noch vor zwanzig Jahren, dennoch werden sich Experten niemals über ein perfekt zubereitetes Schokoladensoufflé mit einer Sabayon aus Portwein streiten. Die Frage ist nur, ob ein simples Soufflé für die heutige Küche spektakulär genug ist. Hinsichtlich des Grundgeschmacks gibt es keinerlei Diskussion, da sind sich wirklich alle einig. Von diesem Grundsatz ausgehend, habe ich stets meinen eigenen Weg eingeschlagen.

Da jeder Koch in seinem Lebenslauf mehrere Stationen durchlaufen sollte, entschloss ich mich nach 18 Monaten im *Schweizer Hof*, eine neue Stelle zu suchen. In diversen gastronomischen Fachblättern hatte ich gelesen, dass es in Deutschland einige innovative Restaurants und Hotels gab, wo ich sicher die Möglichkeit hätte, mich weiterzuentwickeln. Als eines der besten galt das *Landhaus Scherrer* in Hamburg. Dort wollte ich hin, also schrieb ich wieder einmal eine Bewerbung. Als man mir ein Angebot machte, nahm ich sofort an und kündigte beim *Schweizer Hof*. Elke war einverstanden, mit nach Hamburg zu ziehen.

Bis zu dem Tag, an dem ich meine neue Arbeit in der Hansestadt antreten sollte, hatte ich einige freie Zeit, die ich bei meinen Eltern in der Steiermark verbrachte.

Von Graz aus flog ich 1979 zunächst einmal ohne Elke nach Hamburg und fuhr vom Flughafen direkt zum *Landhaus Scherrer*. Dort traf ich Axel Henkel, den damaligen Küchenchef im *Landhaus*. An seiner Miene war unschwer abzulesen, dass etwas nicht stimmte. Ohne große Umschweife kam er zur Sache: »Armin Scherrer, mein Boss, hat sich entschieden, Sie doch nicht zu nehmen. Wir brauchen keinen weiteren Koch.« Ich traute meinen Ohren nicht. »Bitte was?« – »Sie haben richtig gehört, wir brauchen Sie nicht.« – »Und was soll das heißen?« – »Kommen Sie erst mal mit ins Restaurant, dann reden wir weiter.«

Natürlich war ich schockiert. Ich war aus Österreich angereist, hatte eine schriftliche Zusage vom *Landhaus Scherrer* in der Hand, und stand dennoch plötzlich ohne Arbeit da. »Jetzt bekommen Sie erst mal was zu essen«, beruhigte mich Axel Henkel, als ich völlig außer mir das schöne Fachwerkhaus an der Elbchaussee betreten hatte. Er servierte mir ein Lammfilet, von dem mir jeder Bissen im Halse stecken blieb. Ich war fix und fertig mit den Nerven. »Ich habe zwei Freunde in Hamburg«, begann Axel Henkel, der sich zu mir gesetzt hatte, »die suchen einen Koch. Der eine ist Volkmar Preis, ihm gehört das *Landhaus Dill,* das auch an der Elbchaussee liegt. Der andere heißt Josef Viehhauser, er hat ein eigenes Restaurant eröffnet – einen Gourmettempel der Sonderklasse. Beide, Preis wie auch Viehhauser, sind übrigens Österreicher.«

Der Kärntner Viehhauser hatte bis 1976 als Chefkoch im *Landhaus Dill* gearbeitet und zwei Jahre danach sein Restaurant *Le Canard* in der Martinistraße in Eppendorf eröffnet. Obwohl der Weg zu Preis näher gewesen wäre, entschied ich mich, zuerst im »Gourmettempel der Sonderklasse« vorstellig zu werden.

Das Vorstellungsgespräch bei Josef Viehhauser dauerte nicht sehr lang. Ich erklärte ihm unumwunden meine missliche Lage, Viehhauser schaute mich kurz an und meinte lapidar: »Dann komm zu mir. Kannst gleich am Montag anfangen. Wenn du aber noch zu dem Preis gehst, dann brauchst du hier gar nicht mehr erscheinen.«

Schau an, das schien also die viel diskutierte Konkurrenz zu sein, die zwischen den hochklassigen Restaurants herrschte. Viehhauser zeigte mir dann den Betrieb und begeisterte mich dabei für seine Idee, die Nouvelle Cuisine in Hamburg zu etablieren. Das *Landhaus Dill* hatte ich längst abgehakt.

Meine ersten beiden Nächte in Hamburg verbrachte ich in einem kleinen Hotel im Bahnhofsviertel. Dass buchstäblich neben mir Drogenmilieu, Straßenstrich und Unterwelt regierten, ahnte ich natürlich nicht. In der ersten Nacht musste ich auf die Toilette, und machte mich also auf den Weg zum Etagenklo. Leider klemmte das Schloss, als ich die Tür wieder aufsperren wollte. Ich saß fest! Auf gar keinen Fall wollte ich den Rest der Nacht auf der Toilette verbringen, und so musste ich wohl oder übel um Hilfe rufen. Als das Schloss endlich aufgebrochen war, erzählte mir der Zimmerwirt, er habe mit dem Schlimmsten gerechnet – sogar mit Mord und Totschlag –, keinesfalls aber damit, dass das Türschloss klemmte.

Ich war sehr erleichtert, als ich in der Nähe des *Le Canard* eine freundliche Pension im ersten Stock eines Jugendstilhauses direkt über einem netten kleinen Café fand. Am Sonntag besichtigte ich den Hamburger Hafen und St. Pauli, und am Montagmorgen trat ich meinen Dienst im *Le Canard* an. Allein die Räume des Restaurants waren ein Erlebnis – cremefarbene Wände, ultramoderne Einrichtung, die der Innenarchitekt Eric Jacobson gestaltet hatte. In der Küche regierte der Chef, und neben mir gab es noch einen weiteren österreichischen Landsmann, Hubert Wunder. Kaum hatte ich die Kochschürze zum ersten Mal umgelegt, kam eine Fischlieferung der Firma Goedeken, und ich musste Lieferscheine für Steinbutt, Seezunge, Seeigel und Hummer abzeichnen. Hummer kannte ich nur aus meiner Lehrzeit – wo es allerdings bei einer mehr als flüchtigen Bekanntschaft geblieben war: In der Berufsschule hing ein Plastikhummer an der Wand. Hans Senk hatte uns Lehrlingen erklärt, dass man das Scheren- und Schwanzfleisch essen konnte. Mehr nicht. Nie aber hatte ich ein solches Krustentier, das nun lebend mehrfach vor mir in Styroporkisten lag, in Händen gehalten … Und nun sollte ich diese Viecher so zubereiten, dass jeder Gast über das großartige Geschmackserlebnis in Verzückung geriet. Das erschien mir als aussichtsloses Unterfangen.

Zwar stand Hubert gemeinsam mit mir in der Küche, aber er hatte seine Aufgaben, und ich wollte mich schon gar nicht gleich am ersten Tag blamieren. Zuzugeben, dass ich mich bisher vornehmlich mit Patisserie, aber noch nie mit Hummern befasst hatte, kam nicht infrage. Mit Müh und Not und einiger Improvisation gelang es mir, meine persönliche Hummerkrise zu meistern und meine Unwissenheit und Unerfahrenheit geheim zu halten.

Ähnlich erging es mir mit schwarzen Trüffeln, die damals en vogue waren. Nie zuvor hatte ich Trüffeln gesehen, geschweige denn verarbeitet. Ich kannte aus der Steiermark nur Bremsklötze, aus denen wir Jungen mit Vorliebe kleine Ornamente herausschnitzten – eine Art Trüffelersatz.

Im *Le Canard* war alles anders. Anders als im *Schweizer Hof* in Berlin und erst recht ganz anders als im Grazer

*Gösser Bräu.* Mir kam es vor, als hätte ich bisher nichts gelernt. Die Nouvelle Cuisine war für mich Terra incognita, auch die Art und Weise, die Speisen zu präsentieren, war mir völlig neu. Die Portionen waren klein, und ich lernte Rezepte, die ich in dieser Form nicht für möglich gehalten hätte. In den Gourmetzeitschriften wurde beispielsweise Viehhausers Entenleberkuchen mit Champagnerschaum auf Spinat als »Weltwunder« bezeichnet. Ich war in eine kulinarische Welt geraten, die mir verrückt erschien. Da wurden aus Sellerie und anderem Gemüse Sorbets gemacht, die dann als Zwischengang nach der Vorspeise und dem ersten und zweiten Hauptgericht serviert wurden. Das Spektrum des *Le Canard* hatte mit gebackenem Emmentaler und Bananensplitt nichts gemeinsam. In einem Satz: Mir eröffneten sich neue Galaxien. Ich fühlte mich komplett überfordert. Zum Glück kam Elke bald darauf zu mir nach Hamburg, und wir bezogen in der Marthastraße eine wunderschöne Wohnung.

Kurz danach ereignete sich ein echtes Drama: Ich saß mit Maria Altweck, Viehhausers Schwiegermutter, an der Bar. Das Restaurant sollte erst um zwölf öffnen, und in der Viertelstunde davor tranken wir noch zusammen einen Kaffee. In diesem Moment betrat ein Herr das Restaurant und wollte zu Mittag essen. Ich rief ihm zu: »Wir machen erst um zwölf auf.« (Heute würde meine Frau jeden, der so etwas sagt, nach Hause schicken …) »Gut«, sagte der Mann, »ich komme dann wieder. Aber meine Tasche lasse ich schon mal da.« Er verließ das

Lokal, fünfzehn Minuten später war er wieder da – im Gegensatz zum Chef, der eigentlich versprochen hatte zu kommen. Auch der Oberkellner war weit und breit nicht zu entdecken. Später erfuhr ich, dass er an diesem Tag verschlafen hatte. Ich war also allein, was öfters vorkam und mich normalerweise nicht weiter beunruhigte: Mittags hatten wir kaum Gäste. Maria erholte sich als Erste von dem Schrecken und sagte zu mir: »Geh du mal zu dem Gast hin und nimm seine Bestellung auf.« Wohl oder übel musste ich nun auch den Service übernehmen.

»Was darf es denn sein?«, fragte ich den Gast, nachdem er die Karte wieder auf den Tisch zurückgelegt hatte. Der Mann antwortete mit einer Gegenfrage: »Sind Sie Österreicher?« – »Ja«, sagte ich. Der Gute dachte jetzt wohl, ich sei der Viehhauser, denn er fuhr fort: »Ich hätte als Aperitif gern eine halbe Flasche Krug-Champagner.« Anschließend bestellte er ein Menü aus vier oder fünf Gängen.

»Kannst du dem Kerl nicht den Champagner servieren?«, bat ich Maria. »Nein, das geht nicht, in diesen Klamotten kann ich mich nicht vor Gästen blicken lassen.« Es dauerte eine Weile, bis ich den gewünschten Champagner überhaupt gefunden hatte, kannte ich mich doch im Weinkeller so gut wie gar nicht aus. Das konnte ja heiter werden. Mit der Champagnerflasche in der Hand machte ich mich auf den Weg zurück. Die Hälfte von der halben Flasche kippte ich vor Nervosität über den Brotkorb. Der Gast konnte mich nur für einen Chaoten halten. »Sie sind wohl noch nicht so lange hier?«, fragte er mich neugierig. »Nein, noch nicht sehr lange.« Ich brachte ihm frisches Brot und startete einen zweiten Versuch mit dem Champagner. Der Oberkellner war immer noch nicht in Sicht.

Ich hoffte, dass es nicht schlimmer werden würde, aber es kam schlimmer: Der erste Gang, den ich zubereiten musste, war ein warmer Entenleberkuchen. Das Ganze fiel mir komplett zusammen – es sah aus, als sei es mindestens schon einmal durch den Verdauungstrakt gewandert. Aber ich musste servieren – einen Entenleberkuchen zu backen, dauert zwanzig Minuten, und so lange konnte ich unseren Gast nicht noch einmal warten lassen: »Das ist Schwachsinn, was du da auf dem Teller hast«, sagte ich zu mir, »aber du servierst das jetzt.« Es folgten der zweite und der dritte Gang, die mir ebenso misslangen wie der Kuchen.

Endlich kam Viehhauser, sah den Gast – und rastete ansatzlos aus. Er schrie mich an: »Das ist Klaus Besser. *Der* Restaurantkritiker!« Mit Gert von Paczensky und Wolfram Siebeck gehörte Besser damals zu den wichtigsten Gourmetkritikern in Deutschland.

Was für ein Desaster! Zwar hat mich Viehhauser nicht wie den Oberkellner auf der Stelle rausgeworfen, dennoch hatte ich ganz schön damit zu kämpfen. Ich hatte Viehhauser erklärt, dass er nach so kurzer Zeit nicht von mir verlangen könne, die Finessen der Nouvelle Cuisine zu beherrschen – schließlich hatte ich darin überhaupt keine Erfahrung. Im *Le Canard* war ich für die Patisserie und die kalte Küche zuständig, nicht für Entenleberkuchen oder gedünstete Edelfische. Was hatte Viehhauser erwartet? Man fährt ja auch nicht ohne Führerschein Auto! Nur Übung macht den Meister!

Viehhauser, der wirklich kein einfacher Chef war – man wusste nie, woran man bei ihm war –, akzeptierte meine Argumentation. Ich durfte bleiben. Mit meiner eigentlichen Meinung, dass der Personalplan schlicht und einfach schlecht organisiert war, hielt ich allerdings hinter dem Berg. Man soll sein Glück nicht herausfordern – jedenfalls nicht bei jeder Gelegenheit …

Einige Wochen später kam Bessers Gourmetführer heraus, in dem das *Le Canard* erwartungsgemäß verrissen wurde. Wir könnten erstens nicht kochen und hätten zweitens keine Ahnung von Nouvelle Cuisine, urteilte Klaus Besser. Ich war bis ins Mark getroffen. Ich erwog sogar ernsthaft, den Beruf zu wechseln. Doch ich rappelte mich auf: Niederlagen muss man annehmen und daraus lernen. Zwar hatte ich noch ein halbes Jahr an der Sache zu knabbern – wie die meisten Köche bin ich sehr sensibel, wenn es um Kritik geht –, aber ich redete mir ein, dass eine Schlacht und nicht der ganze Krieg verloren gegangen war. Und so war diese Katastrophe mein Ansporn, mich intensiv mit der Nouvelle Cuisine zu befassen und ihre Feinheiten zu erlernen. Ich schwor mir, einen Fehler nur einmal zu machen, niemals ein zweites Mal.

Nachmittags, wenn keiner da war, blieb ich von nun an im Restaurant und probierte neue Zubereitungstechniken und Geschmacksvarianten aus. Dabei entdeckte ich meine Liebe zum Steinbutt – und begann, mit ihm zu »experimentieren«. Einige Wochen lang habe ich fast jeden Nachmittag ein – zugegebenermaßen großes – Stück Fisch zubereitet: auf bretonische Art, auf Müllerin Art, mit Mandelbrokkoli und Salzkartoffeln, an Spinat. Auch die Seezunge entdeckte ich für mich.

Doch es kam, wie es kommen musste … Eines Tages machte Viehhauser vor der versammelten Mannschaft gehörig Rabatz: »Seitdem der Lafer da ist, ist der Steinbuttverbrauch um das Dreifache angestiegen, Seezunge um fast zwei Drittel. Ich will eine Erklärung!« Natürlich konnte ich ihm nicht sagen, dass ich Nachmittag für Nachmittag ein privates Fischessen veranstaltet hatte. Zwar waren Steinbutt und Seezunge damals noch bezahlbar, aber zum Verschenken dennoch zu teuer … »Was ist denn da los?«, fragte ich mit unschuldigem Augenaufschlag. Viehhauser drängte nicht weiter, aber sein Blick sprach Bände.

Natürlich wollte ich herausfinden, wie Viehhauser auf seine Kreationen kam und wie er sie umsetzte. Meist kam er in die Küche und schlug vor, verschiedene Zutaten- und Geschmackskombinationen auszuprobieren. Damals lag bei den Desserts Mousse au Chocolat im Trend. Daher sollte ich damit experimentieren – die Mousse mit Rum abschmecken, mit Kaffeepulver oder auch mit Orangenlikör. Der Aufwand, den wir trieben, war gigantisch. Viehhauser verlangte, dass die Mousse ganz leicht war; wir servierten sie auf einem Teller, wunderschön ausgestochen, mit Früchten angerichtet. Nichts an dieser modernen Küche war überflüssiges Beiwerk, es wurde schnörkellos gekocht und ohne Firlefanz. Immer stand das Produkt im Mittelpunkt – das war ein Credo, das mir sehr gut gefiel.

Am *Le Canard* gefiel mir besonders, dass es ein Familienbetrieb war: Viehhausers Frau Angela arbeitete mit, ebenso seine Schwiegermutter Maria Altweck. Unser Spüler allerdings kam aus Ghana, er hörte James Brown, Reggae und Hippiemusik – nicht zu vergleichen mit der steirischen Volksmusik, mit Zither- und Ziehharmonikaklängen. Ich hatte wirklich viel nachzuholen, nicht nur beim Entenleberkuchen.

Ich bin durch und durch dankbar, dass ich in meinen Lehr- und Wanderjahren so vielen unterschiedlichen Menschen begegnet bin und mit so vielen verschiedenen Typen arbeiten konnte. Jeder meiner Chefs hatte seine ganz eigene Einstellung, seine eigene Philosophie und seinen eigenen Charakter. Von jedem habe ich fachlich und menschlich etwas gelernt – von Josef Viehhauser zum Beispiel, dass man das Leben auch locker nehmen kann. Schade, dass er das *Le Canard,* das später von der Martinistraße in das Meinhard-von-Gerkan-Gebäude an der Elbchaussee umgezogen ist, inzwischen geschlossen hat.

In letzter Konsequenz kommt es in der Welt der Spitzenköche (wie auch in anderen Branchen) auf den bedingungslosen Einsatz an. Dazu braucht man eine gehörige Portion Idealismus, und man muss mit Freude bei der Sache sein. Natürlich spielt auch das Streben nach Anerkennung, Ruhm und Bestätigung eine Rolle. Natürlich entscheiden diese Faktoren nicht allein über Erfolg oder Misserfolg – es kommt auch auf das berühmte Quäntchen Glück an, und darauf, ob man zur rechten Zeit am rechten Ort ist.

Viehhauser hat Großes vollbracht – er gehört zu den Köchen, die die Kochtrends in Deutschland auf den Kopf gestellt und ihren individuellen, ja speziellen Stil, konsequent weiterverfolgt haben. Ich kam ins *Le Canard,* als die Nouvelle Cuisine hierzulande ihre Anfänge hatte – und war damit zur rechten Zeit am rechten Ort. Josef Viehhauser hat mir die Chance, an dieser Entwicklung teilzuhaben, gegeben. In der Steiermark gab's gebackenen Emmentaler und Gulasch, hier lagen plötzlich Steinbutt und Seeigel vor mir …

Josef Viehhauser war ein launischer Mensch. Jede Kleinigkeit – auch wenn sie gar nichts mit dem *Le Canard* zu tun hatte –, konnte ihn wütend machen. Dann ließ er uns seinen Zorn spüren und setzte uns unter Druck.

Heute glaube ich, dass er sich schwer tat, soziale und betriebswirtschaftliche Kompetenz miteinander zu vereinbaren. Als übersensibler, reizbarer Mensch ließ er sich von seinen eigenen Empfindlichkeiten beeinflussen. Andererseits hat er uns stets die Chance gegeben, eigene Ideen einzubringen. Das ist in einem Küchenbetrieb wahrlich nicht selbstverständlich, und das rechne ich ihm hoch an.

## BOHNEN PUTZEN – VON DEN *SCHWEIZER STUBEN* ZUR *AUBERGINE*

**SEIT EINEM JAHR WAR ICH NUN IM *LE CANARD.* DIE ANFANGSSCHWIERIGKEITEN HATTE ICH PROBLEMLOS ÜBERWUNDEN, UND SO LANGSAM BEKAM ICH ROUTINE. ES SCHIEN MIR NUN AN DER ZEIT, NACH ETWAS NEUEM ZU SUCHEN. ICH HATTE GEHÖRT, DASS DIE *SCHWEIZER STUBEN* IN WERTHEIM-BETTINGEN UND ECKART WITZIGMANNS *AUBERGINE* IN MÜNCHEN »KRIEG« GEGENEINANDER FÜHRTEN – ES GING UM DIE PLÄTZE EINS UND ZWEI IM RANKING DER BESTEN RESTAURANTS IN DEUTSCHLAND. ICH BESCHLOSS, IN DIESEN WETTKAMPF EINZUSTEIGEN.**

Ich bewarb mich also als Chef-Patissier bei den *Schweizer Stuben* – und wurde genommen. Nach den Großstädten Berlin und Hamburg verschlug es Elke und mich also ins badische Franken. Die *Schweizer Stuben* waren ein Restaurant im gehobenen ländlichen Stil, zu dem auch das *Landgasthaus Schober* gehörte. Gründer war der Kunststofffabrikant Adalbert Schmitt, und zu dieser Zeit standen die Brüder Dieter und Jörg Müller am Herd.

Der Wechsel in die *Schweizer Stuben* war für mich zugleich ein großer Karrieresprung. Ich war dabei, dem Rat meines Berufschullehrers Hans Senk zu folgen: Nun spielte ich in einer Liga, die ich bis dahin nicht gekannt hatte. Schon bei Viehhauser hatten wir um jedes einzelne Gericht einen riesigen Aufwand gemacht, aber wie die Speisen in den *Schweizer Stuben* inszeniert wurden, stellte alles Bisherige in den Schatten. Es fing damit an, dass es eine separate Dessertkarte gab – »Chef-Patissier Johann Lafer empfiehlt …« – und ging noch viel weiter.

In den *Schweizer Stuben* entdeckte ich mein Potenzial. Hier hatte ich meinen Durchbruch als Koch und war in der Welt der Spitzengastronomie angekommen.

Ich erlebte eine aufregende Zeit, in der ich lernte, meine Kreationen ganz neu zu präsentieren: Mit dem Dessertwagen gingen wir von Tisch zu Tisch und stellten den Gästen unsere Desserts, Sorbets und Kuchen vor. Mein Markenzeichen wurde, dass ich die Nachspeise aus dem Becher auf den Teller holte, sowie Verzierungen mit Puderzucker und Minze gestaltete. Meine ästhetischen Ansprüche an meine Arbeit wuchsen in diesem inspirierenden und fordernden Umfeld ständig – bis ins letzte Detail richtete ich meine Desserts liebevoll an. Meine Dekorationen waren unter anderem inspiriert von dem Muster auf der Esterhazy-Torte. Aus verschiedenen Fruchtsaucen, und auch aus Saucen anderer Konsistenz, wie Vanillesauce, erstellte ich einen Saucenspiegel mit gezogenen Mustern, auf dem später das Dessert angerichtet wurde. Das kam seinerzeit einer Revolution gleich. Heute wird Eis auf der ganzen Welt auf dem Teller serviert – und ich Steirer Zuckerbäcker habe mir diese geniale Idee nicht patentieren lassen. Eigentlich schade. Ich muss wohl wirklich der Erste gewesen sein, weil ich immerhin einige Auszeichnungen für meine Ideen erhielt.

Ich reihte Pralinen und Petit Fours auf einer riesigen Silberplatte auf, die sage und schreibe einen Quadratmeter groß war. Zwei Kellner trugen die Platte durchs Restaurant und boten den Gästen die kleinen Leckereien an. Adalbert Schmitt, der eines Abends mit acht Gästen zusammensaß, ließ über die beiden Kellner ausrichten: »Der Lafer möchte mal bitte ins Restaurant kommen!« Die Pralinenplatte hatte ihn so begeistert, dass er mich gleich überschwänglich lobte. Er lud mich ein, mich zu ihm und seinen Gästen an den Tisch zu setzen, und trug dem Oberkellner auf, den »ältesten Cognac, den ihr habt, den Louis XIII.«, zu bringen. Nachdem der Grand Champagne Cognac serviert und jeder sein Glas einige Male hin- und hergeschwenkt hatte, prostete man sich mit einem »zum Wohl!« zu. Aus meiner steirischen Heimat kannte ich es nicht anders, als dass jeder Schnaps in einem Zug gekippt wurde. Ich leerte also den Schwenker mit dem ein Jahrhundert alten Weinbrand auf einmal. Die Herren in der Runde schaute mich nicht einfach nur an, nein, sie starrten ungläubig auf mein Glas und dann auf mich. Irgendetwas musste ich wohl falsch gemacht haben …

Adalbert Schmitt war ein Förderer der guten Küche. Er nahm jedes Opfer auf sich – fuhr zum Beispiel nach Frankreich und Italien, um vor Ort regionale Spezialitäten einzukaufen. Sein Ziel war es, dass wir Köche unser Bestes gaben – und er setzte uns daher auch mächtig unter Druck. Er wollte Preise und Auszeichnungen sammeln, er wollte, dass die *Schweizer Stuben* die Nummer eins waren im Lande. In Fachkreisen nannte man ihn den »kulinarischen Motivator und geschmacklichen Controller«. Schmitt starb 2005, sein Wirken in der Welt der Spitzengastronomie ist auch heute noch beispielhaft. Dass die *Schweizer Stuben* 2002 Insolvenz anmelden mussten, musste er noch miterleben. Ich war damals sehr bestürzt über diese Nachricht. Mit wie viel Herzblut hatten wir alle hier für Adalbert Schmitt gearbeitet!

Jörg und Dieter Müller waren die beiden sehr erfolgreichen Küchenchefs in den *Schweizer Stuben.* Für ihre Küchenmannschaft war es allerdings schwierig, zwei Chefs zu haben. Die beiden waren oft unterschiedlicher Meinung und konnten sich nicht einigen. In ihre Diskussion mischte sich dann schließlich auch noch Adalbert Schmitt ein, der eine dritte Ansicht vertrat und diese kategorisch durchsetzte.

Trotz dieser Schwierigkeit setzten die *Schweizer Stuben* in Sachen Betriebsführung, Zusammenstellung und Qualität der Gerichte neue Maßstäbe. Hier zu arbeiten, zu dieser Elite zu gehören, war großartig. Aus allen Teilen Deutschlands pilgerten die Feinschmecker in dieses Restaurant. Die Vorspeisen, die Jörg Müller bereitete, genossen einen besonderen Ruf, vor allem seine Pasteten. Seine Lammbecherpastete war göttlich, genauso wie sein in Auberginen gewickeltes und in der Pfanne gebratenes Lammfilet. Dieter Müllers Spezialität dagegen war eine Roulade vom Sankt Petersfisch mit Champagner-Zitronen-Soße.

Mindestens ebenso berühmt war seine Trüffelsuppe, für die ein Grundrezept von Paul Bocuse variiert wurde. Die Suppe wurde in einer Löwenkopftasse serviert, und wir in der Patisserie mussten diese Tasse mit einem Blätterteigdeckel überbacken – genau aus diesem Grund hasste ich die Suppe. Die Tassen mussten zwanzig Minuten im Backofen bleiben – und da passierte es mit schöner Regelmäßigkeit, dass die Blätterteighaube zusammenfiel. Natürlich war niemand anders als die Patisserie schuld, wenn der Gast weitere zwanzig Minuten auf diesen Genuss vertröstet werden musste. Wenn es nach mir gegangen wäre, wäre die unselige Trüffelsuppe sofort und ersatzlos von der Speisekarte gestrichen worden …

Wer lieber Schweizer Kost aß, der ging in den *Gasthof Schober,* direkt neben den *Schweizer Stuben*. Hier gab es Graubündner Gerstensuppe, Zürcher Geschnetzeltes oder Rösti. Als Chef-Patissier war ich für beide Häuser zuständig – und musste die Balance zwischen dem Gourmetrestaurant und dem *Landgasthof Schober* bewerkstelligen.

Ich war noch immer mit Elke zusammen. Also fragte ich nach, ob Elke in den *Schweizer Stuben* arbeiten könne. Und siehe da: Sie bekam eine Stelle im Service. Da sie aber keine Ausbildung in der Gastronomie hatte, durfte sie nur Brot und Butter servieren. Trotzdem, die Sache hatte ihre Vorteile: Wir waren jetzt wenigstens jeden Tag zusammen.

Leider hatte ich auch in den *Schweizer Stuben* ein paar Anlaufschwierigkeiten: So musste ich mir nach kurzer Zeit die Mandeln entfernen lassen. Bei einem Erwachsenen ist die Operation aufwendiger als bei einem Kind, daher schrieb mich der Arzt drei Wochen krank. Eine so lange Abwesenheit ist in einem auf Hochtouren arbeitenden Spitzenbetrieb schwer zu vertreten. Gerade erst hatte ich in dem Team Fuß gefasst, und nun wurde ich wieder herauskatapultiert. Meine Chefs ergingen sich dazu in Andeutungen, dass es in der Patisserie auch ohne mich liefe – allerdings lange nicht so gut. War das nun ein unausgesprochenes Lob oder bedeutete es, dass sie einen neuen Patissier suchten, um den guten Ruf des Hauses zu wahren? Ich machte mir die größten Sorgen. Doch zum Glück waren meine Befürchtungen unbegründet: Wieder genesen, kehrte ich mit neuem Elan in die Patisserie zurück, voller Ideen und Pläne.

Johann Willsberger, der als Foodfotograf für die Zeitschrift *Gourmet* arbeitet und viele Witzigmann-Gerichte fotografiert hatte, fragte mich eines Tages, ob ich Lust hätte, für Witzigmann in München zu arbeiten – der würde sich für mich interessieren. Ich musste nicht lange überlegen, denn natürlich wollte ich von der Nummer zwei zur Nummer eins gehen. Witzigmann hatte im November 1979 seinen dritten Michelin-Stern verliehen bekommen.

Also schrieb ich Anfang 1981 wieder einmal eine Bewerbung. Das war ein Geheimkommando, denn wirklich niemand durfte von meinen Absichten erfahren – sonst hätte ich gleich in den *Schweizer Stuben* meine Kochschürze an den Nagel hängen dürfen …

Witzigmann lud mich tatsächlich zu einem Vorstellungsgespräch ein. Als ich das Schreiben in Händen hielt, fühlte ich mich, als hätte mich wenigstens der Papst persönlich, wenn nicht gar der »liebe Gott«, eingeladen.

Schon der Gedanke, Eckart Witzigmann zu treffen, versetzte mich in einen Rausch. Unvergesslich, wie mir Witzigmann die Küche zeigte: Ich fühlte mich einmal mehr wie in einer neuen Welt. Doch als ich dann einen Küchenhelfer sah, der Bohnen putzte, war ich schon erleichtert: Auch in der *Aubergine* kochte man mit Wasser und musste das Gemüse putzen.

»Wie läuft es denn so in den *Schweizer Stuben*?«, fragte mich Witzigmann im Anschluss. Es war nicht einfach, darauf eine passende Antwort zu geben. Küchengeheimnisse auszuplaudern, verbot sich von selbst, aber es war auch nicht meine Sache, Witzigmann mit Banalitäten abzuwimmeln. Also erzählte ich ihm davon, wie ich meine Desserts präsentierte, und welches Potenzial ich noch darin sah.

Langsam ließ meine Anspannung nach. Witzigmanns ungezwungene, menschenfreundliche Art nahm mir alle Unsicherheit und Scheu. Der »Gourmetgott« unterhielt sich ganz normal mit mir. Witzigmann hatte Gefallen daran gefunden, dass ich Österreicher bin. Er selbst kam aus Bad Gastein im Salzburger Land. Wie schon bei Viehhauser im *Le Canard* spürte ich diesen besonderen Zusammenhalt zwischen den Österreichern in der deutschen Gourmetszene.

Wir waren uns schnell einig. Eckart Witzigmann wollte mich als Chef-Patissier haben, und ich wollte gern unter seiner Führung in der *Aubergine* arbeiten. Seine Entscheidung bedeutete eine riesige Anerkennung für das, was ich bisher erreicht hatte. Besser konnte es wirklich nicht laufen.

Um sich weiterzuentwickeln, müssen sich Köche an Vorbildern orientieren – und Witzigmann war mein großes Vorbild. Seine Erfahrungen, die er unter anderem bei Paul Bocuse in Lyon gesammelt hatte, haben wesentlich dazu beigetragen, dass es in Deutschland Spitzengastronomie gibt, die sich auch international nicht verstecken muss. Ich hatte den unbändigen Ehrgeiz, in seine Fußstapfen zu treten und die Küchen weiter zu modernisieren.

Elke wollte mit mir nach München kommen, daher machten wir uns auf Wohnungssuche. Wir fanden schließlich eine Wohnung an der Grünwalder Straße, im Parterre eines Mietshauses vis-à-vis des »Sechzigerstadions«. Das Haus lag an einer der verkehrsreichsten Kreuzungen Münchens – so schien es mir wenigstens aufgrund des unglaublichen Autolärms. Auch die Stadionbesucher, die jeden zweiten Samstag zu den Heimspielen des TSV 1860 pilgerten, sorgten für jede Menge Radau. Viel Geld hatte ich damals noch nicht gespart, also kauften wir uns Möbel bei Ikea. Elke fand auch bald einen Job in einem Gastronomiebetrieb.

Was das Design anbelangte, bot die *Aubergine* ein echtes Kontrastprogramm zu den *Schweizer Stuben.* Meine frühere Wirkungsstätte war ein auf der grünen Wiese neu errichtetes Landhaus mit elegant-rustikaler Einrichtung. Die *Aubergine* dagegen lag direkt in der Münchner Innenstadt – von außen ein moderner Bau mit Marmorfassade, innen nüchterne Tische und Stühle – hier herrschten klare Linien vor. Die Küche war relativ eng, aber sehr übersichtlich, und alles war auf Hochglanz geputzt – eine Küche, wie man sie aus französischen Gourmetmagazinen kennt, mit viel Edelstahl und Kupfer – eine Mischung aus Tradition und Hightech.

Anfangs erging es mir, es konnte ja gar nicht anders sein, in der *Aubergine* wie immer: Vor lauter Herzrasen konnte ich mich kaum auf die Arbeit konzentrieren, ich wollte alles besonders gut machen, noch besser als vorher. Recht schnell aber stellte ich fest, dass meine Ideen von Zutaten, Geschmackskombinationen und Anrichten Eckart Witzigmanns Vorstellungen sehr nahe kamen. Das gab mir Sicherheit.

Er war von meinen Einfällen begeistert, und so kam es, dass sich zwischen Witzigmann und mir, dem Chef und dem Patissier, ein Verhältnis entwickelte, das ich als freundschaftlich bezeichnen möchte. Oft standen wir eine halbe Stunde in der Küche zusammen und unterhielten uns. Aber nicht über das Kochen, sondern über ganz andere Dinge, zum Beispiel Skifahren. Denn Witzigmann ist ein leidenschaftlicher Skifahrer. Um Zeit für diese Gespräche zu haben, musste ich manche Arbeiten, die gerade zu erledigen waren – Äpfel schälen, zu Mus machen oder Beeren sortieren –, an andere delegieren.

Eckart Witzigmann war ein harter Chef, aber sehr fair. Wenn er schimpfte, dann tat er das nicht aus schlechter Laune oder Stress. Seine Kritik war stets inhaltlich fundiert – und damit auch berechtigt. Mir gefiel das, denn ich merkte, dass mich seine konstruktive Kritik voranbrachte. Manchmal reichte ihm ein Blick, um deutlich zu machen, was ihm missfiel. Manchmal schlug er zwei Teller zusammen, wenn er merkte, dass sie nicht richtig angewärmt worden waren.

Dann wieder jagte er uns – sich eingeschlossen – für eine Stunde in den Englischen Garten, ganz gleich zu welcher Jahreszeit und bei welchem Wetter, und wir spielten zusammen Fußball – meist Deutschland gegen Österreich, die Küchenmannschaft ließ sich da recht gut aufteilen. Auf dem Rasen konnten wir von einem Moment auf den anderen allen Ärger und Stress aus der Küche vergessen, wir kämpften um jeden Ball und hatten viel Spaß. Zurück in der Küche, tat Witzigmann so, als wären wir nie beim Fußballspielen gewesen – sofort wurde wieder konzentriert gearbeitet. Über den Tadel hat er aber das Lob nie vergessen. Wenn ein Gast sich anerkennend über die Küche oder die Patisserie äußerte, dann gab der Chef das Lob sofort an uns weiter – und der ganze Tagesstress war darüber dann gleich wieder vergessen.

Natürlich erlebte ich auch in der *Aubergine* das eine oder andere Waterloo. Am stärksten ist mir in Erinnerung geblieben, wie sich einige österreichische Gastronomen angekündigt und Witzigmann es sich in dem Kopf gesetzt hatte, ihnen eine original Sachertorte anzubieten. Mir sagte er, er habe da ein Rezept, nach dem wir die Torte backen sollten. Der Clou: Dieser Teig enthielt kein Mehl. Okay, dachte ich, also ohne Mehl … Kein Problem. Ich war schließlich derjenige, der dauernd davon sprach, neue Möglichkeiten ausloten zu wollen.

Natürlich bekam ich ein Problem. Nicht nur eines … Bei unserem ersten Versuch entstand ein Pfannkuchen, der mit einer Sachertorte nur die Farbe gemeinsam hatte. Da ich in der Mittagspause einen Zahnarzttermin hatte, bat ich meinen Mitarbeiter Martin Wösle, einen zweiten Anlauf zu machen. Ich war mir sicher, dass wir das Rezept falsch gelesen hatten.

Als ich vom Zahnarzt durch die Ottostraße Richtung Maximiliansplatz zurückging, stürmte mir Witzigmann entgegen. Wutschnaubend schrie er: »Ihr seid so dumm und blöd! Ihr könnt nicht mal eine Sachertorte backen!«

Also war der zweite Versuch auch gescheitert. Ich nahm die Beine in die Hand, um in die Küche zu kommen. Es galt, zu retten, was zu retten war. Zu Martin sagte ich: »Pass auf, das Rezept von Witzigmann können wir vergessen. Wir machen jetzt nicht seine sogenannte original Sachertorte, sondern unsere. Und zwar mit Mehl.« Und siehe da: Im dritten Anlauf gelang uns eine perfekte Sachertorte! Manchmal ist das Altbewährte eben doch besser als die Innovation. Witzigmann resignierte, als er unsere Kreation sah: »Ist halt eine Sachertorte, aber eine ist besser als keine.«

Der ein oder andere Spleen von Witzigmann bleibt mir in ewiger Erinnerung: Manchmal kam er vom Großmarkt zurück und brachte zwei Kisten Auberginen mit, obwohl wir noch drei auf Lager hatten – ihn hatte angesichts der erstklassigen Qualität die Begeisterung übermannt. Und das, was wir eigentlich brauchten, zum Beispiel Zucchini oder Brokkoli, hatte er glatt vergessen. Diese Zutaten fehlten dann, aber das interessierte ihn nicht weiter. Kam dann in der Küche leiser Protest auf, sprach er seinen berühmten Satz: »Ihr habt einfach keine Ehrfurcht vor dem Material.« Heute, angesichts der Diskussionen um Biolandwirtschaft und genmanipulierte Nahrung, versteht man seine Worte natürlich noch viel besser.

Witzigmann wollte stets das Beste servieren. Er hat also nicht nur kontrolliert, wie die Speisen angerichtet waren, sondern ebenso, ob die Gäste etwas zurückgehen ließen. Wenn ein Gast einen halb vollen Teller zurückgab, dann stürmte der Chef in die Küche und überprüfte alles mit Argusaugen. Das ging so weit, dass er die Speisen probierte, um festzustellen, ob sie versalzen waren, zu weich oder zu hart.

Manche seiner Kritiker bemängeln, dass Witzigmann zu kleine Portionen serviert. Wie oft lästerten böse Zungen: »Nach der *Aubergine* gehen wir zur Imbissbude und essen erst mal was Richtiges.« Aber wie oft habe ich beobachtet, dass ein Gast, der noch Hunger hatte, eine Extraportion ohne Extrakosten erhielt. Das übersehen Schandmäuler natürlich geflissentlich!

Auf Witzigmann lasse ich nichts kommen. Ich bin dankbar, dass ich an seinen kulinarischen Experimenten und Entdeckungen teilhaben durfte. Er wagte sich an Zutaten, die mir bis dahin völlig unbekannt waren: zum Beispiel Sauerampfer, von dem ich nicht mal gedacht hatte, dass man ihn in der Küche verwenden kann. Auch Zuckerschoten machte er in der Gourmetküche »salonfähig«, und er kreierte einen wahren Trüffeltrend. Er hat etwa einen ganzen Trüffel in Kalbsbries eingebacken – das war phänomenal. Er hatte ein untrügliches Gespür für erstklassige Produkte, für unübertreffliche Geschmackserlebnisse und für raffinierte Kompositionen. So wie Pavarotti stets den richtigen Ton trifft, so trifft Witzigmann stets den richtigen Geschmack. Seine Gerichte bieten ein Fest für alle Sinne – sie sind herrlich anzusehen, duften köstlich, schmecken wunderbar. Gleichzeitig gelingt es ihm, zeitlos zu kochen. Auch bewunderte ich Witzigmanns Engagement und die große Liebe zu seinem Beruf. Würde ich es schaffen, ähnlich gut zu sein, hätte ich viel erreicht.

Witzigmann lehrte mich auch, wie wichtig es ist, Mengenangaben exakt einzuhalten. Selbst Eier wog er ab. Er wusste: Sind für eine Torte vier Eier in der Zutatenliste angegeben, dann macht es einen großen Unterschied, ob sie siebzig oder nur fünfzig oder fünfundfünfzig Gramm wiegen. Auch mit Rosmarin muss man aufpassen: Eine einzige Nadel kann zu viel sein – dieses Kraut ist sehr intensiv, aromatisch, aber auch leicht bitter, sodass zu viel davon das Geschmackserlebnis zerstören kann.

Im Küchenteam der *Aubergine* herrschte großer Konkurrenzdruck. Jeder wollte etwas Neues entwickeln, jeder wollte den Chef begeistern. Ich hielt mich so weit als möglich aus diesem Kampf heraus, wollte nicht auftrumpfen und mich brüsten, dass ich besser sei als mein Vorgänger. Oft hörte man in der Küche jemanden eine Kreation kritisieren: »Was soll denn das? Das taugt ja gar nichts. Das muss man ganz anders machen, sonst ist das nichts Gescheites.« In solche Diskussionen mischte ich mich nicht ein.

Dennoch legte auch ich mich mächtig ins Zeug und arbeitete wie besessen, was wohl ein Grund war, warum meine Beziehung zu Elke in die Brüche ging. Um es genau zu sagen: Ich trennte mich von ihr. Den

Ausschlag gab nicht nur an mein übergroßer Arbeitseifer und die darum knapp bemessene Freizeit, vielmehr hat sie sich nach einem anderen umgeschaut und mich betrogen. Obwohl ich sehr verliebt war und mir innigst gewünscht hatte, dass es zwischen uns funktionieren möge, gab es für mich kein Zurück mehr.

Um den Kopf freizubekommen, fuhr ich öfter zu meiner Cousine Josefine und ihrem Mann Rudolph Wacker nach Lermoos in Tirol. Beim Skifahren lernte ich eine Frau aus Wolfratshausen bei München kennen. Eine Weile waren wir ein Paar, aber wir trennten uns bald wieder. Auch eine Beziehung mit einer Münchnerin hielt nur kurze Zeit. Mein Privatleben lag in Scherben. Witzigmann blieb natürlich nicht verborgen, dass ich ziemliche Probleme wälzte. Er nahm mich zur Seite und sprach mich darauf an: »Du bist nicht mehr so wie früher, du bist ein bisschen komisch geworden.«

Damit hatte er den Nagel auf den Kopf getroffen. Es fiel mir damals noch schwer, Beruf und Privatleben zu trennen. Meinen Dessertkreationen war wohl anzumerken, dass ich nicht hundertprozentig bei der Sache war. Natürlich wusste ich, das so etwas auf keinen Fall passieren darf – aber zwischen Theorie und Praxis klafft oft genug eine Lücke.

Besonders geholfen hat mir in dieser Situation Witzigmanns damalige Frau Monika, sie sprach mir viel Trost zu. Auch Bernhard Strolz, der in der Küche arbeitete, war mir eine Stütze, und er ist bis heute einer meiner besten Freunde. Er war fast zur gleichen Zeit wie ich in die *Aubergine* gekommen und wie ich Österreicher. In den vergangenen Monaten war zwischen uns eine enge Freundschaft entstanden. Wenn ich wieder einmal besonders trübsinnig schaute, munterte er mich auf: »Auch wenn die anderen dir raten, so zu tun, als wäre nichts geschehen – lass dich davon nicht beeinflussen. Kümmere dich nicht um das, was die anderen sagen, kümmere dich einfach um dich selbst.«

Manchmal diskutierten wir nächtelang über das Leben, mir gingen so viele Gedanken durch den Kopf. Und Bernhard gelang es mit seiner unkomplizierten Art, mich wenigstens zeitweilig aufzumuntern.

Ich musste etwas tun, um meine Niedergeschlagenheit zu überwinden.

# L'AMOUR ET LE PETIT FOU – KOCHEN WIE GOTT IN FRANKREICH

**DAS MÜNCHNER OKTOBERFEST WAR IN VOLLEM GANG, KEINE FRAGE, DASS DAS *AUBERGINE*-TEAM ZU EINEM GEMEINSAMEN BESUCH DER WIES'N AUFBRACH. MEINE KOLLEGEN TANZTEN AUF DEN BÄNKEN, ABER ICH ERINNERTE MICH AN DAS ATTENTAT VOR ZWEI JAHREN AM 26. SEPTEMBER 1980: AM HAUPTEINGANG ZUR THERESIENWIESE WAR EINE ROHRBOMBE EXPLODIERT – DREIZEHN MENSCHEN STARBEN, ÜBER ZWEIHUNDERT WURDEN VERLETZT. ICH HATTE DEN TAG DES ANSCHLAGS IN MÜNCHEN VERBRACHT UND DEN GANZEN SCHRECKEN MITERLEBT. ICH WERDE DIESEN TAG NIE VERGESSEN, ER GEHÖRT ZU DEN SCHLIMMSTEN, DEN ICH ERLEBT HABE. DIE STADT WAR WIE GELÄHMT VON ANGST UND SCHRECKEN, DIE NACHT ERFÜLLT VOM LÄRM DER MARTINSHÖRNER, WÄHREND DIE VERLETZTEN IN DIE KRANKENHÄUSER GEBRACHT WURDEN.**

Diese Gedanken kreisten nun in meinem Kopf und ließen sich auch nicht vertreiben – was wohl auch daran lag, dass meine Stimmung sowieso auf dem Nullpunkt war. War es Zeit für eine Veränderung in meinem Leben? Sollte ich mir eine neue Aufgabe suchen? Seit eineinhalb Jahren war ich nun schon in der *Aubergine,* da konnte ein Wechsel eigentlich nicht schaden ... Zudem hatte ich am 27. September 1982 meinen fünfundzwanzigsten Geburtstag gefeiert – Zeit für eine erste Zwischenbilanz. Witzigmann führte ein extremes Leben, viel Arbeit, wenig Freizeit, gern mal ein Gläschen Champagner, und ich fürchtete, in diesen Sog mit hineingezogen zu werden. Seine Mitarbeiter waren wie eine verschworene Gemeinschaft, und trotzdem: Jeder blieb ein Einzelkämpfer, der sich seine Position innerhalb der Gemeinschaft erarbeiten und sie verteidigen musste.

Ich wollte mehr Verantwortung und eigenverantwortlicher arbeiten – ich brauchte eine neue Perspektive! Ich wollte mein eigener Chef sein!

Mir war zu Ohren gekommen, dass das Berliner KaDeWe auf seiner Gourmetetage sein Restaurant *Silberterrasse* zum Gourmettempel umgestalten wollte. Die Aufgabe, im größten Kaufhaus Deutschlands, dessen Feinschmeckerabteilung die größte Europas war und einen geradezu legendären Ruf hatte, ein Restaurant zu eröffnen und zu leiten, reizte mich ungemein. Das KaDeWe war damals schon eine Art Hightechbetrieb – ein Dutzend Konditoren arbeitete hier, ihre Torten entstanden nach den Rezepten der französischen Delikatessenfirma Lenôtre. Der französische Patissier Gaston Lenôtre galt als der König der Zuckerbäcker – und er hatte Ideen. Nach seinen besonderen Methoden wurden auch im KaDeWe gearbeitet: Das extra aus Frankreich importierte Mehl wurde über ein Rohrleitungssystem aus dem Keller in die Backstube im sechsten Stock gepumpt – so etwas gefiel mir als Technikbegeistertem natürlich besonders.

Nach einigem Hin und Her bewarb ich mich schließlich beim KaDeWe – und erhielt von Helmut Mörth, dem Leiter der Lebensmittelabteilung, prompt eine Zusage. Witzigmann wünschte mir viel Glück und bot mir an, egal wo ich sei, an seinem neuen Buch mitzuarbeiten.

Die Umgestaltung der *Silberterrasse* befand sich zu dieser Zeit noch in der Planungsphase, ich konnte also allerlei Veränderungsvorschläge mit einbringen. Doch letztlich verzögerte sich die Eröffnung des Restaurants immer wieder. Das große Problem waren die gesetzlichen Ladenschlusszeiten, denn die Verantwortlichen wollten unbedingt, dass das Lokal von den Kaufhausstunden unabhängig war. Das aber wäre nur zu realisieren gewesen, wenn man für die Restaurantgäste einen Außenaufzug an das KaDeWe angebaut hätte. Die Kosten für einen solchen Umbau wären enorm hoch gewesen, sodass sich die Planer nicht durchringen konnten, ihn in die Tat umzusetzen.

Es sah so aus, dass die *Silberterrasse* noch lange nicht im neuen Gewand öffnen würde. Die Küchenplanung war gemacht, ich hatte auch schon Geschirr und Deko ausgesucht – mehr gab es momentan für mich nicht zu tun.

Da das KaDeWe Verbindungen zu Lenôtre in Paris hatte, konnte ich im Restaurant des Meisters eine Stelle ergattern. Schon damals hatte das *Pré Catelan-Lenôtre* zwei Sterne, in der Folge wurden es sogar drei. Welch einmalige Gelegenheit, im *Pré Catelan* und dem dazugehörigen Produktionsbetrieb, der etwas außerhalb von Paris, in Plaisir, lag, eine völlig neue Patisseriewelt kennenzulernen.

Und das tat ich dann auch! In der Lenôtre-Küche herrschte ein klarer, sehr präziser Ton, der auch sehr hart war. Das machte es mir doppelt schwer, weil ich kaum etwas verstand. Französisch war zwar auch in der *Aubergine* die »Küchensprache«, in der die wichtigsten Anweisungen erteilt wurden, aber darauf waren meine Sprachkenntnisse beschränkt. Anfangs konnte ich mich nur mit Händen und Füßen verständigen, aber mithilfe eines Küchenkollegen, der als Elsässer französisch und deutsch sprach, lernte ich zum Glück sehr schnell hinzu.

Doch die Sprachschwierigkeiten waren nicht mein einziges Problem. Ich hatte zudem damit zu kämpfen, dass die Franzosen einem Koch aus Deutschland oder Österreich mit unverhohlener Geringschätzung begegneten, gerade so, als wüssten wir nicht einmal, wie man Wasser heiß macht. Obwohl ich es in Deutschland immerhin zum Chef-Patissier bei Eckart Witzigmann gebracht hatte, ja, im Jahr 1980 sogar die Auszeichnung »Bester deutscher Patissier« erhalten hatte, wurde ich in Paris zum Lehrling degradiert. Wie damals in meiner Zeit als Stift schälte ich nun wieder Kartoffeln und putzte Gemüse oder löste manchmal den ganzen Tag Kaisergranate aus ihren Schalen. Das war wirklich nicht leicht zu ertragen.

Da half nur eines: Mit extrem hohem Arbeitseinsatz und gelungenen Dessertpräsentationen musste ich beweisen, dass ich etwas auf dem Kasten hatte. Nach einer Weile nahmen mich die Kollegen tatsächlich wahr. Endlich durfte ich an die Aufgaben heran, die sonst den Franzosen vorbehalten waren. Großen Eindruck erzielte ich mit einem Erdbeerkuchen, den ein kunstvoll verzierter Pistazienmarzipan abdeckte. Überhaupt sind Dekorationen meine Stärke – und da die Franzosen sie lieben, hatte ich einen ersten Sieg errungen. Meine Dessertkreationen kamen so gut an, dass ich einen Pralinenkurs absolvieren durfte, in dem ich die tollsten Füllungen lernte. In einem Zuckerziehkurs erfuhr ich, wie der Patissier Zuckerornamente gestaltet.

Bei Lenôtre entdeckte ich die französische Patisserie, die in Deutschland das KaDeWe anbot: allerlei Variationen von Cremeschnitten, gefüllt mit Maronenpüree, Rosenblüten, Vanille oder Himbeeren, Eclairs, tiefschwarze Schokotörtchen, umhüllt von einem hauchdünnen gebogenen Schokoblatt mit einem Hauch Goldstaub, das alles war raffiniert, leicht und sehr modern.

Eine neue Entdeckung waren zudem die Portionstörtchen. In Deutschland müssen Torten möglichst hoch sein und bombastisch aussehen. In Frankreich sind die Stücke dagegen eher klein und flach. Und mit einem so kleinen Stück – sagen wir mal – Erdbeerkuchen, konnte man einen Preis erzielen, der damals umgerechnet bei neun Mark lag. Natürlich war die Qualität makellos vom Mandelboden über die Erdbeeren bis zum Überzug. Hier galt das Motto: »Weniger ist mehr.«

In der Küche wurde sehr kreativ gearbeitet. Jedes kleinste Detail war wichtig, obwohl das nobel eingerichtete Restaurant *Pré Catelan* – untergebracht in einem kleinen Schlösschen im Bois de Boulogne – immerhin hundertfünfzig Sitzplätze hatte. Besonders schön waren die vielen Plätze auf der Terrasse. Dennoch war ich im Zwiespalt. Tagsüber war der Bois du Boulogne ein vornehmer, prachtvoller Park, doch nach Sonnenuntergang tummelten sich hier leichte Mädchen und schwere Jungs. Da ich den Bois nach Feierabend zu Fuß durchqueren musste, um nach Hause zu gelangen, ich wohnte in einem kleinen Apartment im 16. Arrondissement, wurde ich natürlich oft angesprochen, becirct, verführerisch angelächelt ... Essen und Erotik liegen in Frankreich scheinbar auch örtlich nahe beieinander. Und die Franzosen sind wirklich ein Volk von Gourmets; jeder Taxifahrer kennt die besten Restaurants und kann ausführlich darüber berichten, was mich als Koch natürlich sehr freute.

Als ich dann in die Produktionsstätte von Lenôtre wechselte, war es vorbei mit dem amourösen Bois du Boulogne: Jetzt musste ich nach Plaisir fahren, sechzig Kilometer außerhalb von Paris. Auf der Fahrt begleitete mich täglich ein Lenôtre-Mitarbeiter aus dem Deutschlandvertrieb. Er erklärte mir das »Lenôtre-System«: Alle Arbeitsabläufe waren streng rationalisiert und so in höchstem Maße effizient. Die Zutaten und Geräte waren um jeden Konditor herum so angeordnet, dass er nie mit der linken Hand über die rechte greifen musste oder umgekehrt. Ich habe dieses einfache und bestechend logische Prinzip später auch in meiner Küche eingeführt. Kein Utensil war hinter dem Patissier zu finden. So musste er sich nie umdrehen, bücken oder überflüssige Schritte machen.

Im Werk wurden Torten und Gebäck von höchster Qualität konfektioniert und dann an die Filialen ausgeliefert. Auch hier war jeder Arbeitsschritt bis ins Letzte ausgeklügelt.

Es beeindruckte mich sehr, wie professionell hier gearbeitet wurde – und das nicht nur in der Patisserie: Lenôtre war auch ein namhafter Traiteur – Event- und Partykoch –, oft war ich dabei, wenn wir ein Catering planten und ausführten – für meine spätere Karriere in der Eventgastronomie waren diese Erfahrungen von unschätzbarem Wert.

Mittags und abends aßen wir im »Casino«, wo uns wunderbare Speisen serviert wurden – getreu der Hausphilosophie, dass nur erstklassig kochen und backen kann, wer erstklassig gegessen hat.

Eines Abends lud mich Gaston Lenôtre zum Essen in sein Haus ein. In der Folge entstand zwischen uns eine herzliche Verbindung, und wir besuchen uns auch heute noch gegenseitig. Später, viel später hatten wir die Idee, eine gemeinsame Pralinenkollektion auf den Markt zu bringen. Zu Weihnachten kam die Präsentbox unter dem Namen »Johann Lafer – Gaston Lenôtre« in die deutschen Läden. Wir hatten tolle Schokoladen kreiert – Marzipanpralinen mit Kirsch- oder Aprikosenfüllung und aufwendige Mokka- und Trüffelkreationen.

Der Grandseigneur Lenôtre geht heute auf die neunzig zu. Ich halte ihn für eine der herausragendsten Persönlichkeiten der Gourmetszene. Auch ist er ein echtes Unikum – fast wie ein zerstreuter Professor machte er sich den ganzen Tag Notizen auf kleinen Zetteln. Ich fragte mich oft, was er tat, wenn er einen erlebnisreichen Tag hatte oder auf Reisen war – erstickte er dann förmlich in Notizen? Was passierte mit den Zetteln am Ende des Tages? Pinnte er sie an die Wand? Sortierte er sie in Karteikästen?

Warum er wie besessen Ideen sammelte? Uns sagte er immer: »Mit den Augen darf man stehlen. Man muss immer und überall von allem das Beste suchen und es dann filtern, verarbeiten und selbst perfekt umsetzen.«

Nach einiger Zeit in Frankreich kehrte ich zurück ins KaDeWe, um das Projekt *Silberterrasse* voranzutreiben. Doch es ging und ging nichts voran. Da ich ungern tatenlos herumsitze und auf Entscheidungen warte, die dann auch noch negativ ausfallen, änderte ich meine Pläne. Ein Restaurant zu führen, wäre mein größter Wunsch gewesen – aber er sollte nicht sein. Geld, um ein eigenes Lokal aufzumachen, hatte ich nicht. Meine einzige Chance war jetzt, eine Stelle als Küchenchef zu ergattern. Da ich aber in den letzten Jahren als Patissier gearbeitet hatte, musste ich damit rechnen, dass so mancher Restaurantinhaber Zweifel an meiner Eignung hatte – ganz nach dem Motto: Torten kann er füllen, aber kann er auch Wachteln füllen? Da ich nicht vorhatte, mein Leben lang Chef-Patissier zu bleiben, musste ich den Schritt zum Küchenchef jetzt unbedingt schaffen.

Meine Lehr- und Wanderjahre waren nun endgültig abgeschlossen – und ich hatte einiges gelernt: Niemals schauen, was die anderen Köche machen und auf ihre Fehler spekulieren! Neid, Missgunst und das Schielen auf die anderen zerstören die Individualität eines Kochs. »Selbst ist der Mann«, sagte ich mir immer wieder. »Finde deinen eigenen Stil, gehe deinen eigenen Weg.« Und ich sollte recht behalten: Nur wer eine eigene Persönlichkeit, eine individuelle Handschrift entwickelt, kann sich im Haifischbecken der Gourmetwelt behaupten. Was mir in meiner Entwicklung ebenfalls unheimlich geholfen hat, ist meine klare Vorstellung von Genuss. Genuss ist nicht nur ein Filet von einem edlen Rind – das Tier muss auch artgerecht aufgewachsen sein, auf der Wiese geweidet haben, die Sonne und den Wind gespürt haben. Denn das alles – Sonne, Wind, eine Brise vom Meer, die klare Luft in den Bergen – das gehört ja auch für uns selbst zum Wohlbefinden, zum Genießen. Genuss ist alles, was uns umhüllt, einfängt, verwöhnt, was uns Zufriedenheit bringt und Wohlbehagen bereitet. Aber wir müssen das zulassen können: Wir müssen genussbereit sein. Das war es, was ich tun wollte – als Koch und Gastgeber den Menschen Freude bereiten, sie aus dem Alltag in neue Genusswelten entführen.

Weil Genuss ein Gemeinschaftserlebnis ist, hat er etwas unglaublich Verbindendes. Er fördert die Kommunikation zwischen den Menschen, ist ein sozialer Faktor – und der Koch ist der Botschafter, der den Menschen den Genuss nahebringt – über alle gesellschaftlichen Schichten hinweg.

Kochen ist eine Arbeit, die nach vollbrachter Leistung mit Genuss belohnt wird – und ich möchte den Menschen nahebringen, wie sie Genuss erleben können. Denn jeder von uns will gut und gesund genießen, keiner möchte dabei ein schlechtes Gewissen haben. Natürlich muss man dafür einigen Aufwand betreiben – von nichts kommt nichts. Wenn eine Frau sich für einen besonderen Abend schminkt und schön macht, das Make-up passend zur Garderobe auflegt, die Handtasche und die Schuhe darauf abstimmt, dann ist ihr der Aufwand doch auch nicht zu groß. Kein Mann – zumindest kein Mann, der das Schöne schätzt, wird sie daran hindern. Genau so ist es beim Kochen …

## DER DIEB, DER KOCH, DER LIEBHABER – NEUE HEIMAT GULDENTAL

**ICH HATTE EIN NEUES ZIEL: KÜCHENCHEF. ICH KÜNDIGTE BEIM KADEWE, UM EINE STELLE ZU FINDEN, IN DER ICH MEINE KENNTNISSE UND FÄHIGKEITEN ENTSPRECHEND ERWEITERN KONNTE. IN EINER GASTRONOMISCHEN FACHZEITSCHRIFT GAB ICH EINE ANZEIGE AUF: »SUCHE DEN PATRON, BEI DEM ICH MEINE ANGEEIGNETEN FÄHIGKEITEN UND KENNTNISSE NACH LEHRJAHREN BEI JOSEF VIEHHAUSER, JÖRG UND DIETER MÜLLER, BEI ECKART WITZIGMANN UND GASTON LENÔTRE VERWIRKLICHEN KANN.« KURZ BEVOR ICH MIR MIT EINEM RESTAURANT AUSSERHALB VON HAMBURG, DER *KUTSCHE* IN SIEVERSEN, EINIG WAR, RIEF MICH EINE JOURNALISTIN VOM *VIF*-GOURMETJOURNAL AN, MIT DER ZUSAMMEN ICH GERADE EINE DESSERTSTRECKE FÜR IHR MAGAZIN ENTWICKELT HATTE: IM RHEIN-MAIN-GEBIET SEI EINE SEHR INTERESSANTE STELLE ALS KÜCHENCHEF NEU ZU BESETZEN.**

Silvia Buchholz, Inhaberin des *Le Val d'Or,* eines Ein-Sterne-Restaurants in Guldental bei Bingen am Rhein, suchte nicht nur einfach einen Küchenchef, sondern einen kreativen Künstler. Ganz klar, dass mir das gefiel, passte es doch zu meinem selbstbewussten Stellengesuch. Also beschloss ich, mir das einmal anzusehen. Ins Rhein-Main-Gebiet zog es mich sowieso – es ist nicht nur eine der schönsten Regionen Deutschlands, sondern auch eine der bevölkerungsreichsten, immerhin die zweitgrößte Großstadtregion Deutschlands. Und sie hatte einen weiteren Vorteil – Mainz war ganz in der Nähe. Warum mir das wichtig war? Ich sage nur: Fernsehen …

Frohgemut vereinbarte ich also mit Silvia Buchholz einen Termin. Meine Frage, ob sie mich vom Flughafen abhole, bejahte sie, setzte jedoch hinzu: »Und wie erkenne ich Sie?« Forsch-frech entgegnete ich: »An meinen schwarzen Augen.« Nach einer Pause, die mehr sagte als hundert Worte, antwortete sie: »Wie schön. Und ich habe rote Haare!« Ich merkte sofort, dass ich so bei ihr nicht weiterkam, und startete einen neuen Versuch: »Ich habe eine Karikatur von Witzigmann dabei.« – »Okay, dann werde ich Sie nicht verfehlen.«

Natürlich hatte ich keine Karikatur dabei, also ließ ich Silvia Buchholz über einen Informationsschalter ausrufen. Leider achtete sie nicht auf die Durchsagen, sodass ich mich auf die Suche nach einer rothaarigen Frau machen musste, die auf der Suche nach einem Mann mit Witzigmann-Karikatur war. Schließlich fuhren wir auf zwei Laufbändern aneinander vorbei, drehten uns nach einander um – und erkannten uns sofort: Sie mich an meinen schwarzen Augen, ich sie an ihren roten Haaren. Silvias Vater wartete draußen, zumindest er hatte die Durchsage gehört.

Während der Fahrt nach Guldental machten wir Smalltalk. Günther Buchholz erzählte mir, dass Silvia von

1976 bis 1978 Weinkönigin im Nahe-Gebiet gewesen sei. Dazu müsste man Winzertochter sein, eine nicht ganz einfache Prüfung über Weinbau ablegen und eine kleine Rede auf Englisch halten. Das ganze Dorf hätte gefeiert, als bekannt wurde, dass sie zur Königin gekrönt worden sei. Kutschen standen am Ortseingang, alle Mitglieder ihres Turn- und Musikvereins ließen sie hochleben. Sie war damals achtzehn Jahre alt, ein schüchternes Mädchen. Der ganze Trubel hatte sie sehr überrascht. Nach der Weinköniginnenzeit und einigen Auslandsaufenthalten fasste sie, ähnlich wie ich mit Landwirtschaft, Weinbau und einem Gasthaus groß geworden, den Plan, in Guldental ein eigenes Gourmetrestaurant zu eröffnen. Alle rieten ihr davon ab, das sei nur etwas für »bessere Töchter« aus der Stadt. In Wiesbaden könnte so ein Edelrestaurant schon funktionieren, aber keinesfalls in Guldental.

Doch sie hatte es gewagt. Schräg gegenüber ihres Elternhauses betrieb Wilhelmine Klöckner zusammen mit ihrer Schwägerin Felizitas ein kleines Restaurant. Da die beiden Damen kürzer treten wollten, einigten sie sich mit Silvia, ihr das Haus auf Leibrente zu übergeben. So konnte sie 1979 das *Le Val d'Or* an Stelle des Winzerhofes eröffnen. Während Silvia Buchholz mir das Restaurant zeigte, erzählte sie mir die Geschichte: Knapp zwei Jahre nach der Eröffnung hatte das Haus seinen ersten Stern erhalten. Seither sei es stetig bergauf gegangen. Jetzt aber zog es den Küchenchef zurück in seine Heimat Frankreich. Silvia hatte keine Ausbildung zur Köchin, sondern war Hotelkauffrau – zwar hatte sie ein Jahr lang bei Georges Blanc in seinem Drei-Sterne-Haus in der Bourgogne unter anderem in der Küche gearbeitet, dennoch brauchte sie nun ganz dringend einen Küchenchef. Über mich hatte sie Berichte im *Feinschmecker* gelesen und von meinen »Dessertberühmtheiten« gehört. Auch hatte sie sich erkundigt, ob ich denn überhaupt kochen konnte, da ich mich ja hauptsächlich als Patissier hervorgetan hatte. Das aber verriet sie mir erst Jahre später – zu ihrem Glück hatte sie mich beim ersten Gespräch nicht gefragt, ob ich neben der Patisserie auch das Kochen beherrschte: Ich hätte mit Sicherheit sofort abgesagt.

So aber war ich guter Dinge. Ich sah mir das *Le Val d'Or* genau an und fragte nach der Zahl der täglichen Gäste. Ehrlich gesagt waren die Voraussetzungen nicht traumhaft, doch irgendwie sagte mir mein Gefühl, dass diese Arbeit großen Spaß machen würde. Ich hatte außer von der *Kutsche* in Sieversen noch ein Angebot eines Restaurants bei Stuttgart, und daraus machte ich keinen Hehl. Silvia sagte mir später, sie sei überzeugt gewesen, dass ich mich letztlich für eines der anderen Angebote entscheiden würde.

Nach der Runde durch das *Le Val d'Or* gingen wir in den *Kaiserhof*, ein gut gehendes Gasthaus gegenüber, kaum eine Minute vom *Le Val d'Or* entfernt. Es gehörte Silvias Eltern. Ihren Vater trafen wir im Gastraum wieder, die Mutter stand in der Küche am Herd. Ich trat vor den beiden sehr selbstbewusst auf, erläuterte ihnen mein Geschäftskonzept – über das ich eigentlich noch nicht viel nachgedacht hatte. Dann betonte ich noch, dass ich als Küchenchef neues Geschirr im Restaurant bräuchte: Das jetzt verwendete war mit einem schmalen grünen Rand versehen, ich aber wollte schlichtes weißes Geschirr. Außerdem musste ich in der Küche einen Patisseriebackofen haben. Ich spürte, dass ich das Ehepaar Buchholz – dass die beiden einmal meine Schwiegereltern werden würden, war in diesem Moment völlig undenkbar – nicht überzeugt hatte. Es war unschwer zu erkennen, dass sie mich für einen frechen und anmaßenden Kerl hielten. Gerade zwischen Mutter Buchholz und mir war eine ziemliche Spannung zu spüren. Der Vater war da schon eher auf meiner Seite. Er hatte den Damen in einem unbeobachteten Moment geraten, es mit mir zu versuchen.

Und Silvia? Ich konnte nicht beurteilen, was sie von mir hielt. Ich hätte es ihr nicht verübelt, wenn sie mich für einen arroganten Schnösel und Maulhelden mit überzogenen Ansprüchen gehalten hätte. Ich allerdings fand sie sehr sympathisch. Sie hatte Ehrgeiz, und ihre Ziele waren meinen ganz ähnlich. Das wichtigste Ziel war dabei der zweite Michelinstern – darauf wollten wir hinarbeiten.

Trotz der »atmosphärischen Spannungen« machte mir Silvia Buchholz ein Angebot. Erst einmal aber fuhr ich nach Berlin zurück, um mir alles durch den Kopf gehen zu lassen. Eine Sache wollte genau überlegt sein: Wie gesagt würde es in der Gourmetzeitschrift *VIF* einen großen Bericht über meine Dessertkreationen geben. Allen Beteiligten war klar, dass die Foodfotos bei der Veröffentlichung großes Aufsehen erregen würden: Ich hatte meine Desserts neu kombiniert und sensationell angerichtet. Natürlich sollte im Artikel erwähnt werden, wo sich die Leser mit diesen Kreationen verwöhnen lassen konnten. Da ich zu diesem Zeitpunkt nicht sicher war, ob ich im *Le Val d'Or* bleiben würde – falls ich denn dort überhaupt anfing –, wollte ich nicht, dass der Beitrag sofort erschien. Noch am selben Tag rief ich bei *VIF* an und bat darum, die Dessertgeschichte erst zu veröffentlichen, wenn fest stand, dass ich im *Le Val d'Or* arbeiten und bleiben würde. Kein Problem, versicherte mir die Redaktion. Damit hatte ich einen großen Stein aus dem Weg geräumt und den Kopf wieder frei für meine Überlegungen pro und contra *Le Val d'Or.*

Nach einer schlaflosen Nacht rief ich im *Le Val d'Or* an. Silvia Buchholz konnte es sich anders überlegt haben, doch immerhin brauchte sie dringend einen Küchenchef. »Wenn Sie meine Bedingungen erfüllen«, sagte ich, »nehme ich Ihr Angebot an.« – »Haben Sie sich das auch gut überlegt?«, fragte Silvia. – »Ich habe mich entschieden.«

Später erzählte sie mir, sie hätte mich im Verdacht gehabt, dass ich den Job nur angenommen hätte, weil ich mit einer jungen Frau als Chefin leichtes Spiel zu haben glaubte. Auch befürchtete sie, dass wir nur auf fachlicher, nicht aber auf kollegialer Ebene miteinander klarkommen würden. Letztendlich hatte sie mich genommen, weil auch sie sah, dass unsere Ziele die gleichen waren.

Nach den *Schweizer Stuben* und Witzigmann war das *Le Val d'Or* eine völlig neue Welt. Von der *Aubergine* war ich in puncto finanzieller Möglichkeiten sehr verwöhnt. Jetzt war das Geld viel knapper, sodass ich nicht alle meine Ideen problemlos in die Tat umsetzen konnte. Dennoch war ich felsenfest überzeugt, hier etwas aufbauen zu können.

Doch aller Anfang ist schwer: Ich war sechsundzwanzig Jahre alt und hatte bisher in erster Linie als Chef-Patissier gearbeitet – es war lange her, dass ich mich mit Fisch, Fleisch, Gemüse, Fonds und Suppen befasst hatte. Doch ich nutzte meine Chance. Der Gourmetgastronomieboom hatte ja gerade erst begonnen. Für mich war es ein Glück, dass ich genügend Anlaufzeit hatte – den Köchen heute geht es da schon schlechter, sie werden meist gleich ins kalte Wasser geschmissen.

Nachdem ich im KaDeWe aufgehört hatte, verbrachte ich noch einige Urlaubstage bei meiner Cousine in Tirol. Mehrmals täglich rief ich bei Silvia Buchholz an, um zu fragen, ob mein weißes Geschirr schon da sei. Auch gab es noch einige andere Dinge, die noch vor meinem Arbeitsantritt geregelt werden sollten.

Am 1. Mai, dem Tag der Arbeit, sollte ich im *Le Val d'Or* anfangen. Schon die Fahrt dorthin war traumhaft: Ich passierte Ingelheim am Rhein, überall standen Obstbäume in voller Blüte. Welch ein Paradies! Plötzlich wurde mir bewusst, wie sehr ich in Berlin die Natur vermisst hatte.

Dennoch gesellte sich zu meiner Begeisterung eine gehörige Portion Unsicherheit. Ich würde von nun an mehr Verantwortung tragen, als ich es je zuvor hatte tun müssen. Aber Erfolg hat nur der, der sein Schicksal in die Hand nimmt: Wer wagt, gewinnt, versuchte ich mir einzureden.

Um die Anfangsschwierigkeiten zu meistern, hatte ich zwei Freunde gebeten, mir in den ersten Wochen zu helfen: Bernhard Strolz, mein Kollege bei Witzigmann, und Franz Raneburger, ein Tiroler, den ich in Berlin in seinem damaligen Restaurant *Bamberger Reiter* kennengelernt hatte. Hier waren wir oft bei meinem Lieblingsgetränk Almdudler zusammen gesessen. Mit den beiden an meiner Seite war ich jetzt nicht komplett auf mich allein gestellt. Auch Fanz darf ich bis heute zu meinen besten Freunden zählen.

Silvia Buchholz hatte meine Ankündigung, dass ich mit zwei Mann zur Unterstützung anreiste, mit Erstaunen aufgenommen: »Ist das nicht etwas übertrieben? So viele Gäste haben wir auch wieder nicht. Außerdem arbeiten in der Küche noch zwei Belgier!«

Diese Ansicht teilte ich nicht – und sollte recht behalten. Franz und Bernhard verbreiteten im *Le Val d'Or* eine solche Aufbruchsstimmung, dass alle mitgerissen wurden. Wir hatten so viele Ideen, dass wir gar nicht wussten, welche die besten waren und welche wir zuerst verwirklichen sollten …

Doch zurück zu meinem ersten Tag in Guldental. Als ich mittags im *Le Val d'Or* ankam, traf ich auf eine gestresste Silvia Buchholz. Sie wollte gerade ihren fünfzehnjährigen Bruder Markus von der Schule abholen. Bernhard und Franz erwartete ich erst am späten Nachmittag, doch in der Küche war noch nichts gemacht. Silvia hatte ernsthaft vor, mich hier stehen zu lassen. Sie setzte sich in ihren VW-Bus und wollte los, obwohl der Salat noch nicht geputzt und der Fisch noch nicht ausgenommen war. Stunden später kam sie völlig verdreckt zurück. Sie war mit dem Auto im Matsch stecken geblieben, zu Fuß zur Schule gelaufen und hatte dann ihren Bruder hinters Steuer gesetzt, um selbst den Wagen anzuschieben. Ohne Erfolg. Mit Ausnahme einer Schlammdusche. Erst mithilfe des Traktors von Silvias Onkel Ferdi kam der Wagen wieder frei. Als sie so vor mir stand, riss mir der Geduldsfaden: »Wie sehen Sie denn aus? So kann man sich doch nicht den Gästen zeigen.«

Damit hatte ich mich eindeutig im Ton vergriffen, doch sie ließ sich nicht aus der Fassung bringen: »Wie ich aussehe, bleibt der Chefin überlassen. Und die bin ich.« Liebe auf den ersten Blick ist wirklich etwas anderes …

In den folgenden Tagen steckte ich meine Energie nicht mehr in den Kleinkrieg mit der Patronin, sondern in die Küche. Jeder, der auch nur zufällig seinen Kopf in die Küche steckte, bekam einen Auftrag. Die Nachbarn, die kurz Hallo sagen wollten, mussten Beeren für mich sammeln. Ein Freund von Silvia musste mir meinen begehrten Patisserieofen aus München nach Guldental transportieren. Silvias Vater besuchte die Bauern der Umgebung, um das beste Gemüse und die schönsten Früchte zu ergattern.

Oft begleitete Silvia, wenn sie nicht gerade über der Buchhaltung brütete, mich nachts zum Frankfurter Großmarkt, wo ich den frischesten Fisch suchte oder beim Metzger im Schlachthof Kalbsbries mitnahm. Zurück in Guldental gönnten wir uns nur einen kurzen Schlaf, bevor wir uns wieder an die Arbeit machten: Fische ausnehmen und schuppen – bei Rotbarben musste man stundenlang Gräten zupfen –, Gemüse putzen und schneiden, Beeren verlesen – die Liste der mühevollen Küchenarbeiten ist endlos. Eigentlich war es verwunderlich, dass mir jeder so widerspruchslos half, aber anscheinend wirkte meine Begeisterung ansteckend.

So ganz traute man mir bei Buchholzens allerdings noch nicht – Silvia hatte zu ihrem Vater gesagt: »Wenn der nichts taugt, dann schicke ich ihn wieder nach Hause.« Ihre Mutter meinte nur: »Schau dir seine Buchführung an, was er einnimmt, was er ausgibt! Nicht dass er wie wild einkauft, und es rechnet sich nicht.«

Viele Köche denken nämlich nicht betriebswirtschaftlich, so lag die Vermutung nahe, dass ich es auch nicht täte. Gerade auch, weil ich so viele Neuerungen durchsetzen wollte. Ich bestand die Prüfung aber in allen Fächern – und durfte bleiben. Was nichts daran änderte, dass Silvia und ich mit unseren Dickköpfen noch öfter aneinandergerieten …

Mit Feuereifer stürzte ich mich in meine neue Aufgabe. Zuerst musste die Speisekarte neu überdacht werden. Da gab es zum Beispiel mit Hummerschaum gefüllte Seezungenröllchen in Champagnersoße auf Blattspinat. Dieses Gericht hatte es bei all meinen bisherigen Stationen in der einen oder anderen Variante gegeben. Wie konnte ich etwas Neues daraus machen? Nichts einfacher als das: Ich füllte die Seezungenröllchen mit in Orangensaft gedünstetem Chicorée, dazu richtete ich einen Meeresfrüchterisotto an.

Auch Erdbeeren auf Rhabarberschaum mit Vanilleeis setzte ich zu Beginn meiner *Le-Val-d'Or*-Zeit auf die Karte. Im späten Frühjahr ist das ein tolles Dessert – ein echter Klassiker. Darauf wollte ich auf keinen Fall verzichten, in verschiedenen Variationen bereitete ich Eis und Erdbeeren mit einem Hauch von Krokant aus Pfeffer zu und servierte sie im Körbchen auf Rhabarberschaum.

Auch war es mein Ziel, nur eine relativ kleine Auswahl an Speisen anzubieten, drei bis vier Vorspeisen und drei bis vier Hauptgänge, die aber von allerhöchster Qualität.

Von strategischer Planung konnte man bei mir aber deshalb noch lange nicht sprechen, ich fühlte mich eher wie ein blindes Huhn, das zufällig hier und da ein Korn aufpickte.

Die ersten Tage unter meiner Ägide waren nervenaufreibend. Von Witzigmann in München her wusste ich, dass selbst Mittagsgäste, ohne mit der Wimper zu zucken, ein Menü für hundert Mark bestellten. In Guldental war so etwas undenkbar. Hier durfte ein vergleichbares Menü höchstens vierzig Mark kosten. Dennoch hatte ich mir fest vorgenommen, dass die Qualität der Produkte und Speisen bei uns keinen Deut schlechter sein durfte als in der *Aubergine*. Wir mussten die Gäste so begeistern, dass sie beim ersten Besuch beschlossen, wieder zu kommen.

Aber nicht nur die Preise stellten uns vor Probleme, auch die Auslastung machte uns Sorgen. Waren wir zu weit vom Schuss? Bemerkte überhaupt jemand, welchen Aufwand wir hier trieben?

Langsam wich die anfängliche Begeisterung einer allgemeinen Katerstimmung. Wir waren unzufrieden und wussten, dass es so nicht reichen würde. Da brachte *VIF* den Dessertbericht – mit dem Hinweis, dass ich jetzt im *Le Val d'Or* wäre.

Wie ein Stein, der ins Wasser fällt, zog der Artikel große Kreise. Die Nouvelle Patisserie war gerade im Kommen, ein ganz neuer Trend. Auch in den Medien hatte das Thema Essen viel Resonanz – der Bericht im *VIF* kam genau zur rechten Zeit. Plötzlich war das *Le Val d'Or* in aller Munde. Gourmetkritiker kamen zu uns, berichteten über uns – unsere Bekanntheit nahm zu. Heute weiß ich, dass der Erfolg eines Restaurants nicht allein vom Standort abhängt. Viele Gäste sind durchaus bereit, eine längere Anreise in Kauf zu nehmen – wenn das Essen wirklich erstklassig ist.

Unsere ersten Jahre im *Le Val d'Or* fielen in eine aufregende und spannende Zeit. Die Deutschen fingen an, sich mehr und mehr für Gourmetküche zu interessieren. Sie zelebrierten das Essen. Wir hatten Gäste, die über das *Le Val d'Or* gelesen und lange auf den Besuch gespart hatten. Diese Neugierde, diese kulinarische Entdeckungslust spornten mich an, noch besser und kreativer zu werden. So, und ganz besonders auch mit perönlicher Gastgeberschaft gelang es uns, eine große Zahl von Stammgästen zu gewinnen, was uns zu einer soliden finanziellen Basis verhalf.

Ein zweites Standbein des *Le Val d'Or* wurden Familienfeiern – Hochzeiten, Geburtstage, Erstkommunionen oder Konfirmationen wurden bei uns gefeiert. Anfangs war ich eher skeptisch, ob wir die vermutlich doch sehr hohen Ansprüche solcher Gesellschaften befriedigen konnten. Doch die Sorge sollten sich als unbegründet herausstellen: Unsere Menüs waren eine zusätzliche Attraktion.

Unschätzbar für unseren Erfolg war und ist Silvias Talent, unseren Gästen das Gefühl zu vermitteln, wie willkommen sie sind. Sie ist die geborene Gastgeberin. Sie lehrte mich, wie wichtig herzliche Gastfreundschaft ist. Als Koch hatte ich über solche Dinge nie nachgedacht. Und ehrlich gesagt, fiel es mir schwer. Nach einem Abend konzentrierter Arbeit in der Küche war ich viel zu erschöpft, um noch nach draußen zu den Gästen zu gehen und lächelnd von Tisch zu Tisch zu ziehen.

Natürlich war mir klar, dass ich als Küchenchef die Pflicht hatte, mich um meine Gäste zu kümmern. Umgekehrt würde es mir als Gast in einem teuren Lokal ja auch gefallen, wenn der Küchenchef zu mir an den Tisch kommt und sich erkundigt, ob alles in Ordnung war. So fiel mir die abendliche Runde leichter, bis sie alsbald zu einer Selbstverständlichkeit für mich geworden ist: Anfangs steckte ich nur den Kopf zur Küchentür heraus, aber nach einer Weile ging ich auch zu den Gästen an den Tisch. Mitunter saßen wir nach einem Abendessen noch lange mit einigen Gästen zusammen, wir unterhielten uns so manches Mal bis zum Morgengrauen, und dann schmierte ich uns allen Leberwurstbrote. Für den ein oder anderen klingt das nur nach Imagepflege – aber es ist uns wirklich wichtig, unseren Gästen Wertschätzung entgegenzubringen. Ich entdeckte mein Talent als »Stimmungsmacher« – mit wenigen Worten gelang es mir, für Heiterkeit und Ausgelassenheit zu sorgen und Freude zu verbreiten.

Langsam entwickelte sich zwischen Silvia und mir etwas, das über eine rein berufliche Beziehung hinausging. Eigentlich wollte ich mir das auf keinen Fall erlauben, wollte Distanz wahren – immerhin war sie meine Vorgesetzte. Aber obwohl – oder gerade weil – wir uns immer noch viel zankten, knisterte es zwischen uns spürbar.

Eines Abends lud sie mich zum Essen in ein Weinlokal ein, um Frieden mit mir zu schließen. Wir hatten einen sehr netten Abend, lachten viel, unterhielten uns blendend – und ich flirtete mit ihr. Sie ging aber gar nicht darauf ein.

Also musste ich wohl deutlicher werden. Fuhren wir nun gemeinsam zum Großmarkt nach Frankfurt, ließ ich sie ungestört verhandeln, das musste ihr auffallen, ich konnte sonst nie meinen Mund halten, und hielt ihr immer die Autotür auf – was ich früher, ich muss es zu meiner Schande gestehen, nicht immer gemacht hatte. Einmal witzelte ein Lkw-Fahrer, der direkt neben uns parkte, lautstark: »Das machen die Kerls am Anfang immer so, aber das hält nicht lange.«

Langsam musste bei ihr doch der Groschen fallen! Weit gefehlt: »Ist das etwa Dein österreichischer Schmäh!?«, sagte Silvia. »Wie macht man das denn in Deutschland?«, fragte ich mit Unschuldsmiene zurück. Doch irgendwann erhörte sie mich, und wir wurden ein Paar. Was der Lkw-Fahrer damals prophezeit hatte, wird sich allerdings nie bewahrheiten – die Autotüre halte ich ihr noch heute auf …

Meine Liebe zu Silvia war an keinerlei Bedingungen geknüpft, sie hatte nichts Berechnendes. Silvias Eltern hegten allerdings so ihre Zweifel an der Ernsthaftigkeiten meiner Absichten. Ihr Misstrauen kränkte mich zutiefst. Natürlich konnte ich ihre Gedanken bis zu einem gewissen Grad nachvollziehen, daher fasste ich den Entschluss, ihnen meine Aufrichtigkeit zu beweisen. Nach einigen schlaflosen Nächten hatte ich eine Idee. Ich hatte etwas Geld angelegt und so einiges gespart. Damit wollte ich das *Le Val d'Or* übernehmen – mitsamt den finanziellen Verbindlichkeiten. Damit bewies ich den Eltern, dass ich es wirklich ernst meinte – was die Stimmung aber nicht erheblich verbesserte. Sie glaubten wohl, ich würde ihrer Tochter den hart erkämpften Lebenstraum wegnehmen. Zum wohl allerersten Mal stellte sich Silvia gegen ihre Eltern und an meine Seite. 1988 wurde ich Eigentümer der *Le Val d'Or GmbH.* Auch Silvias Eltern gewöhnten sich rasch an die neue Situation. Damit gewannen wir unseren Seeelenfrieden zurück.

Mit diesem Schritt hatte ich auch eine eindeutige, endgültige Entscheidung für Guldental getroffen – hier lagen meine private und meine berufliche Zukunft. Kein

Angebot aus den »Gourmetzentren« Hamburg, Berlin oder München würde mich je wieder von hier weglocken können. Natürlich hatte Silvia Angst, was passieren würde, falls das Restaurant irgendwann nicht mehr funktionieren würde, aber ich konnte sie beruhigen. Ich hatte in ihr einen Partner gefunden, der verstand, was ich wollte – und das galt auch umgekehrt. Auf dieser großen Gemeinsamkeit bauten wir auf und konnten so auch schwierigere Momente durchstehen.

Silvia war die Frau, mit der ich mein Leben teilen wollte. Ich fand es sehr mutig von ihr, dass sie sich für mich entschieden hat. Ich bin ein sehr zielstrebiger Charakter und weiche ungern von meinen Vorstellungen ab. Läuft etwas nicht nach meinem Willen, kann ich leider sehr schnell sehr ungnädig werden. Das erweckt bei anderen oft den Eindruck, ich würde meine Ziele ohne Rücksicht auf Verluste verfolgen, aber dem ist nicht so. Wahr ist, dass ich jahrelang nur für die Arbeit gelebt habe. Wahr ist auch, dass es mir schon immer schwer fiel, meinen Gefühlen Ausdruck zu verleihen. In meiner Familie hatte man mir das leider nicht vorgelebt.

Unsere gemeinsamen Anstrengungen wurden schließlich belohnt, als wir 1987 den zweiten Michelinstern erhielten. Damit hatten wir nicht gerechnet, obwohl der zweite Stern gleich zu Anfang unser erstes gemeinsames Ziel war. Irgendwann hatten wir den Gedanken aufgegeben und beschlossen, für unsere Gäste, und nicht für die Kritiker, zu arbeiten. Als ich die Nachricht vom zweiten Stern erhielt, signierte ich gerade im Kaufhof in Köln mein erstes Buch *Weihnachtsbäckerei*, das ich zusammen mit Thekla Carola Wied verfasst hatte. Neben dem Tisch, an dem ich saß, war der *Guide Michelin* gestapelt. Während des Signierens fragte ich einen Verkäufer beiläufig: »Wieso verkauft ihr noch den alten Guide, wo doch bald der neue erscheint?« – »Das ist der neue und ich habe auch extra die Seite über Sie aufgeschlagen. Sie haben zwei Sterne, wie immer.« – Was heißt wie immer? Das war neu! Silvias und mein Traum war in Erfüllung gegangen.

Meine Hände zitterten so stark, dass ich kein weiteres Autogramm mehr geben konnte. Ich musste Silvia anrufen. Wie in Trance machte ich mich auf die Suche nach einem Telefon. Besetzt. Ich wählte immer wieder, langsam hatte ich keine Geduld mehr. Endlich kam ich durch. »Silvia! Wir haben den zweiten Stern!« Meine Stimme überschlug sich fast.

Was antwortet eine Frau auf solche großartigen Neuigkeiten? »Mein Gott! Wir haben die Hausfassade noch nicht neu verputzt.«

In der Folge sollte sich zeigen, dass es viel schwieriger war, die zwei Sterne zu halten, als sie zu bekommen: Wir steckten unser ganzes Geld in das Haus – irgendwo gab es immer etwas zu renovieren, zu reparieren, zu ersetzen, zu verschönern oder auf den neuesten Stand zu bringen.

Nachdem wir alles geschafft hatten, kam die schönste Herausforderung. Silvia und ich wohnten schon eine Weile zusammen und kamen bestens miteinander aus. Also sagte ich eines Tages zu ihr: »Eigentlich sind wir jetzt lange genug zusammen, um es mit der Ehe zu versuchen.«

Na gut, ich gebe zu, ich bin eher der Pragmatiker als der Romantiker … Darum erntete ich auch nicht die erwartete Zustimmung, sondern einen vernichtenden Blick. Da half alles nichts, ich musste ihr einen »echten« Heiratsantrag machen. »Hier bei uns hält der Bräutigam bei den Eltern um die Hand der Tochter an. So gehört sich das!« Meinte sie das ernst? Egal, ich bat die Eltern Buchholz, an einem der folgenden Abende mit Silvia vorbeikommen zu dürfen. Ich bewaffnete mich mit einem riesigen Blumenstrauß für Silvias Mutter, und wir machten uns auf den Weg. Dann hielt ich ganz förmlich bei den beiden um Silvias Hand an. Meine Schwiegermutter in spe war hellauf begeistert, dass es im Jahre 1990 noch Männer mit so feinen Manieren gab. Silvia lachte nur. Sie hatte mich also doch auf den Arm genommen – aus Rache für meinen nicht gerade formvollendeten Auftritt.

Ich fühlte mich in Guldental sehr wohl, und mit dem 1. Mai 1993 näherte sich mein zehnter Jahrestag im *Le Val d'Or.* Ein Tag wie jeder andere, denn am Tag der Arbeit mussten wir arbeiten. Aber Silvia hatte heimlich eine Überraschungsparty für den 6. Juni organisiert.

Da sie wusste, wie sehr ich Überraschungen und Überraschungspartys hasse, hatte ich sie natürlich ganz und gar nicht im Verdacht, mir so etwas anzutun. Aber ich muss zugeben, dass das Fest nicht nur eine durchweg gelungene, sondern auch eine sehr schöne Überraschung war. Eine größere Freude hätte sie mir nicht machen können.

Silvia hatte Einladungen an die ganze Familie, alle Freunde, Stammgäste und das halbe Dorf geschickt: »Und, bitte, Johann darf nichts erfahren.« Als Antwortadresse gab sie die Anschrift einer Freundin an. Insgesamt hatten sich fünfhundert Leute und siebzig Kinder angesagt. Nun musste Silvia mich für zwei Tage loswerden, in denen die Gäste von auswärts anreisen konnten, ohne dass ich etwas merkte. Geschickt schmiedete sie ein Komplott mit dem Sportjournalisten Dieter Kürten. Der rief mich an und lud mich nach Stuttgart ein – er hatte Karten für ein Fußballbundesligaspiel. Keine Frage, dass ich dabei war – als treu sorgender Ehemann würde ich noch in der Nacht wieder nach Hause kommen. Silvia aber hatte damit gerechnet, dass ich in Stuttgart übernachten würde. Sie erweiterte ihren Verschwörungsplan. Eine Stunde später rief mich Dieter Kürten ein zweites Mal an und meinte: »Du, Johann, am nächsten Abend tritt Frank Sinatra in Stuttgart auf, da konnte ich auch noch zwei Karten ergattern. Und danach gibt's eine tolle Party. Bist du dabei?« Erstaunlicherweise hatte Silvia keine, aber auch gar keine Einwände, ihren Ehemann einige Tage nicht zu Gesicht zu bekommen! Im

Gegenteil, sie redete mir geradezu euphorisch zu, ich solle mir zwei schöne Tage in Stuttgart machen …

Wenn ich bis jetzt noch nicht Lunte gerochen hatte, hätte ich es tun müssen, als ich vor meiner Abfahrt nach Stuttgart kurz in den Weinkeller ging, was ich sonst fast nie mache, denn der Wein ist Silvias Domäne. Und was fand ich da zu meinem grenzenlosen Erstaunen? Steige um Steige voll Erdbeeren. »Ja, seid ihr denn verrückt geworden«, raunzte ich meinen damaligen Sous-Chef Nico Städtler an. »Wo kommen denn die Erdbeeren her? Die werden doch schlecht.« Nico wurde ganz rot und stammelte: »Die waren im Angebot, ich hab gedacht, wir kochen Erdbeermarmelade.« – »Gute Idee«, erwiderte ich. »Alle Mann antreten zum Erdbeerenzupfen!«

Silvia raufte sich insgeheim verzweifelt die Haare, denn sie brauchte die Erdbeeren für das Fest. Sie sprang sofort in den Vorratsraum und versteckte den Gelierzucker. Mein schöner Erdbeermarmeladenplan drohte zu scheitern. Kurz entschlossen schickte ich unseren Nachbarn Alfred los, mir zehn bis zwanzig Kilo Gelierzucker zu besorgen. Was ich nicht wusste: Silvia fing ihn ab und schärfte ihm ein, dass Gelierzucker überall ausverkauft war.

Dann rief sie ihren Bruder Markus im *Kaiserhof* an, den er inzwischen von den Eltern übernommen hatte: Er sollte mich um zehn Steigen Erdbeeren bitten – er hätte vergessen, dass er ein Bankett organisieren müsse.

Gesagt, getan. Markus rief mich an, und ich verkaufte ihm nichtsahnend zehn Steigen Erdbeeren. »Jungs, Erdbeerzupfen ist abgesagt!« Und alle grinsten mich vielsagend an …

Nach meiner Abreise vollbrachte meine Frau mit Nico Städtler eine logistische Meisterleistung. In Windeseile stellten sie in der ganzen Straße Bierbänke, Biertische und Zeltpavillons auf. Jeder Tisch bekam einen Blumenschmuck, außerdem organisierten sie einen Park- und Lotsendienst für die Autofahrer. Die Guldentaler Dachdecker bauten eine Bühne auf – hier sollten Willy Ketzer mit seiner Band spielen und Kinder kleine Stücke aufführen. Es gab Stände mit Bier, Sekt und alkoholfreien Getränken, Büfetttische mit allerlei Speisen und Desserts. Überall im Dorf hingen Bilder vom *Le Val d'Or* und unseren Gästen – Silvia hatte Fotos aus unseren Alben als Plakate vergrößern lassen. Alle Helfer, übrigens alles ehemalige und aktuelle Mitarbeiter, trugen rot-weiße Schärpen, auf denen ihre Namen prangten. So konnte ich keinen falsch anreden. Meine Frau hatte an alles gedacht.

Als ich aus Stuttgart zurückkam, fing mich zu meinem großen Erstaunen ein »Empfangskomitee« ab, das mich durch ein dichtes Spalier von erwartungsfrohen Menschen bis zu unserem Brunnen führte. Was ich nun erlebte, war ein riesiges Straßenfest, das offenbar nur mir zu Ehren gefeiert wurde. Eigentlich wollte ich ein wenig sauer sein, weil Silvia alles ohne mich organisiert hatte, aber angesichts der gelungenen Überraschung und der fröhlichen Stimmung fiel mir das sehr schwer. Also beschloss ich, über meinen Schatten zu springen, und feierte fröhlich mit.

Zu diesem Zeitpunkt hatten wir bereits zahlreiche Stammgäste, und der zweite Stern brachte uns zusätzlich viele neue Gäste. Unsere dreißig Plätze reichten nicht mehr, es war klar, dass wir etwas ändern mussten. Wir überlegten hin und her, erwogen einen Umbau des Restaurants, verwarfen den Gedanken wieder und fanden einfach keine Lösung.

Ein Jahr lang machten wir also einfach weiter wie bisher, als wir von Freunden erfuhren, dass die Stromberger Stromburg zum Verkauf stand.

WIE SCHMECKT DIE WELT?
ENTDECKUNGSREISEN
DURCH DIE KÜCHEN DER WELT

**MEIN TRAUM VON DER GROSSEN WEITEN WELT WAR JA DER EIGENTLICHE AUSLÖSER DAFÜR GEWESEN, DASS ICH KOCH GEWORDEN BIN – ABER ALS KOCH WAR ICH INZWISCHEN SO IM STRESS, DASS ANS REISEN ÜBERHAUPT NICHT MEHR ZU DENKEN WAR. WEITER ALS BIS PARIS WAR ICH NOCH NICHT GEKOMMEN. SILVIA UND ICH WAREN NUN EIN PAAR UND WIE WOHL ALLE VERLIEBTEN WOLLTEN AUCH WIR ENDLICH DIE WELT ENTDECKEN.**

Kenia war unser erstes gemeinsames Reiseziel, mit allem, was dazugehört: Safari, Kilimandscharo, endlose Savanne, durch die wilde Tiere ziehen, fremde Menschen und Kulturen. 1985 flogen wir nach Mombasa. Untergebracht waren wir in einem einfachen, aber sehr schönen kleinen Hotel in Mombasa. Hier gab es einen afrikanischen Koch, der genauso gut englisch sprach wie ich – also eher weniger gut. Wir freundeten uns sofort an. Genussmenschen sprechen überall auf der Welt die gleiche Sprache.

Nur die afrikanische Küche war leider nicht nach meinem Geschmack. Neue Anregungen für eigene Rezepte fand ich nicht … »Probier' wenigstens«, sagte Silvia, wenn ich wieder einmal eine einheimische Speise ablehnte. »Das Zeug kriege ich nicht runter«, erwiderte ich. »Ich möchte gar nicht wissen, wie das schmeckt. Wenn ich nicht sehen kann, was da drin ist, dann kriege ich das nicht runter. Und du isst das bitte auch nicht.« – »So eine konservative Einstellung, und du willst Koch sein.« Meine Frau schüttelte zu Recht den Kopf.

Was mich dagegen sehr beeindruckte, war eine Safari, die uns durch die Masai Mara führte. Die grandiose Landschaft, die wilden Tiere, an die man ganz nah herankam (manchmal näher, als mir lieb war, wie ich bei einer morgendlichen Begegnung mit einem Flusspferd feststellte) – das alles wird mir immer in Erinnerung bleiben.

Kulinarische Ideen konnte ich dann auf unserer nächsten Reise sammeln, die uns nach Mexiko führte. Silvias Onkel Ferdi Finken, der lange Jahre eine deutsche Firma in Mexico City geleitet hatte, hatte uns eine Reise organisiert. Diesmal wollten wir die kulinarische Szene des Landes erkunden und Anregungen für die Küche im *Le Val d'Or* sammeln.

Schon vor unserer Reise nach Mexiko baten wir ihn, uns alle einheimischen Lokale mit traditioneller Küche zu empfehlen, die er kannte. Daraufhin erreichte uns ein bis ins kleinste Detail ausgearbeiteter Reiseplan. Silvias Onkel, der als Manager mindestens die halbe Welt gesehen hatte, fünf Sprachen fließend beherrschte und uns Dank seines polyglotten Wissens auch auf unsere erste Asienreise vorbereiten sollte, war hierbei genauso akribisch und umsichtig wie als unser Berater in rechtlichen und finanziellen Dingen.

Im Mittelpunkt unserer Reise standen also dank seiner Unterstützung nicht nur die Aztekentempel und Pyramiden von Teotihuacán oder das Nationalmuseum für Anthropologie, sondern die mexikanische Gastroszene. Natürlich konnte man auch Schweinshaxe essen und »Fiesta Mexicana« dazu singen, aber diese Lokale, in denen Mexikaner in Lederhosen herumliefen, ließen wir links liegen. Wir erkundeten die Stadt zu Fuß und klapperten die besten Restaurants ab. Fast verwundert stellten wir fest, wie hervorragend die mexikanische Küche ist. Die Zutaten und die Zubereitungsmethoden waren ganz anders als die unseren, aber die Speisen schmeckten erstklassig. Korianderkraut, gefüllte Burritos und die Avocadocreme Guacamole – das waren Zutaten und Gerichte, von denen ich mich inspirieren ließ. Von Mexico City fuhren wir über die Silberstadt Tasco weiter nach Acapulco, wo wir es uns unter Palmen gemütlich machten und Cocktails tranken – einfach herrlich!

Nun hatten mich das Reisefieber und die Lust am Entdecken so richtig gepackt. Da wir das *Le Val d'Or* jeden Januar für drei Wochen schlossen, bot sich dieser Monat natürlich für solche Unternehmungen an. Im Januar 1987 brachen wir zu unserer ersten Asienreise auf, die für meine weitere Entwicklung als Koch entscheidend werden sollte. Ich lernte etwas, wovon ich bisher nicht die geringste Ahnung gehabt hatte, nämlich wie kunstvoll Geschmacksrichtungen in der asiatischen Küche einsetzt werden. Die Kombinationen aus süß und sauer, würzig und scharf (»salzig«) sowie bitter war für mich schlichtweg umwerfend. Ich entdeckte zum Beispiel Zitronengras, Ingwer und erneut Koriander, Zutaten, die ich nach meiner Rückkehr geradezu euphorisch verwendete.

Silvias Onkel hatte uns empfohlen, um fünf Uhr nachmittags auf der Terrasse des *Oriental* in Bangkok den Sonnenuntergang zu genießen. Wir befolgten diesen Rat, setzten uns nahe an den Chao Phraya, den grausilbrigen Fluss der Könige, der sich durch das Licht der untergehenden Sonne rötlich-metallisch färbte, sahen den kleinen Booten zu, die auf dem Wasser trieben, bewunderten glitzernde Hochhäuser und romantische Holzbauten auf Stelzen. Natürlich gönnten wir uns dazu einen Cocktail, aber nur einen, mehr ließ unser knappes Reisebudget nicht zu.

»Ich habe in unserem Reiseführer gelesen, dass es auf der anderen Flussseite ein Lokal gibt, in dem nur thailändische Küche serviert wird«, sagte Silvia in die Abenddämmerung hinein. »Soll auch gar nicht so teuer sein.« Silvia war immer schon ebenso experimentierfreudig wie ich, manchmal auch risikofreudiger als ich. »Ich bin dabei«, antwortete ich. »Gleich neben dem Hotel gibt es eine Fährstation, an der wir übersetzen können.«

Wir machten uns auf den Weg. Es dauerte auch nicht lange, bis wir das *Sala Rim Naam* fanden. Als hätte man uns erwartet, gab es noch zwei freie Plätze auf der Terrasse, die von leuchtend violett blühenden Bougainvilleen umrankt war. Wir erklärten der überaus herzlichen, gastfreundlichen jungen Dame, dass wir uns am liebsten überraschen lassen wollten. Gespannt warteten wir also auf das, was kommen würde – alles sah unglaublich verführerisch aus. Im Unterschied zur europäischen Küche kennt die Thaiküche keine feste Menüfolge. Die Speisen werden in kleinen Portionen serviert, wobei eine Suppe sowohl Auftakt als auch Beilage oder Abschluss einer Mahlzeit sein kann.

Nach und nach wurden nun die köstlichsten Speisen aufgetragen. Unter anderem erinnere ich mich noch an in Bananenblätter gewickeltes gebratenes Schweinefleisch mit Hoi-Sin-Sauce. Bei diesem wunderbaren Anblick dachte ich: »Johann, was bist du fad und langweilig mit deinem Schweinebraten.« Und das betraf nicht nur die geschmackliche, sondern auch die optische Gestaltung des Gerichts. Ich war regelrecht aus dem Häuschen, sprang auf und rief: »Wieso glauben wir Europäer eigentlich, nur wir hätten das gute Essen erfunden?!«

Silvia bat mich inständig, wieder Platz zu nehmen, und schon kam das nächste Wunder: in grünem Curry marinierte Shrimps, danach gab es kleine Fleischbällchen. Zum Abschluss servierte man uns Kokoseis in einer Kokosnussschale – was für eine gute Idee, das Eis zu präsentieren, zugleich nahe liegend und überraschend.

Dieses Erlebnis führte mir die Philosophie der Thaiküche vor Augen: Die einzelnen Speisen eines Menüs werden – perfekt gewürzt und filigran angerichtet – wie eine Menge kleiner Mosaiksteinchen zu einem geschmacklichen und optischen Gesamtkunstwerk zusammengesetzt.

Diese Idee wollte ich mir zu eigen machen! Also buchten wir einen Kochkurs beim *Oriental*-Küchenchef Norbert Kostner aus Südtirol in seiner Thai-Cooking-School in Bangkok. Mit seiner Hilfe bildete ich mich geschmacklich weiter, dort lernte ich die unverfälschte thailändische Küche und ihre Philosophie. Ich erfuhr, welche Gewürze mit welchen Speisen am besten harmonieren. Zudem wurde die Bedeutung kleiner Portionen betont – ich denke, unser Fingerfoodtrend ist auch aus dieser asiatischen Tradition heraus entstanden.

Aber die Globalisierung macht selbst vor der Thaiküche nicht Halt: Voller Stolz zeigte mir Jürgen Voss, ein aus Deutschland ausgewanderter Hoteldirektor, in dessen Hotel wir immer wohnten und der uns ein echter Freund geworden war, im Jahr 2001 auf einer Rundreise durch Thailand ein Gewächshaus, in dem Paprikaschoten auf holländischen Nährböden gezüchtet wurden – der landestypische Geschmack der einheimischen Paprika geht so natürlich verloren. Ich finde solche Entwicklungen tragisch, denn jede Küche lebt von ihren Traditionen, von heimischen Produkten und kulturellen Eigenarten. Essen ist viel mehr als bloße Nahrungsaufnahme – Essen ist Kultur, daher verdient jede kulinarische Tradition Respekt!

Einige Hongkonger Lokale habe ich auf meiner Suche nach Neuem mindestens fünfundzwanzig Mal besucht. Wenn ich heute dort auftauche, wissen alle, dass der verrückte Österreicher wieder da ist und Entdeckungen machen will. In Hongkong dominiert die kantonesische Küche, die sehr frisch, aber nicht sehr scharf ist. Besonders empfehlenswert sind die kleinen Straßenrestaurants, die mittags Dim Sum anbieten. Ein Paradies in der früheren britischen Kronkolonie ist für mich Hongkongs Chinatown. Es gibt dort wunderbare Restaurants wie das *Luk Yu Teahouse,* die in einer skurrilen Mischung aus Kolonialstil und Asiakitsch eingerichtet sind. An Kordeln baumeln Blöcke an jedem Tisch, auf denen in chinesischer Schrift das Speisenangebot zu lesen ist. Man kreuzt an, was man will (wenn man Chinesisch kann) oder lässt sich überraschen (so mache ich es).

Als Silvia und ich das erste Mal in einem solchen Lokal saßen, wollten wir gern Rotwein zum Essen trinken und fragten den Kellner auf Englisch: »Do you have red wine?« Er schien nicht zu verstehen, schaute sich Hilfe suchend im Raum um. Alle anderen Gäste tranken entweder Tee oder Hirseschnaps, daher konnten wir nicht zeigen, was wir wollten. Doch plötzlich hatte der Mann einen Geistesblitz, eilte von dannen und kehrte erst zurück, als er uns voller Stolz einen Liter Martini Rosso auf den Tisch stellen konnte. Er hatte ihn im Supermarkt nebenan gekauft, das Preisschild klebte noch an der Flasche. Um unseren eifrigen Kellner nicht zu enttäuschen, tranken wir ein kleines Glas … Das blieb unser letzter

Versuch, Wein zu bestellen, auch wir tranken künftig in den Restaurants der Einheimischen nur noch grünen Tee oder Bier zum Essen.

Während wir Reis und ein delikates Fischgericht aßen, bemerkten wir, dass überall auf dem Boden seltsame blecherne Töpfe standen – fast sahen sie aus wie Nachttöpfe. Welchem Zweck dienten die wohl? Ich sollte es gleich erfahren: Die Gäste spuckten hinein ... »Konzentrier dich aufs Essen«, sagte Silvia, die sehr wohl bemerkte, dass meine Gesichtsfarbe ins Blässliche wechselte. Dass das Rülpsen und Spucken in China zum guten Ton gehört, habe ich hier in aller Deutlichkeit erfahren.

Andere Länder, Sitten, Kulturen und Kochtraditionen kennenzulernen, ist für mich trotz gelegentlich befremdlicher Erlebnisse von unschätzbarem Wert. Wie kann ich authentische asiatische Einflüsse in meine Küche integrieren, wenn ich diese nicht selbst erlebe? Wer sein Wissen nur aus Büchern gewinnt, kann keine lebendige Küche kreieren.

Die Eindrücke, die ich in Asien und vor allem in Thailand und Malaysia gesammelt hatte, eröffneten mir völlig neue Horizonte. Warum, so fragte ich mich, gilt die französische Küche als die beste der Welt? Die Thaiküche ist doch mindestens genauso gut! Selbst in den Metropolen Asiens gilt die französische Kochkunst, die in Zeiten der Kolonialherrschaft eingeführt wurde, als die beste Küche, als das Maß aller Dinge. Welch eine Fehleinschätzung, welch eine europäische Anmaßung, den Asiaten diese Meinung aufzuzwingen!

Was mich an der asiatischen Küche bis heute fasziniert, ist die Tatsache, dass alle Lebensmittel auf den Märkten ganz frisch angeboten werden. Die Kantonesen gehen oft dreimal täglich zum Einkaufen, um das frischeste Gemüse, den frischesten Fisch zu bekommen. Sie prüfen die Qualität ganz genau, bevor sie etwas kaufen. In meiner gesamten Kochlaufbahn ist mir niemand begegnet, der größeren Wert auf Frische der Waren legt als die Chinesen. Wer abends Huhn kochen möchte, sucht sich auf dem Markt ein lebendes Federvieh aus und sieht zu, wie es geschlachtet und vorbereitet wird. Natürlich haben wir Europäer angesichts solcher Methoden Bedenken – natürlich ist es unhygienisch und ethisch bedenklich, die Tiere auf dem Markt zu schlachten. Aber tatsächlich bietet kaum ein anderes Verfahren frischeres Geflügel. Wer sich so ernährt, hat keine Probleme mit Übergewicht, Nahrungsmittelunverträglichkeiten oder Allergien – denn diese Speisen enthalten keine Konservierungsstoffe, keine künstlichen Farbstoffe und keine Geschmacksverstärker.

Meine intensive Beschäftigung mit der asiatischen Küche hat mich auch von einigen Vorurteilen befreit, zum Beispiel, dass jedes Gericht mit scharfer roter Chilisauce gewürzt wird. Stattdessen habe ich gelernt, dass es sich um eine natürliche, sehr raffinierte Küche handelt.

Solche vorgefassten Meinungen gibt es viele – so meinen die meisten Deutschen ja auch, die Chinesen äßen alles was Beine hat, »außer Tische und Stühle«. Wenn man aber die geografischen und klimatischen Besonderheiten kennt, dann weiß man, wie diese die Essgewohnheiten beeinflussen: Im Norden Chinas wächst fast nur Getreide, im Süden gibt es dagegen drei Ernten aller Art im Jahr. Damit ist klar, dass die Szechuan-Küche sich fundamental von der in Shanghai unterscheiden muss. Beide Küchen sind sehr fein. Leider musste ich in China ähnliche Erfahrungen machen wie in Thailand: Es kam vor, dass ich durch Gegenden fuhr, in denen ein Fischbecken nach dem anderen angelegt war, so weit das Auge reichte. Ein so gezüchteter Fisch bietet dem, der ihn später verspeist, natürlich kein kulinarisches Schlüsselerlebnis – hier steht billige Massenproduktion im Vordergrund. Dennoch ist die traditionelle Küche noch sehr in den Familien verwurzelt.

Als 1995 unsere Tochter Jenny zur Welt kam, hatten Silvia und ich Bedenken, unsere regelmäßigen Reisen nach Asien fortzuführen, weil wir befürchteten, dass das feuchtheiße Klima die Kleine krank machen könnte. Also flogen wir nach Palm Beach, Florida. Leider war die Reise eine einzige Enttäuschung. Palm Beach erschien uns furchtbar verbaut mit seinen endlosen Reihen von Flachdachbungalows, Supermärkten und Shoppingcentern. Der Strand war kein Badestrand, schon gar nicht für eine Familie mit einem kleinen Kind. Jenny wurde zwar nicht krank, dafür aber ihre Eltern: Silvia kämpfte mit einer Magen-Darm-Infektion, ich mit einer Stirnhöhlenvereiterung. Das Hotel durfte uns keinen Arzt empfehlen, stattdessen sollten wir eine Walk-in-Klinik aufsuchen …

Um einige Erfahrungen reicher, fuhren wir 1996 wieder nach Thailand. Jenny bekam zwar Fieber, aber das Hotel verfügte über einen eigenen Arzt. Er verabreichte der Kleinen ein Naturheilmittel, und am nächsten Tag war sie wieder putzmunter.

Während einer meiner vielen Asienreisen kam ich eines Abends ins Hotel zurück und erhielt die Nachricht, dass meine Mutter um Rückruf gebeten hatte. Ich geriet in höchste Sorge – das hatte meine Mutter in all den Jahren noch nie gemacht. Ohne auf den Zeitunterschied zu achten, rief ich sofort zurück.Ihre Nachricht traf mich ins Mark: »Deine Schwester Irmgard hat versucht, sich das Leben zu nehmen. Sie liegt im Krankenhaus. Es geht ihr zum Glück den Umständen entsprechend gut.«

Ich hatte gewusst, dass meine ältere Schwester seit Jahren an Depressionen litt. Darin vermutete ich die Ursache für ihren Selbstmordversuch. Dennoch fiel es mir schwer, es zu verstehen. Ich hatte in ihrem Verhalten nie Hinweise erkennen können, die auf eine solche Verzweiflung hingedeutet hätten. Ihre persönliche, familiäre, finanzielle und soziale Situation war in Ordnung, auf keinen Fall ausweglos schlecht. Ich konnte nicht verstehen, was sie so weit getrieben hatte.

Es folgten schwere Wochen und Monaten, in denen ich zwischen beruflichen und familiären Verpflichtungen einen Spagat machen musste, der mich an die Grenzen meiner Belastbarkeit brachte: Einerseits musste ich im Restaurant, im Fernsehen und bei Veranstaltungen gewohnt locker und gut gelaunt auftreten, andererseits musste ich für meine Eltern und meine Schwester eine Stütze sein. Das zehrte sehr an meinen Nerven und Kräften. Auch wusste ich nicht, wie ich mit der Situation umgehen sollte – ich stand als Fernsehkoch im Rampenlicht der Öffentlichkeit und unter Beobachtung der Medien. Sollte ich öffentlich darüber reden, dass meine Schwester versucht hatte, sich umzubringen? Oder sollte ich schweigen? Mir war klar, dass sich ein solcher Vorfall nicht verheimlichen ließ. Irgendjemand würde es herausfinden und die Geschichte an die Öffentlichkeit zerren. Auch war ich überzeugt, dass es mir helfen würde, wenn ich begann, über das Geschehene zu reden.

Auch wenn ich bis heute nicht verstehe, warum meine Schwester Irmgard nicht mehr weiterleben wollte, so habe ich doch eines gelernt: Die Wege des Schicksals sind tatsächlich unergründlich, und niemand ist vor seinen Schlägen sicher. Vielleicht ist das der Grund, warum ich privat wie in der Öffentlichkeit Wert auf gute Stimmung und Harmonie lege.

# DAS BURGFRÄULEIN – AUS DEM GOLDENEN TAL AUF DIE STROMBURG

**»WIR SCHAUEN UNS DIE STROMBURG EINFACH MAL AN«, BESCHLOSS SILVIA. SEIT ELF JAHREN ARBEITETEN WIR ZUSAMMEN, SEIT KNAPP VIER JAHREN WAREN WIR VERHEIRATET. WAR ES AN DER ZEIT, ETWAS NEUES ZU WAGEN? WARUM NICHT MIT DER STROMBURG?**

Die im Jahr 1056 erstmals urkundlich erwähnte Burg, eine alte Stauferburg, liegt neun Kilometer von Guldental entfernt. Es war die Burg des legendären »Deutschen Michel«, der als Hans Elias Michael von Obentraut am 2. Oktober 1574 in Guldental zur Welt kam. Er war ein tapferer Reiterführer im 30-jährigen Krieg – und hat mit dem Schlafmützenmichel nichts gemein. Natürlich interessierte uns diese geschichtsträchtige Stätte ungemein.

Über eine kleine Brücke gelangten wir in das Innere der Festung, von dort hatten wir einen atemberaubenden Blick auf die Berge und Täler des Hunsrücks, auf den Soonwald, in unmittelbarer Nähe der Nahe – wir waren begeistert. »Wir besprechen das alles mal mit dem Bürgermeister«, bemerkte Silvia, die ebenso hingerissen war wie ich.

Achim Schöffel, der Bürgermeister der Stadt Stromberg, empfing uns in einem schönen Fachwerkhaus. Er war sofort Feuer und Flamme für unsere Idee, auf der Stromburg unser Zwei-Sterne-Restaurant und ein Hotel zu eröffnen. Er riet uns, mit einem Architekten ein Konzept zu entwickeln, das man dann dem Stadtrat vorstellen könnte. »Komm, lass uns einen guten Architekten finden«, schlug Silvia vor, als wir uns das Burggelände ein zweites Mal anschauten.

»Ich weiß nicht, ob wir das wirklich machen sollen. Das ist ein so kostspieliges Projekt. Uns geht es doch unten in Guldental gut, warum sollten wir was ändern«, erwiderte ich. Wieder einmal war ich von Zweifeln geplagt. Sonst bin ich kein unentschlossener Typ, aber sobald die Stichworte »umfangreiche Investition«, »Bank« und »Kredit« fallen, bekomme ich weiche Knie. Silvia antwortete ungerührt: »Alleine kann ich das nicht entscheiden. Wenn du nicht willst, dann fahren wir jetzt zurück, rufen den Bürgermeister an und sagen ihm, dass wir es uns anders überlegt hätten.« Sie hatte mich in die Zwickmühle getrieben: Ich wollte nicht als »Spielverderber« und Verhinderer dastehen, also stimmte ich, wenn auch widerwillig, zu. Mir war bereits zu diesem Zeitpunkt klar, dass wir in Zukunft nicht mehr fünf Wochen im Jahr haben würden, in denen das Restaurant geschlossen war. Den freien Montag konnten wir ebenso abhaken – ein einem Hotel angeschlossenes Restaurant muss täglich geöffnet sein. Das waren Aussichten, für die ich mich nicht unbedingt begeistern konnte. Beim Projekt Stromburg war Silvia ganz klar die treibende Kraft – sie war geradezu vernarrt in die Burg. So kam es, wie es kommen musste: Wir erhielten den Zuschlag für die Stromburg.

Unser Leben würde sich von Grund auf verändern. Wie sehr, das merkten wir einen Monat später, denn es heißt zwar, Arbeit sei das halbe Leben, aber zum Glück ist Arbeit wirklich nur das halbe Leben: Silvia war schwanger. Damit hatten wir nicht gerechnet – Silvia war sechsunddreißig Jahre alt, und das Thema Kinder hatten wir praktisch abgehakt. Wir waren überglücklich, und die Vorfreude auf unsere Tochter Jenny half uns durch die nächsten Monate, in denen uns die Stromburg beinahe erdrückte.

Statt Schwangerschaftsratgeber zu wälzen und Strampelanzüge auszusuchen, waren wir nun damit beschäftigt, wenig romantische Rentabilitätsrechnungen und emotionslose Kostenanalysen zu erstellen – doch das alles war Makulatur: Es stellte sich nämlich heraus, dass die Burg komplett marode war – die Zusicherung, dass der Bau in den vergangenen zwölf Jahren kernsaniert worden war, entpuppte sich für unser Vorhaben als wertlos.

In der Folge explodierten die Kosten, bei den sanitären Anlagen beispielsweise verdoppelten sie sich sogar. Schließlich waren wir pleite, bekamen kein Geld mehr von der Bank und brauchten eine Landesbürgschaft, um überhaupt weitermachen zu können.

Wir waren am Boden zerstört, und wir mussten schlagartig um unsere Existenz, die wir uns über die Jahre so mühevoll aufgebaut hatten, fürchten. »Eines haben wir noch, worauf wir uns freuen können: unser Kind.« Damit konnte Silvia mich nicht aufmuntern – ganz im Gegenteil. Der Gedanke, dass ich bald für eine größere Familie sorgen musste, machte mir noch mehr zu schaffen. In dieser Situation unterstützte uns Rainer Brüderle, damals Wirtschaftsminister von Rheinland-Pfalz, bei der Anfrage für eine Bürgschaft bei der ISB.

Während wir die Stromburg umbauten, blieb das *Le Val d'Or* die ganze Zeit geöffnet – wir hätten sonst überhaupt keine Einnahmen mehr gehabt. Ende November 1994 zogen wir innerhalb von drei Tagen um, am 1. Dezember war bereits eine Cowboy- und Countryparty von Nestlé gebucht worden.

Silvia war inzwischen hochschwanger, half aber unermüdlich mit. Jeder mahnte sie, sich zu schonen, aber sie winkte nur ab. Ein Kind zu erwarten, sei schließlich keine Krankheit und so spare sie sich wenigstens die Schwangerschaftsgymnastik. Die nahende Niederkunft unserer kleinen Tochter machte mich andererseits noch verletzlicher, sorgenvoller.

Der Umzug war ein einziges Chaos, aber wir bewältigten auch das noch. Geschenkt gab es nichts: Von zwölf Hotelzimmern waren erst drei fertig. Obwohl das Haus für Silvester schon gut ausgebucht war, hatten wir jetzt nicht einmal genügend Zimmer für die Gäste. Die Möbel für die ebenfalls noch nicht fertige Turmstube waren bereits geliefert worden, sodass wir sie in die Halle stellen mussten. Der Keller war noch nicht gemauert. Improvisationstalent war gefragt. Nur weil alle an einem Strang zogen, weil Franz und Bernhard extra kamen und weil die ganze Familie und die Hälfte der Bewohner von Guldental mithalfen, gelang es uns, alles zu schaffen.

Die ersten Gäste der Veranstaltung erschienen um sechs Uhr abends, eine Stunde vorher hatten wir noch die Schubkarren und den Sand weggeräumt, den Brunnen sauber gemacht, die Böden blank gewischt, Berge von Sägespänen aufgesaugt. Das alles war ein unglaublicher Stress, aber auch ein wundervolles Gemeinschaftserlebnis.

Während ich noch grübelte und haderte, ob wir mit der Stromburg die richtige Entscheidung getroffen hatten, kamen die ersten Gruppen von fröhlichen Menschen in Cowboystiefeln und Fransenjacken an. Countrymusic dröhnte aus den Lautsprechern, der Rosensaal wartete mit einer Dekoration aus Colts und Whiskyflaschen auf. Die Firma Nestlé hatte rustikale Holzbänke zur Verfügung gestellt und Saloontüren, die wir an den Eingängen aufstellten.

Als ich nachts, nachdem unsere erste Stromburg-Veranstaltung glücklich über die noch mehr als wacklige Bühne gegangen war, endlich ins Bett fiel, bereute ich unsere Stromburg-Entscheidung bitter. Wären wir doch nur in Guldental geblieben … Ja, vielleicht zum ersten

Mal in meinem Leben hatte ich existenzielle Sorgen und war vor Angst beinahe gelähmt. Und da war auch wieder mein Herzrasen, dieses Loch, in das ich manchmal fiel, wenn ich befürchtete, eine Situation nicht zum besseren wenden zu können. Wie so oft, wenn ich niedergeschlagen und ohne Hoffnung war, gab mir Silvia und unsere Liebe zueinander wieder Kraft, weiterzumachen. Wir würden nicht aufgeben, das kam einfach gar nicht in Frage.

Zum Jahreswechsel war unsere »Burgbaustelle« zwar immer noch nicht fertig, aber wir feierten gemeinsam mit unseren Gästen eine wunderschöne Silvesterparty und gingen voller Tatendrang ins neue Jahr.

Im Januar war es soweit: Jenny machte sich auf den Weg in die Welt. Silvia und ich saßen an diesem Sonntag gerade am Frühstückstisch und besprachen unsere Tagesplanung. Plötzlich war ihr komisch zumute. Sie wollte ins Krankenhaus fahren, während ich mich um das Restaurant kümmern sollte. Natürlich war ich nicht einverstanden und wollte sie fahren. Da aber kurz darauf die Fruchtblase platzte, riefen wir einen Krankenwagen. Der Rhein führte Hochwasser, und meine pragmatische Silvia hatte sich nach der besten Route erkundigt, konnte nur den Fahrer des Rettungswagens nicht so recht überzeugen. Erst als er vor einer Straßensperre zum Stehen kam und sie als kleine Retourkutsche heftige Wehen vortäuschte, gab er Vollgas und nahm den Weg, den Silvia ihm anfangs empfohlen hatte. Als

Silvia in den Kreißsaal kam, wollte ich zusammen mit ihr hinein, aber sie sah wohl mein kreideweißes Gesicht und wiegelte ab: »Es gibt Dinge, da geht man besser allein durch.«

Ich wartete. Und darin bin ich schlecht. Ich wurde erst unruhig, dann panisch. Geht es gut? Was geht da drin vor? Wie geht es meiner Frau? Wie lange noch? Wie klug meine Frau ist und wie gut sie mich kennt, sieht man daran, dass sie mich nicht bei der Geburt dabeihaben wollte – ich wäre ihr ein lausiger Beistand gewesen. Endlich hörte ich den ersten Schrei unserer Tochter – sie war da! Bald durfte ich zu ihr und bewunderte ihre wunderbaren kleinen Füße und Hände. Jenny war gesund, Silvia lächelte glücklich, ich war froh, dass es geschafft war – und fix und fertig.

Nun waren Silvia und ich nicht nur die Gastgeber auf der Burg sondern glückliche Eltern unseres Burgfräuleins Jenny. Rückblickend betrachtet scheint es mir fast, als hätte das strahlende Lächeln unserer Kleinen auch die Wolken über unserer Stromburg vertrieben. Denn unsere konservative Rentabilitätsrechnung hatte die Einnahmen der Stromburg ursprünglich nur relativ gering angesetzt, sie lagen tatsächlich schon bald deutlich darüber. Im Frühjahr 1995 hatten wir eine dreiwöchige Präsentation von Opel, bei der der neue Vectra vorgestellt wurde. Täglich mussten wir rund sechshundert Personen verköstigen. Parallel dazu richteten wir an drei Abenden eine Gala zum zwanzigjährigen Bestehen der Zeitschrift *Der Feinschmecker* aus. Dazu kamen jeweils zweihundertfünfzig geladene Ehrengäste. Wenn also um fünf Uhr nachmittags der Opel-Event vorbei war, bauten wir die Technik ab (um sie am nächsten Morgen um halb sechs Uhr wieder zu installieren) und richteten in den Partyzelten alles für die *Feinschmecker*-Fünf-Gänge-Menüs her. Diesmal erlebten wir keine einzige Panne – was ich als gutes Omen wertete: In der Tat ging es ab diesem Zeitpunkt bergauf, sodass wir im Jahr 2001 finanziell durchatmen konnten.

Und was wir geschaffen hatten, konnte sich sehen lassen: Wir hatten den Hotelbetrieb, das alte beziehungsweise neue *Le Val d'Or* – das Herzstück des Hauses –, die Turmstube und den Rosensaal für große Bankette, Empfänge oder Veranstaltungen. Dieser Saal führt hinaus auf den Burghof, in dem wir bei Bedarf Zelte aufstellen. Mit der *Turmstube* verfolgten wir ein anderes Konzept als im Gourmetrestaurant *Le Val d'Or.* Wir deckten die Holztische in der Turmstube nicht ein und servierten rustikale, regionale, aber frische Küche. Hier sollten sich auch Wanderer ausruhen können, die nur ein Gläschen Wein trinken wollten.

Als dann die ersten Gäste kamen, gab es einen Aufschrei: »Was, bei dem Lafer gibt es nicht einmal Tischdecken, wahrscheinlich muss man auch noch die Teller selbst spülen.« Auch die gutbürgerliche Küche wurde misstrauisch beäugt: ein wunderbar deftiger Sauerbraten, schön saftig, in einer dunklen Soße? Warum wird hier so einfach gekocht? Da können die ja gleich Bratwurst servieren, bemängelten die Gegner unseres Konzepts.

So sahen wir uns gezwungen, die *Turmstube* aufwendiger zu gestalten, was in letzter Konsequenz dazu führte, dass die Unterschiede zwischen *Le Val d'Or* und *Turmstube* verschwammen. Manche *Turmstuben*-Gäste erwarteten Haute Cuisine zum Discount-Preis.

Im November 1998 verloren wir unseren zweiten Michelin-Stern. Das war natürlich hart, sehr hart. Wir hatten so schwer gearbeitet: Von einem Dreißigplatzrestaurant hatten wir zu einem Betrieb mit einem Vierzigplatzrestaurant, einer Fünfzigplatz-*Turmstube* und einem Hundertplatzsaal aufgestockt. Das war eine riesige Herausforderung, und natürlich hatten wir diese Aufgabe auch unterschätzt. Wir mussten schmerzlich lernen, dass man den Erfolg nicht eins zu eins von einem Standort auf den anderen übertragen kann. Mit der Stromburg hatten wir plötzlich eine wesentlich größere Verantwortung zu tragen – nicht nur für uns, sondern auch für viel mehr Personal. Ich musste lernen, dass größer nicht gleichbedeutend ist mit besser. Wenn man sich derart vergrößert, gibt es natürlich Anfangsschwierigkeiten und es braucht eine gewisse Zeit, bis sich alles wieder eingespielt hat.

Unser Unternehmen musste finanziell rentabel sein. Wenn ich als Koch vierundvierzig Kilogramm Langusten einkaufe, dann muss ich vorher wissen, dass ich nicht darauf sitzen bleibe, sondern dass ich sie alle an den Mann bekomme. Jeder, der sich in der Gastronomie auskennt, weiß um die hohen laufenden Kosten: Wareneinstand, Betriebskosten, Löhne. Es ist wirklich mehr als schwierig, in einem Spitzenrestaurant kostendeckend oder gar rentabel zu wirtschaften.

Um uns ein zweites finanzielles Standbein zu schaffen, nahm ich immer öfter Kochaufträge für Feste und Veranstaltungen an, die nicht auf der Stromburg stattfanden. Eine Begebenheit war besonders skurril. Eine Frau aus einer sehr wohlhabenden und prominenten Familie bat mich, ein privates Essen für ihren Mann auszurichten, er hätte eine besondere Auszeichnung erhalten, die es zu feiern galt.

Also machte ich mich mit einem Mitarbeiter zu einer ersten Begehung der Villa auf. Die Dame des Hauses empfing uns mit der Warnung, ja nicht ihre Teppiche zu verschmutzen. Nachdem wir uns ordentlich die Füße abgetreten hatten (es war Sommer, und die Sonne schien von einem wolkenlosen Himmel auf uns herunter), führte uns die Dame in die Küche. Alle Achtung, dachte ich. Selten hatte ich eine so perfekt ausgestattete, elegante und moderne Küche in einem privaten Haushalt gesehen. Bevor ich meiner Bewunderung Ausdruck verleihen konnte, diktierte die Auftraggeberin ihre Forderungen. »In meiner Küche wird nicht gekocht«, sagte sie bestimmt. »Warum wird hier nicht gekocht?«, fragte ich. »Sie haben doch eine tolle Küche.« – »Nein, in meiner Küche wird nicht gekocht«, wiederholte sie. »Aber wo soll ich dann kochen?« –»In der Garage. Ich zeige sie Ihnen.«

Wie zu erwarten war, standen in der Garage zwei Autos der Luxusklasse, aber kein Herd und kein Backofen. Das bedeutete, dass wir alle Gerätschaften selbst mitbringen mussten. Immerhin sollten wir vierzig Leute bekochen.

Am Tag des Festes rückten wir nachmittags, komplett ausgestattet, an, die Garage war ausgeräumt und sauber gefegt. Nachdem wir unsere mobile Küche installiert und alle Geräte mit Verlängerungskabeln an der einen Steckdose der Garage angeschlossen hatten, gab es einen gewaltigen Knall: Sämtliche Sicherungen des Hauses waren durchgeknallt, nichts ging mehr. Die Herrschaften riefen nach dem Hausmeister, weil der aber an diesem Sonntag mit seinen Kindern beim Baden war, dauerte es eine Weile, bis er eintraf. Leider mühte er sich vergeblich, unsere Mobilküche auf Leistung zu bringen. Nur eine Herdplatte durfte laufen, jedes weitere Gerät ließ den Strom in der Villa ausfallen.

Die Dame des Hauses brachte angesichts dieses umfassenden Versorgungsausfalls noch immer kein Wort über die Lippen, mit dem sie uns erlaubt hätte, ihre Küche doch noch zu benutzen.

So blieb mir nichts anderes übrig, als in der Garage vierzig Portionen Steinbutt in vierzig Schritten zu braten.

Die Tatsache, dass nebenan eine perfekte Küche nur auf ihre Einweihung wartete, ließ meinen Zorn nicht gerade abkühlen. Nichts gegen Improvisieren (das kann ich nun wirklich), aber das ging zu weit.

Im Nachhinein muss ich sagen, dass es genau richtig war, das repräsentative Ambiente der Stromburg für größere Veranstaltungen zu nutzen. Als wir noch unten in Guldental waren, erreichte uns einmal die Nachricht, dass uns Erich Honecker, der Staatsratsvorsitzende der DDR, besuchen wolle. Daraus wurde aber nichts, weil das *Le Val d'Or* direkt an der Straße lag und darum die Sicherheitskriterien nicht erfüllt werden konnten. Ich weiß nicht, was wir Herrn Honecker serviert hätten, – aber das Problem stellte sich ja nicht mehr. Auf der Stromburg gibt es keinerlei Bedenken hinsichtlich der Sicherheit, sodass wir in den vergangenen Jahren viele Staatsgäste begrüßen konnten.

Das steigerte ebenso unsere Bekanntheit wie die Mundpropaganda, die verbreitete, wie gut man es sich bei uns gehen lassen konnte. Auch wurde ich als Fernsehkoch immer beliebter, was der Stromburg ebenfalls Aufwind gab. Plötzlich hatte ich Sphären erreicht, von denen ich als Kochlehrling nicht einmal zu träumen gewagt hatte.

Zum Beispiel engagierte mich Klaus Kinkel in seiner Zeit als Außenminister und stellvertretender Bundeskanzler unter Helmut Kohl immer wieder für zahlreiche Veranstaltungen. So organisierte ich im September 1996 das Festbankett der UNO-Vollversammlung in New York. Auch mit Kurt Beck, dem Ministerpräsidenten von Rheinland-Pfalz und heutigen Bundesvorsitzenden der SPD, war ich viel unterwegs. Ich habe für Udo Jürgens, José Carreras, Javier Solana, den Generalsekretär des Rates der Europäischen Union, Boris Becker, Michael Schuhmacher, James Last, Armin Müller-Stahl, George W. Bush, Königin Silvia von Schweden, Thomas Gottschalk, Günther Jauch, Bundespräsident a. D. Richard von Weizsäcker, Helmut und Hannelore Kohl und viele andere gekocht. Natürlich auch für meinen Fernsehpartner Johannes B. Kerner – er feierte seine Hochzeit mit Britta Becker auf der Burg.

# KOCHEN AUF SICHERHEITSSTUFE 1 – POLITIK GEHT DURCH DEN MAGEN

**GROSSVERANSTALTUNGEN – EGAL OB AUF NATIONALEM ODER INTERNATIONALEM PARKETT – SIND EINE GANZ BESONDERE UND SEHR SPANNENDE HERAUSFORDERUNG FÜR JEDEN SPITZENKOCH. SIE SIND BESTENS DAZU GEEIGNET, SICH LORBEEREN ZU VERDIENEN – UND SEINE FÄHIGKEITEN IM KATASTROPHENMANAGEMENT ZU VERFEINERN.**

Dass ich 1996 das Festbankett für die UN-Vollversammlung in New York ausrichtete, war sicher eines meiner aufregendsten Erlebnisse. Ich hatte schon einige Male im Ausland gekocht, aber bis dato noch nie für weit über tausend Menschen – entsprechend nervös war ich also wieder einmal. Eine Luftwaffenmaschine brachte Klaus Kinkel, mein Team und mich von Bonn nach New York. Zwar hatte man uns gesagt, dass wir alles, was wir zum Kochen benötigten, vor Ort besorgen könnten, aber dennoch nahmen wir einiges mit, was es in den USA kaum zu kaufen gibt – zum Beispiel Leberwurst und andere Pfälzer Leckereien. Mein Grundgedanke war, das Menü mit einigen typisch deutschen Spezialitäten zu gestalten. Eigentlich ist es ja verboten, Lebensmittel in die USA einzuführen, aber da wir mit Diplomatengepäck reisten, durften wir die Wurst in verplombten Säcken mitnehmen.

Auf der Fahrt vom Flughafen zum Hotel sah ich, dass Sicherheitsleute sämtliche Kanaldeckel prüften und die

Gegend durchsuchten. Es herrschte die höchste Sicherheitsstufe, denn Bill Clinton sollte vor der UN-Vollversammlung reden. Daher hatte ich kurz darauf auch Gelegenheit, den Koch des US-Präsidenten kennenzulernen: Er holte das Essen für Clinton bei uns in der Küche ab und servierte es persönlich. Während wir die Speisen zubereiteten, blieb Clintons Koch bei uns in der Küche, sah zu, wie wir es machten, und ließ sich Tipps und Tricks verraten.

Vor dem großen Galadiner gab Außenminister Klaus Kinkel noch einen kleinen Empfang für das Bündnis kleiner Inselstaaten, bei dem ich für sechzig Personen kochte, gleichsam eine Generalprobe für den großen Auftritt. Als Hauptgang bereitete ich einen Hunsrück-Hahn in Spätburgunder. Nach dem Essen holte mich Klaus Kinkel auf die Bühne und stellte mich als Koch des Festessens vor. Ich brachte vor Aufregung kein Wort über die Lippen – was vielleicht auch ganz gut war, denn mein Englisch war seit Kenia nicht sehr viel besser geworden. Aber alle Gäste waren begeistert und applaudierten mir freundlich.

Als ich dann am nächsten Morgen vor dem UN-Hauptquartier in Manhattan nach meinem Zugangsausweis suchte, sah ich aus den Augenwinkeln einen Konvoi schwarzer Limousinen vorfahren. Einer der Insassen sprang heraus und lief zielstrebig auf mich zu, gefolgt von einigen Sicherheitsleuten. Mir fuhr der Schreck in die Glieder – was konnten die nur von mir wollen? Ich hatte doch nichts angestellt! Zu meinem Erstaunen sagte der vorderste Mann in einem Englisch, das meinem nicht unähnlich war: »You are the cook from yesterday!« Ich antwortete wie im Englischkurs: »Yes, I am the cook from yesterday.« – »You cooked so very nice and everything was perfect. I want you for my country, for Tansania.« Mir blieb die Spucke weg. Der Herr war kein geringerer als der damalige Staatspräsident von Tansania, Benjamin Mkapa. Und er wollte unbedingt, dass ich diesen Hunsrück-Gockel bei einem Festessen in Tansania koche. Coq au Vin in Tansania? Und was hatte der Präsident Tansanias eigentlich bei einem Treffen kleiner Inselstaaten zu suchen gehabt? Erst später fand ich heraus, dass Klaus Kinkel neben den Staatschefs der AOSIS-Mitglieder noch einige weitere Gäste eingeladen hatte.

Das große UN-Bankett organisierten wir dann mit verschiedenen Büfetts. Auch wenn Büfettverköstigung einfacher ist als ein Menü, bleibt ein Event in dieser Größenordnung ein Seiltanz ohne Netzsicherung. Mein Grundsatz, dass immer alles perfekt sein muss, ist bei einer solchen Veranstaltung natürlich schwer zu erfüllen. Man muss in Kauf nehmen, dass es Zwischenfälle geben kann. Alle meine Mitarbeiter, die amerikanische Crew und der Schweizer Küchenchef arbeiteten aber auf hohem Niveau, präzise und rasend schnell.

Mit Klaus Kinkel und vor allem seinem damaligen Protokollchef Jürgen Werth (der heute Botschafter in

Sri Lanka ist), verband mich ein gemeinsames Erlebnis, das uns zusammengeschweißt hat: Kinkel wollte den russischen Außenminister Jewgeni Primakow auf dem Weingut Toni Jost im Norden von Bacharach treffen. Das Diner für achtzehn Gäste sollte ich zubereiten. Überraschend kündigten sich mehr Gäste an. Nun hatte ich den Salat – im wahrsten Sinne des Wortes. Denn als Vorspeise hatte ich Hummersalat geplant, und zwar 18 Portionen. Nun waren 24 Personen zu verköstigen.

Was tun? Es war Karsamstag. Vielleicht hatte Frau Jost Vorräte für die Osterfeiertage eingekauft? Ich bat sie um Hilfe. »Schauen Sie in den Kühlschrank, Sie können alles nehmen, was Sie dort finden«, antwortete die hilfsbereite Frau Jost. Leider konnte ich nichts finden, womit sich der Hummersalat strecken ließ. Mir blieb nichts anderes übrig, als den Hummer in Miniportionen aufzuteilen.

Der Albtraum ging weiter. Wie besprochen, hatten wir Wodka mitgebracht – und zwar »Wodka Gorbatschow«, erstmalig 1921 in Berlin hergestellt und seit 1960 im Besitz der Firma Henkell & Söhnlein. Kaum entdeckte Primakow den Schriftzug auf dem Etikett, rief er in akzentfreiem Englisch: »I will never drink this vodka. Not even a drain.« (»Auf keinen Fall trinke ich diesen Wodka, keinen einzigen Tropfen!«)

Nun musste ich die umliegenden Weingüter und Kneipen nach Wodka abklappern, da die Läden und Supermärkte längst geschlossen hatten – egal welche Qualität, Hauptsache, der Name stimmte. Ich ahnte schon, dass wir einige Flaschen brauchen würden, so nahmen wir mit, so viel wir tragen konnten.

Gut, dass wir das getan hatten: Die Russen tranken den Wodka wie Wasser. Ich befürchtete schon, dass unser Vorrat nicht reichen würde. Am meisten verkraftete Primakow – jeder andere wäre bei solchen Mengen im Krankenhaus gelandet. Doch der russische Außenminister stand nach dem Essen ohne eine einzige erkennbare Ausfallerscheinung auf und erklärte Klaus Kinkel den Inhalt des Gesprächs mit Präsident Clinton zur NATO-Osterweiterung. Primakows Englisch war noch immer akzentfrei, beneidenswert! Es ist wie beim Kochen – Übung macht den Meister …

Anlässlich eines Mittagessens auf den *Kupferberg*-Terrassen, einem Anwesen der gleichnamigen Sektkellerei, traf ich auf den amtierenden Bundespräsidenten Roman Herzog, den rheinland-pfälzischen Ministerpräsidenten Kurt Beck und Michail Gorbatschow, der zu dieser Zeit nicht mehr in der aktiven Politik war. Zu Ihnen gesellten sich Persönlichkeiten aus Politik und Wirtschaft – insgesamt dreißig Gäste. Nach dem mir vorliegenden Zeitplan sollte Kurt Beck nach der Vorspeise eine Rede halten, die um 13 Uhr beendet wäre. Gleich im Anschluss hatten wir den Hauptgang zu servieren, Steinbutt mit Spargel und Morcheln. Wir hatten geplant, dass 15 Kellner je zwei Teller auftragen, sodass alle

30 Gäste gleichzeitig zu essen beginnen konnten. Um einen reibungslosen Ablauf zu sichern, stellte ich vorab folgende Rechnung auf: Meine Mannschaft braucht fünf Minuten, um 30 Portionen der Hauptspeise auf Tellern anzurichten – also müssen wir fünf Minuten vor eins den Spargel, das frisch gebratene Steinbuttfilet und die Morcheln auflegen. Und um Punkt eins stehen dann die Kellner in Reih und Glied vor dem Raum bereit, in dem die Gäste sitzen.

Alles schien nach Plan zu laufen. Kurt Beck sprach den letzten Satz pünktlichst, der Schlussapplaus brandete auf. Die Kellner standen bereit – mit Tellern, die ich so stark vorgewärmt hatte, dass ich schon fürchtete, die Jungs könnten Brandblasen an den Fingern bekommen. Doch just in dem Moment, als sie in den Raum marschieren wollten, erhob sich Gorbatschow, um ebenfalls eine Rede zu halten, die offensichtlich eine Weile dauern würde – eine ganze Weile. Was nun? »Alles wieder zurück in die Küche«, rief ich den Kellnern zu. Das Küchenteam legte Spargel, Morcheln und Steinbutt zum Warmhalten zurück in die Töpfe und Pfannen, wusch in Windeseile die Teller ab, wärmte diese wieder an.

Ungefähr zwanzig Minuten später beendete Gorbatschow seine Rede. Der Fisch war inzwischen komplett durchgebraten, außerdem hatte ihn die beim ersten Servieren darauf verteilte Morchelsauce ganz grau verfärbt. Das schien aber niemanden zu stören, selbst Gorbatschow sagte: »This was the best fish with asparagus

I ever had.« Und das, obwohl der Spargel wirklich gar keinen Biss mehr hatte …

Nicht nur mit russischen, sondern auch mit US-amerikanischen Politikern hatte ich so meine Erlebnisse. Anfang 2005 sollte ich zusammen mit zwei anderen Köchen, Hans Stefan Steinheuer und Karl-Emil Kuntz, anlässlich einer Stippvisite George W. Bushs in Deutschland ein Mittagessen kochen. Der US-Präsident sollte am 23. Februar für acht Stunden nach Deutschland kommen. Es war sein erster Besuch bei Bundeskanzler Gerhard Schröder nach Beginn des Irakkriegs. Nun galt es, im Mainzer Schloss 150 Personen zu verköstigen, die versammelte Crème de la Crème aus Wirtschaft und Diplomatie. Als Trio hatten wir in den vergangenen Jahren schon häufiger diplomatische Begegnungen bestritten, beispielsweise im Jahr 2000, am Tag der Deutschen Einheit in der Residenz der Deutschen Botschaft in Paris, einem Event für zweitausend Gäste. Somit lag die Herausforderung für uns weniger im Kulinarischen als im Logistischen.

Die Mainzer Innenstadt war komplett abgeriegelt, es sollte eine Großdemonstration gegen Bush geben, daher galt Sicherheitsstufe eins. Schon zwei Tage vor dem Besuch mussten sämtliche Herde, Kühlschränke und Dampfgarer installiert sein, damit der Sicherheitsdienst die Küche durchsuchen und für unbedenklich erklären konnte. Einen solchen Aufwand hatte ich noch nie zuvor erlebt.

Am Morgen vor der Veranstaltung klingelte um halb sieben Uhr mein Handy. Die Security hatte die für das Bankett vorgesehenen Stühle abgelehnt, und Silvia, die bereits vor Ort war, musste – natürlich unbedenklichen – Ersatz organisieren, und zwar innerhalb von dreieinhalb Stunden. Ab zehn Uhr würde das Schloss für jegliche Lieferungen gesperrt sein. Ich sparte mir die Frage, was an den Stühlen so gefährlich war, sprang aus dem Bett und ließ 150 Stühle aus dem Rosensaal nach Mainz schaffen. Welche Überraschungen hatten die Sicherheitsleute wohl noch für uns parat?

Glücklicherweise passierte bis zum Treffen des Kochtrios samt Team am Einsatztag am nächsten Morgen um fünf Uhr früh nichts mehr. Wir erschienen etwas übernächtigt in der Kurmainz-Kaserne, wo Hans Stefan Steinheuer die Lammschultern, die er über Nacht vorgegart hatte, und ich die vorbereitete Eigelb-Sahne-Masse in den Kühl-Lkw von Karl-Emil Kuntz umluden, in dem schon die Vorspeisen warteten. Fröstelnd stapften wir durch die Kälte – es herrschten minus fünf Grad und es schneite.

Bevor Köche, Küchenmitarbeiter, Serviererinnen und eine Guldentaler Mädchentanzgruppe, die meine Frau, die mit der Organisation des Diners beauftragt worden war, engagiert hatte, in den Bus zum Mainzer Schloss steigen durften, mussten wir uns einer gründlichen Leibesvisitation unterziehen. In Anbetracht der Kälte steigerte das unser aller Laune ebenso wenig wie die Tatsache, dass wir uns in einen Minibus zwängen mussten. Die Sicherheitsteams hatten Angst vor Autobomben und wollten die Zahl der Autos gering halten. Spürhunde durchstöberten den Bus – sie hätten vermutlich lieber die Lammschultern verspeist, als Sprengstoff zu suchen …

Dass keine Terroristen unter uns waren, wussten die Polizisten sowieso, denn jeder, der auch nur in die Nähe der Küche wollte, hatte schon Wochen zuvor seinen Personalausweis zur Überprüfung an die Staatskanzlei schicken müssen. Nun wurde noch geprüft, ob tatsächlich nur die zu den Ausweisen gehörenden Personen in die Busse stiegen … Die leicht bekleideten Mädchen der Tanzgruppe schienen langsam blau anzulaufen, Silvia nahm ihr Telefon zur Hand und rief den zuständigen Beamten, den sie tags zuvor kennengelernt hatte, an. Wäre das alles in dem Tempo weitergegangen, hätte das hungrige Magenknurren des US-Präsidenten in wenigen Stunden alle Tischgespräche vermutlich übertönt. Zum Glück war nun alles klar, und los ging die Fahrt – mit Polizeieskorte und Blaulicht. Nach einer filmreifen Fahrt – der Chauffeur kam an vielen Straßensperren nicht vorbei – erreichten wir endlich das Schloss. Nach einer weiteren Wartezeit von einer schlappen halben Stunde – der Passierschein fehlte – durften wir endlich auspacken.

Nun befahl man uns, sämtliche Speisen aus dem Kühlwagen zu holen und für eine Sicherheitskontrolle auf dem Boden auszubreiten. Es ist ja weithin bekannt, dass Sprengstoff gerne in Dessertcremes versteckt wird. Überhaupt schienen Bushs Leibwächter das Biowaffenpotenzial von Eiern nicht zu unterschätzen – ich hatte strikte Order erhalten, nur pasteurisierte – da garantiert salmonellenfreie – Eier zu verwenden. Interessiert beschnüffelten die Hunde unsere Speisen – das Gefährdungspotenzial von Bandwurmeiern und Bakterien auf Hundeschnauzen hielt man bei der Security offensichtlich für deutlich geringer …

Nach bestandenem Check schleppten wir unsere Ladung in die Küche, die im zweiten Stock lag. Dieser Raum war eigentlich die Künstlergarderobe, unsere Küchengeräte hatten wir schon Tage zuvor aufgebaut. In allen anderen Räumen waren die Scharfschützen untergebracht, teilte man uns lapidar mit. Na, wenn das so ist.

Auch am Fenster sollten wir uns besser nicht blicken lassen – selbige Scharfschützen würden uns eventuell für Eindringlinge halten. Um sich die Folgen auszumalen, brauchte man tatsächlich nicht viel Fantasie. Sicher ist es der Traum jedes Kochs – meiner zumindest –, sein Leben bei der Arbeit in der Küche zu beenden. Allerdings hatte ich mir immer vorgestellt, dass das im fortgeschrittenen Alter aufgrund eines Herzversagens passieren würde. Positiv war, dass ich nie zuvor und danach so gut bewacht gekocht habe. Leise vor uns hin schimpfend, machten wir uns ans Kochen – mit

Argusaugen überwacht von einem Securitymann, der nichts Besseres zu tun hatte, als immer den Teller, der für Bush gedacht war, gegen einen anderen austauschen zu lassen. Derweilen sorgten seine Kollegen vor der Tür dafür, dass mit Servietten, Besteck und Gläsern ebenso verfahren wurde. Ganz egal, wenn etwa Gerhard Schröder einem Giftanschlag zum Opfer fiele – Hauptsache, George W. war sicher.

Nach allerlei Irrungen und Wirrungen – Kanzlergattin Doris Schröder-Köpf ließ sich das Lamm ganz durchbraten, US-First-Lady Laura Bush verlangte nach frischem Obstsalat statt der gebrannten Vanillecreme – war das Essen endlich beendet. Jetzt durften wir drei Köche antreten und den Dank von Präsident Bush entgegennehmen.

Natürlich freut sich ein Koch über jedes Lob und jede Anerkennung – wobei es meine Freude durchaus trübt, dass manche Politiker solche »Arbeitsessen« verzehren, ohne sich den Speisen tatsächlich zu widmen, sie zu genießen. Womit ich als Verfechter des Genießens mit allen Sinnen so meine Probleme habe.

Längst weiß ich auch, dass es meine Bestimmung ist, jede in irgendeinem Klamaukfilm schon einmal vorexerzierte Szene, die auch nur im Entferntesten etwas mit Essen, Büfett oder Kochen zu tun hat, auf ihre Realitätstauglichkeit zu überprüfen. Warum überraschen mich dann Situationen wie diese immer wieder: Ich soll eintausend auf den Punkt rosa gebratene Rindersteaks servieren, darf aber endlose Reden der Honoratioren nicht unterbrechen. Ich soll sechshundert Portionen Springbockfilet vorbereiten, und die Gäste halten lange Reden, obwohl die Filets aus dem Ofen müssen. Ich lege vorsichtig dreihundert Pfifferlingsknödel ins kochende Wasser, nur um entsetzt zu beobachten, wie sich jeder einzelne in seine Bestandteile auflöst. Ich lasse beim »Ball des Sports« in der Halle 8 der Frankfurter Messe für 2 800 Gäste das Dessert auftragen, als bei einem der Dessertwagen die Räder blockieren, der Kellner darüberstolpert und sich 180 Cremespeisen auf den Boden ergießen. Ein zu Hilfe eilender Gast rutscht in der klebrigen Masse aus und kann sich erst aufrappeln, als sein Maßanzug ein interessantes neues Muster angenommen hat. Wir bereiten für ein Gartenfest des Bundeskanzlers eine 35 Meter lange Kohlroulade vor, die wir in 35 Meter extra präparierte Dachrinne legen. Natürlich regnet es am Festtag, und die Kohlroulade verwässert zu Kohlsuppe. Die Dachrinne hätten wir zu ganz anderen Zwecken gebrauchen können! Der Begriff Erlebnisgastronomie erfährt hier ganz neue und ungeahnte Dimensionen …

Im Januar 2001 hatten wir Gerhard Schröder zu Gast auf der Stromburg. Nachts um drei Uhr saßen wir noch bei einem guten Glas Rotwein zusammen, der Bundeskanzler rauchte dazu genussvoll eine Zigarre. Am nächsten Morgen wollte er noch mit mir frühstücken, bevor er nach Berlin zurückreiste.

Aber an besagtem Morgen setzten bei Silvia, die mit unserem zweiten Kind hochschwanger war, die Wehen ein. Sofort entspann sich zwischen uns eine Diskussion, ob ich sie umgehend ins Krankenhaus fahren sollte (was ich wollte), oder ob sie alleine voraus fahren würde, während ich noch mit Gerhard Schröder frühstückte (was sie wollte). Starrsinnig beharrte sie darauf, dass es nicht eile und ich in aller Ruhe nachkommen könnte – das Baby würde sich noch viel Zeit nehmen. Klar, dass sich Silvia durchsetzte. Hätte ich doch nicht auf sie gehört. Ich brachte in Windeseile das Frühstück hinter mich, geplagt von Sorgen, was Silvia allein alles zustoßen konnte. Ich schmiss mich ins Auto und raste ihr hinterher, parkte mit quietschenden Reifen vor dem Krankenhaus, stürzte in den ersten Stock, wo ich gleich Silvias Arzt in die Arme lief: »Sie sind seit vielen Jahren der erste Mann, der nicht bei der Geburt seines Kindes dabei war«, und gleichzeitig legte er mir ein Baby in die Arme.

»Das ist Ihr Sohn«, sagte er schmunzelnd. Verständnislos starrte ich ihn an. »Ihre Frau erwartet Sie. Sie ist froh, dass Sie erst jetzt kommen.« Wie benommen taumelte ich mit dem Kleinen in Silvias Zimmer. Sie strahlte mich an: »Na, das habe ich doch gut hingekriegt! So musstest du gar nicht darüber nachdenken, wie du es im Kreißsaal geschafft hättest, ohne umzukippen.« – »Nur eine Gastwirtstochter kann einen solchen Dickschädel haben«, sagte ich, erleichtert darüber, dass alles gut gegangen war – und auch ein kleines bisschen erleichtert darüber, dass Silvias Plan so gut aufgegangen war. Der Kleine in meinen Armen schlief, völlig erschöpft von der Leistung, die er vollbracht hatte, um auf die Welt zu kommen.

Gerührt betrachtete ich seinen hellen Schopf. Er würde Silvias rote Haare bekommen. »Und wie soll er heißen?«, fragte ich Silvia, denn wir hatten uns noch keinen Namen überlegt. »Na, ja, mit einem J wird er wohl beginnen müssen.« So entschieden wir uns für Jonathan.

# ZWISCHEN HIMMEL UN ERD – EIN KOCH GEHT IN DIE LUFT

**HERZLICH WILLKOMMEN ZUM KOCHKURS IN JOHANN LAFERS *TABLE D'OR*« – DIE MAPPEN MIT DEN REZEPTEN FÜR DEN HEUTIGEN TAG SIND AUF DEM LANGEN MARMORTISCH VERTEILT, DEN SUSANNE UND ALEXANDER WEISS EINGEDECKT HABEN. DAZWISCHEN LEUCHTEN BLUMENGESTECKE AUS ORANGEFARBENEN SOMMERDAHLIEN, GELBEN PANTOFFELBLUMEN UND TIEFGRÜNEM EFEU.**

Die Kochschule befindet sich direkt gegenüber unseres Wohnhauses, dort, wo früher das *Le Val d'Or* untergebracht war.

Sechzehn Leute haben sich für diesen Kurs angemeldet. Sie sind keine leidenschaftlichen Hobbyköche, wie meine sonstigen Schüler, sondern eine Gruppe von Reisebürokaufleuten, die den Lehrgang von einer Fluggesellschaft spendiert bekamen. Das könnte Probleme machen, denn jeder von ihnen bringt andere Kenntnisse und Fähigkeiten mit. Von den wahren Hobbyköchen, die schon drei oder vier meiner Kurse besucht haben, kann sogar ich hin und wieder einen Kniff lernen – das ist heute sicher nicht zu erwarten.

Was werden wir also kochen? Mit Trüffelhonig glasierte Wachtelbrüstchen, Schaumsüppchen von Brunnenkresse mit Knoblauchroyale und Ricottazigarre, Püree von weißen Bohnen mit gebratener Dorade und Orangen-

Thymian-Jus, Roulade von Lamm und Kaninchen auf Spargelragout mit Gurken-Joghurt-Schaum und zum Dessert Rhabarber-Mandel-Strudelblüte auf Erdbeercarpaccio und Mandelschaum. Hervorragend. Ich freue mich schon selbst auf das Menü.

Die blauen Schürzen liegen bereit, für jeden Schüler eine. Alle Zutaten sind ebenfalls vorbereitet – viele Produkte aus der Region, frisch bei den heimischen Bauern eingekauft.

Pünktlich um neun betritt die Gruppe die Kochschule, sie haben alle auf der Stromburg übernachtet. »Euch geht's heute gut«, muntere ich die noch leicht verschlafenen Schüler auf. »Ihr werdet so gut kochen und essen, dass ihr mich ab heute Abend ins Nachtgebet einschließt.« Die Stimmung lockert sich gleich ein wenig, alle setzen sich hin. Wir beginnen damit, dass sich jeder Teilnehmer vorstellt. Nach dieser Einführungsrunde sollen die Schüler nacheinander ihre Kochgewohnheiten schildern.

»Ich koche nie«, sagt eine Frau mit langen blonden Haaren. »Ich reiße nur Tüten auf, öffne Dosen oder schiebe Tiefkühlkost in den Ofen. Mich interessiert kochen auch nicht, ich habe für lange Schnippelarien einfach keinen Nerv.« – »Manchmal stelle ich mich am Wochenende an den Herd«, erklärt ein schlanker, hochgewachsener Mann. »Aber schöner ist es, wenn ich mit meiner Freundin essen gehe.«

Ich hatte es geahnt! Susanne, Alex und ich werden viel zu tun haben. Die heutigen Kursteilnehmer sind keine Köche aus Leidenschaft – die werden kaum zupacken, sondern uns Lehrer machen lassen. Die Schürzen sind nun umgebunden, wir gehen in die Küche, die mit sechs Kochstationen aufwartet.

»Ich bin übrigens Vegetarierin«, sagt eine dunkelhaarige Frau. »Fisch esse ich schon, aber keine Wachtel.« Wenn das heute unser größtes Problem ist, bin ich beruhigt.

Jetzt geht es daran, die Gräten aus der Dorade zu ziehen, und meine Schüler beklagen sich, dass das so schwer geht. »Je frischer der Fisch, umso schwerer gehen die Gräten raus. Vertraut mir, das klappt schon.«

Um eins sind sämtliche Vorarbeiten abgeschlossen, der erste Gang kann serviert werden. Wir richten ihn auf weißen Tellern an. Zu jedem Gang serviert Susanne einen anderen Wein. Ich spüre schon jetzt, dies wird in zehn Jahren Kochschule (mit ungefähr dreißig Kursen pro Jahr) der erste Kurs sein, in dem die Schüler sich weder fürs Essen noch fürs Trinken begeistern können. Ich werde leider recht behalten.

Jeder nippt nur am Wein – diese Runde wird es nicht schaffen, den Kochkursrekord zu brechen. Der liegt bei achtunddreißig Flaschen für einen Kurs von sechzehn Leuten. Damals sagte eine Teilnehmerin zu mir: »Jetzt weiß ich, warum ich mich scheiden lassen muss.« Nun gut, heute werde ich wenigstens keine gescheiterten Ehen verantworten müssen …

Der zweite Gang. Ich versuche Begeisterung für frische Kräuter zu wecken: »Die meisten Kräutersuppen sind blass wie die Leichenbittermienen. Wir wollen eine kräftige Suppe!« Meine Schüler schauen mich zweifelnd an. Wer nur Suppe aus der Tüte isst, der hat seine Probleme mit einer frisch zubereiteten – seine Sinne haben sich so an Geschmacksverstärker und künstliche Aromastoffe gewöhnt, dass sie dem natürlichen Geschmack misstrauen. Auch mein Motto: »Wenn man nichts Gutes reintut, kommt auch nichts Gutes raus«, verhallt ungehört im Küchendampf.

Beim dritten Gang – Dorade mit weißem Bohnenpüree – treten die ersten Kochschüler in den Streik, sie beschließen, erst bei der Lamm- und Kaninchenroulade wieder einzusteigen. »Wir sind hier doch nicht bei den Weight Watchers«, sage ich. »Ich habe noch nie erlebt, dass jemand einen Gang überspringen will. Ich sollte das wohl besser ›Kochkurs ohne Kochen‹ oder ›Diät-Kochkurs‹ nennen.« Verhaltenes Gelächter.

»Wahrscheinlich steht morgen in der *Bild* in großen Lettern auf der Titelseite: ›Hungerstreik bei Lafer!‹«, kommentiert einer. Er wirkt vollkommen zufrieden, er hat alles aufgegessen und sich auch noch der Reste auf dem Teller seiner Sitznachbarin angenommen. Mühsam bringen wir den Kurs zu Ende.

Dann bekommt jeder Teilnehmer eine Urkunde und zieht seines Weges. Ich bleibe ratlos zurück. Wie heißt doch dieser Kochkurs? »Forum für Kochkultur und Lebensart.« Eine Verweigerungshaltung, wie ich sie heute erlebt habe, bringt mich an die Grenzen meiner Toleranz.

Nichts wünsche ich mir mehr, als dass Deutschland ein Land der Genießer wird. Aber bis dahin ist noch ein weiter Weg, vielleicht werden wir es auch nie schaffen. Warum verstehen so viele Menschen nicht, dass zwischen billigem und teurem Olivenöl ein Unterschied sein muss? Warum können sie den Geschmack von frischem Thymian nicht von dem des getrockneten unterscheiden? Warum können sie der Kombination von weißen Bohnen mit Salbei nichts abgewinnen? Warum wärmen sie Essen auf, das nach nichts schmeckt und nach noch weniger als nichts aussieht? Schweigend und in Gedanken versunken, räumen wir das Kochstudio auf.

Unsere Sinne für Genuss zu sensibilisieren, war eines meiner Ziele, mit denen ich meine Karriere als Fernsehkoch begann. Allerdings hatte ich damals keine Strategie, keinen Berater, keinen Manager. Alles, was ich geschaffen habe, hat sich aus intuitiven Entscheidungen ergeben. Dieses Gespür hat mir mein ganzes Leben lang geholfen – auch wenn es darum ging, Trends zu erkennen. So kann ich mich genau in die Hausfrau, den Hausmann oder die Hobbyköche hineinversetzen – und erahnen, welche Kochutensilien sie praktisch finden. Meine

Ideeen sind schon zu vielen praktischen Küchengeräten geworden, WMF sei Dank.

Eigentlich bin ich so etwas wie ein kochender Daniel Düsentrieb – ich bin stets auf der Suche nach neuen Ideen, neuen Erfindungen. Ich stehe richtig unter Strom, setze mich unter Druck – und treffe dabei sicher neben vielen richtigen auch die eine oder andere falsche Entscheidung. Dennoch habe ich es sicher meiner Spontaneität und meiner Risikobereitschaft (zu der hat mich manches Mal meine Frau getrieben …) zu verdanken, dass ich so erfolgreich war.

Ich habe 1996 die Kochschule *Table d'Or* eröffnet, weil so viele Menschen den Wunsch an mich herangetragen hatten, einen Kochkurs bei mir zu belegen. Damals lag das Kochen noch gar nicht so im Trend, wie es heute der Fall ist, der Erfolg war also mehr als ungewiss. Inzwischen habe ich bis tatsächlich über 10 000 Anfragen im Jahr, sie alle zu erfüllen, ist unmöglich geworden, da ich auch weiterhin jeden einzelnen Kurs selbst leite.

Als geeigneter Ort für die Kochschule erschien mir das Haus, in dem früher das *Le Val d'Or* untergebracht war – es stand immer noch leer und gehörte uns schon. Zusammen mit einem Architektenteam entwarfen wir eine moderne Kochschule auf höchstem Niveau.

Ich ahnte, dass Kochkurse in naher Zukunft voll im Trend liegen würden. Viele Kochschüler kamen immer wieder zu mir, so gründete ich den *Table d'Or Club*, zusammen gingen wir auf kulinarische Entdeckungsreisen, nach Burgund, in die Toskana oder ins Elsass, durch die Champagne oder nach Portugal.

Auch die Entscheidung für *Heli Gourmet* habe ich intuitiv getroffen. Gaumenfreuden im Hubschrauber? Was hat denn das miteinander zu tun, fragte mich jeder. Auf den ersten Blick nicht viel, aber ich wollte unbedingt meine zwei großen Leidenschaften – das Kochen und das Fliegen – miteinander verbinden. Und außerdem war die Nachfrage, mit Johann Lafer zu fliegen, tatsächlich groß. Also hob ich 2002 mit *Heli Gourmet* ab – und hatte einen Überflieger geschaffen.

Das Fliegen war einfach schon immer einer meiner großen Träume. Als kleiner Steirer Bub konnte ich mir nicht vorstellen, dass ich jemals fliegen würde – und hoffte doch, dass ich einmal in alle Länder der Welt fliegen könnte.

Als ich elf Jahre alt war, marschierte ich sechs Kilometer weit, um bei einem Freund die erste bemannte Mondlandung von Apollo 11 im Fernsehen sehen zu können. Das war am 20. Juli 1969. Bis spät in der Nacht saßen wir wie gebannt vor dem Fernseher – ich erinnere mich noch heute daran, als wäre es gestern gewesen. Tagelang gab es kein anderes Gesprächsthema, gerade wir Jungen träumten davon, später Astronaut oder mindestens Pilot zu werden.

Meine ersten Reisen habe ich dann irgendwann unternommen, aber das Fliegen im Helikopter sollte noch lange auf sich warten lassen. Erst als ich schon die Stromburg hatte, schloss sich der Kreis: Ein Gast, der für eine Firma arbeitete, die ein großer Formel-1-Sponsor war, lud mich ein, mit ihm zum nächsten Rennen zu fliegen. Ohne zu zögern, sagte ich zu – und noch am selben Nachmittag flog ich mit zum Nürburgring. Ich fühlte mich wie der Elfjährige, dessen Traum von der Mondlandung in Erfüllung geht. Das war es, was ich wollte: Selbst fliegen!

Doch wenn ich Freunden oder Stammgästen davon erzählte, gaben sie mir freundlich, aber unmissverständlich zu verstehen, dass ich das doch besser vergessen sollte. Na ja, die Tatsache, dass ich an Höhenangst litt, habe ich großzügig ignoriert. Ich erinnerte mich lebhaft an meine Skiausflüge auf die Zugspitze – allein die Gondelfahrten glaubte ich nicht zu überleben. Und wenn meine Cousine Josefine oben an den Zaun trat und in die Tiefe blickte, hielt ich respektvoll Abstand.

Die Ablehnung, auf die ich mit meinen Plänen stieß, stachelte mich erst recht dazu an, den Pilotenschein zu machen. Allerdings gab es da noch ein weiteres winziges Problem – das liebe Geld. Dennoch redete ich mit Hobbypiloten und Fluglehrern, fragte wegen meiner Höhenangst. Eines Tages sagte einer von ihnen zu mir: »Steigen Sie ein, ich werde sie Ihnen austreiben.« Zögernd stimmte ich zu.

Es kam, wie es kommen musste – der Fluglehrer unterzog mich einer wahren Schocktherapie und knüpfte einen Sturzflug an den anderen. Mein Gejammer, dass ich kuriert sei (nämlich von meinem Wunsch, Pilot zu werden) und er mich bitte sofort aussteigen lassen solle, damit ich in Frieden sterben könne, ignorierte er völlig. Fröhlich rief er mir zu: »Nur so kann man Höhenangst überwinden. Glauben Sie mir!« Schon flog er ein neues waghalsiges Manöver.

Ich glaube, ich habe noch nie im Leben so viel Angst gehabt – und so viel Schweiß verloren. Wer ganz schnell ganz viel Gewicht verlieren will, dem empfehle ich eine solche »Heli-Kur«! Als ich wieder festen Boden unter den Füßen hatte, schlich ich wortlos nach Hause. Das war das vorläufige Ende meiner Pilotenambitionen. Doch in den folgenden Tagen regte sich mein Unterbewusstsein und flüsterte mir zu, dass die Schocktherapie meine Höhenangst tatsächlich geheilt hatte. Kurz entschlossen meldete ich mich am Flughafen Hahn zum Pilotenschein an. Ein Engelchen flüsterte mir zu, ich sollte es lassen. Wo sollte ich das Geld hernehmen? Ein Teufelchen flüsterte, dass ich das schon auftreiben werde. Und was konnte mir nach der Sturzflugtherapie noch geschehen? Nichts, beschloss ich. Ich fürchtete weder Tod noch Teufel.

Ich wäre besser nicht so gutgläubig gewesen: Ausgerechnet mein Fluglehrer Henning Jacobi, zu dem ich großes Vertrauen gefunden hatte, verunglückte in der Zeit meiner Ausbildung tödlich. Weil ich Silvia auf keinen Fall beunruhigen wollte, erzählte ich ihr nichts von diesem tragischen Ereignis. Doch kurz darauf rief ein Fluglehrer von Hahn bei uns auf der Stromburg an. Silvia ging ans Telefon und erfuhr, dass der Kranz schon bestellt sei. »Welcher Kranz?«, fragte sie voll böser Vorahnung. »Der Fluglehrer Ihres Mannes ist doch abgestürzt.« Nachdem Silvia die ganze Wahrheit erfahren hatte, hing der Haussegen bei den Lafers natürlich schief – sie hatte meine Flugambitionen nie gutgeheißen. Tag für Tag sagte sie zu mir: »Ich will nicht, dass du weiter Stunden nimmst. Wenn das schon deinem erfahrenen Lehrer passiert, dann kann das dir als Neuling erst recht widerfahren.« Ich konnte sie gut verstehen. Ich haderte und fragte mich, ob ich wirklich weitermachen sollte. Doch alle Freunde, die ich um Rat fragte, redeten mir nun zu, nicht wieder aufzugeben.

Diesen Ratschlag nahm ich nur zu gern an. Ich schaffte die Prüfung mithilfe eines neuen, sehr netten Fluglehrers, fünfundvierzig Flugstunden waren Pflicht, ich hatte siebenundfünfzig gebraucht.

Nach fünfundzwanzig Stunden hatte ich den ersten Alleinflug – der Lehrer stieg aus und sagte: »Jetzt sind Sie dran!« Das ist der Moment, den man herbeisehnt und zugleich scheut. Wer allein fliegt, muss das Gewicht im Hubschrauber ganz anders ausgleichen. Ich war so aufgeregt, dass ich befürchtete, mein Herzklopfen könnte den Hubschrauber zum Hüpfen bringen.

Doch es gelang mir, einige Runden über den Platz zu fliegen, dabei Funkkontakt mit dem Fluglehrer zu halten und sicher wieder zu landen. Ein unglaubliches Glücksgefühl stieg in mir hoch – obwohl ich wieder auf dem Boden angekommen war, fühlte ich mich, als würde ich schweben. Und wurde unsanft wieder in die Realität zurückgeholt: Sämtliche Fluglehrer und Schüler, die auf dem Platz waren und mir zugeschaut hatten, versohlten mir tüchtig den Hintern – so ist es Brauch nach dem ersten Alleinflug.

Der nächste Schritt auf dem Weg zum Flugschein war ein Soloflug nach Speyer, genauer gesagt, ein Dreihundert-Kilometer-Schenkelflug von Hahn nach Trier, von Trier nach Koblenz, von Koblenz nach Speyer und von dort aus zurück nach Hahn. In Speyer musste ich landen und tanken, dabei erhielt ich auch einen Stempel und hatte damit den Nachweis, dass ich die vorgeschriebene Route eingehalten hatte. Als ich mir diesen im Kontrollraum abholte, sagte der diensthabende Fluglotse beiläufig : »Ach, gut, dass ich Sie treffe, ich wollte heute Nachmittag nämlich bei Ihnen anrufen und einen Kochkurs buchen.« Mein einziger Gedanke in diesem Moment war, heil und ohne Bruchlandung nach Hahn zurückzukommen, und dieser Typ faselte vom Kochkurs … Ich machte, dass ich davonkam, und beendete – welch ein Wunder – den Flug ohne weitere Probleme.

Für die Abschlussprüfung musste ich unter anderem nach Köln, um eine Prüfung im Funken zu machen.

»Was machen Sie denn hier?«, fragte mich einer der Prüfer. »Wollen Sie etwa bei uns kochen?«– »Heute ausnahmsweise nicht«, sagte ich. »Eigentlich geht es nur um mein Funksprechzeugnis.« Zum Glück lief alles glatt, und ich bekam das Zeugnis – der theoretische Teil war damit geschafft.

Der praktische Teil der Prüfung fand in Hahn statt. Ich hatte einen schlechten Tag erwischt, es war extrem windig, und den Prüfer kannte ich leider auch nicht. Meine Prüfungsaufgabe bestand darin, nach Langenlonsheim zu fliegen und ohne Zwischenlandung weiter zum Idarkopf, einem der höchsten Berge in Rheinland-Pfalz. Dort sollte ich eine Außenlandung machen, anschließend Weiterflug nach Frankfurt Hahn mit der Aufgabe, eine Notlandung, die so genannte Autorotation, durchzuführen. Im Ernstfall muss man sie beherrschen, wenn im Flug die Triebwerke ausfallen. Mein erster Versuch ging daneben, erst der zweite klappte – klar, dass man den nur beim Üben kriegt, nicht aber im Ernstfall … Nach zweieinhalb Stunden war die Prüfung endlich vorbei. Der Prüfer schaute mich nur ausdruckslos an und meinte lapidar: »Sie haben bestanden.« Ich konnte kaum fassen, wie unbeteiligt und emotionslos der Kerl wirkte – mir war nach Singen, Lachen, Springen und Tanzen zumute!

Der Flugschein war eine weitere Wende in meinem Leben. Ich fühlte mich plötzlich viel selbstbewusster und zielstrebiger. Zum ersten Mal hatte ich ein Hobby gefunden, über das ich alles andere vergessen und den Kopf freikriegen konnte. Ich hatte vorher schon einiges ausprobiert, von Tennisspielen bis Mountainbiken, aber keine dieser Sportarten erfordert so viel Konzentration, dass man an nichts anderes mehr denken kann. Das ging so weit, dass ich mit dem Handy am Ohr bergauf strampelte und mich erkundigte, ob der Braten schon im Ofen sei. Oder dass ich zwischen den Sätzen auf dem Tenniscourt meine Mailbox abhörte … Beim Fliegen geht das nicht, (und wenn ich im Tor der deutschen Nationalmannschaft der Köche stehe, übrigens auch nicht) – und ich bin sehr froh darüber.

Nachdem ich mir jetzt einen Lebenstraum erfüllt hatte, wollte ich auch etwas daraus machen. Und was lag näher, als das Fliegen mit dem Kochen zu verbinden? Für mich jedenfalls … Ich ging in Klausur und überlegte. Das Ergebnis meiner Gedankenspiele: Ein eigener Helikopter musste her! Als ich ganz aufgeregt meinem Wirtschaftsprüfer Udo Domnick von dieser Idee erzählte, sagte er nur: »Sind Sie verrückt geworden? Drehen Sie jetzt durch?« Gut, die Tatsache, dass ein Hubschrauber einen Haufen Geld kostet, konnte ich nicht leugnen. Na und? Kurz entschlossen kaufte ich einen Eurocopter AS 350. Jetzt konnte ich mich daran machen, *Heli Gourmet* zu verwirklichen.

Erste Idee: ein Weingüterhopping in Rheinland-Pfalz. Ich sprach mit einigen Winzern und überzeugte sie von meinem Plan. Heute biete ich Touren zu achtzehn

Weingütern an, die natürlich auch kulinarische Genüsse beinhalten.

Zweite Idee: ein »Schlösserhopping« zu unseren Kollegen.

Dritte Idee: Vor der Fußballweltmeisterschaft 2006 kaufte ich zweihundert Karten und bot Pakete mit Übernachtung auf der Stromburg, Gourmetdiner und Heliflug zum Spiel. Innerhalb einer Woche waren die WM-Tickets ausverkauft.

Vierte Idee: Das *Heli-Gourmet*-Picknick – das inzwischen ein Klassiker ist. Mein Gedanke war es, das Obere Mittelrheintal mit seinen historischen Städten, Burgen, Weinhängen und dem mäandernden Fluss zwischen Koblenz und Bingen/Rüdesheim zum »Aus-Flugs-Ziel« zu machen. Diese wunderschöne Region zählt zum Welterbe der UNESCO. Einen ganzen Sommer lang flog ich das Obere Mittelrheintal ab, um einen geeigneten Hubschrauberlandeplatz zu finden. Schließlich entdeckte ich an den Weinhängen der Stadt Bacharach einen Platz mit herrlichem Blick über das Rheintal. Das war genau das, was ich gesucht hatte.

Hierhin fliegen wir seither und servieren den Gästen das feinste Fünf- oder Sechs-Gänge-Menü. Wir machen ein echtes Erlebnis daraus – der Tisch wird edel eingedeckt, die Kellner tragen schwarze Anzüge, dazu die prachtvolle Natur.

Um den Gästen ein perfektes Menü bieten zu können, bauen wir eine mobile Küche auf, in der jedes Gerät mit Gas betrieben wird. Sogar eine über eine Autobatterie laufende Espressomaschine haben wir dabei. Kurz: Es fehlt an nichts – auf einer Gartenparty der Queen kann nicht mehr geboten werden!

Diese Picknicks sind natürlich nicht billig, aber dafür bieten sie ein einzigartiges Erlebnis. Das haben auch meine Gäste erkannt: Der Hubschrauber hat sich inzwischen amortisiert.

Nur einmal habe ich erlebt, dass ein Gast den Flug nicht genoss. Es war ein junger Mann, der seiner Liebsten über den Wolken einen Heiratsantrag machen wollte. Statt dessen wurde ihm so schlecht, ob aus Flugangst oder aus Angst vor der Ehe kann ich nicht sagen, dass wir unverrichteter Dinge umkehren und landen mussten. Er war bis dahin der Einzige, der keinen Spaß am Fliegen hatte.

INFO@JOHANNLAFER
MENSCH UND MARKE

**ORTSTERMIN: KURSAAL BAD FÜSSING, 27. APRIL 2007, HALB ACHT UHR ABENDS. GEMEINSAM MIT HADEMAR BANKHOFER, DEUTSCHLANDS DERZEIT POPULÄRSTEM TV-GESUNDHEITSEXPERTEN HABE ICH HEUTE EINEN AUFTRITT. DABEI WERDE ICH ÜBER GESUNDHEITSBEWUSSTES KOCHEN UND ESSEN SPRECHEN.**

Vom Flughafen München holt mich ein Fahrer ab, um mich nach Bad Füssing zu bringen. Die Landschaft zieht vorbei, die Kastanien stehen in voller Blüte, der Flieder ist fast verblüht – mitten im April ist es schon Sommer. Die Grillsaison ist schon in vollem Gange.

Meine Gedanken schweifen zu der Radiosendung über das Thema Grillen, die am 16. Mai live im SWR 3 übertragen wird. Wer mitmachen will, kann sich schon jetzt im Internet eine Einkaufsliste herunterladen und dann mitkochen, wenn ich im Studio die Zubereitungsschritte erkläre. Bis die Sendung läuft, ist wahrscheinlich in ganz Rheinland-Pfalz und Baden-Württemberg die Grillkohle ausverkauft – schon jetzt haben sich viele Tausend Hörer im Internet angemeldet. Es wird eine »interaktive« Radioshow, in der die Hörer anrufen können oder auch aus dem Studio angerufen werden.

Die Sommer bei uns beginnen immer früher, dauern immer länger und werden immer wärmer – das gibt dem Grillen natürlich noch mehr Aufwind. Da hatte ich die Idee mit der *SWR3-Grillparty:* Ich koche im Studio meine besten Grillrezepte vor, und alle SWR3-Hörer grillen daheim mit.

Eigentlich fehlt mir nur ein Stargast für die Grillparty. Jemand, der sympathisch und populär ist, gerne grillt und eine radiotaugliche Stimme hat. Vielleicht Veronika Ferres? Oder Katja Flint? Nina Hagen – nein, eher nicht. Ich greife zum Handy, rufe auf der Stromburg an und lasse mich mit Martin, dem Ehemann von Veronika Ferres, verbinden. »Hallo Martin, hier ist der Johann, ich habe eine tolle Idee für einen Grillabend auf SWR3. Kannst du dir vorstellen, dass Veronika da mitmacht? Topsender, junges Publikum.« Veronika Ferres will, aber sie ist leider bis September komplett ausgebucht. Schade, zu gern hätte ich mit ihr eine Bratwurst gegrillt. Ich rufe die SWR-Redaktion an, vielleicht haben die eine gute Idee. Barbara Schöneberger? Gebongt!

Weiter im Terminplan. Was steht sonst noch an? Eine Woche vor der SWR3-Grillparty werde ich bei einem Johann-Strauß-Essen in Garmisch-Partenkirchen für fünfhundert Leute kochen. Zweiundzwanzig Küchenmitarbeiter werden mir zur Hand gehen, davon zehn aus meiner Küche. Zum Glück ist auch Bernhard Strolz wieder dabei, dem ich mich immer hundertprozentig vertrauen kann, genau so wie ich mich auf jedes einzelne Mitglied meines gesamtes Teams verlassen kann. Ich könnte meinem Beruf und den vielen zusätzlichen Tätigkeiten niemals so erfolgreich nachgehen, würden mir alle zu Hause in der Stromburg nicht so unvergleichlich den Rücken frei halten.

Zurück zum Tagesgeschäft. Heute also die dritte Gesundheitsshow von Hademar Bankhofer, bei der ich zum ersten Mal dabei bin. Er ist Österreicher wie ich, ein Fernsehmann wie ich – wir kennen uns schon seit Jahren. Er ist ein echter Charmeur und Publikumsliebling, neben ihm werde ich mir wohl vorkommen, als wäre ich nicht da. Na ja, fast.

Das Ortsschild Bad Füssing taucht auf. Wir sind da. Statt ins Hotel zu fahren, will ich gleich zum Kursaal. Ich will mich überzeugen, dass alles gut vorbereitet ist. Immerhin ist die Veranstaltung mit achthundert Gästen ausverkauft, auch der Bürgermeister wird dabei sein. Mein Assistent Alex flüstert mir zu, dass auf den Speisekarten der örtlichen Restaurants »kroatische und deutsche Seniorenteller« angeboten werden. Ich seufze schwer – das wird mal wieder echte Basisarbeit. Aber für mein Herzensthema, das gesundheitsbewusste Kochen, tue ich wirklich alles …

Punkt halb acht betritt Hademar die Bühne. Zur marineblauen Hose trägt er ein kanariengelbes Jackett (sein Markenzeichen!), ein blaues Einstecktuch und ein hellblaues Halstuch. Dagegen erscheint mir meine leidige lila Hose geradezu harmlos. Während er mit anderen Experten eingehend über Rückenleiden und Osteoporose diskutiert, merke ich, dass die Gäste im Saal mehr

Interesse haben, einen unterhaltsamen Abend zu erleben, als ernsthafte Gesundheitsinformationen mitzunehmen. Was soll's. Machen wir das Beste draus.

Es folgt ein Auftritt einer Sängerin, die ein Liedchen über die Liebe in der Puszta trällert. Wunderbar. Jetzt bin ich an der Reihe. Hademar stellt mich als »tollen Burschen« vor, als »viel beschäftigten Mann und Meisterkoch, dem die gesunde Küche besonders wichtig ist.« Damit kann ich leben. Es hätte noch gepasst, wenn er mich als »König der Küchenmaschinen« tituliert hätte – denn darum geht es heute Abend. Ich will den Leuten im Saal eine Friteuse vorstellen, die ein Kilogramm Pommes Frites mit nur einem Esslöffel Öl goldgelb und schön knusprig macht. Außerdem will ich einen Dampfgarer vorführen, mit dem man leicht und vitaminschonend kochen kann.

»Wie erkennt man jemanden, der gerne kocht?«, frage ich das Publikum. In das Gemurmel hinein sage ich: »Wer Salz auf dem Essen wie Winterstreusalz auf dem Gehweg verschüttet, ist nicht gerade mit Liebe bei der Sache.« Zustimmendes Gelächter.

Derweilen verpflichte ich Hademar, die Eier für das Dessert – einen Erdbeerkuchen mit Baiserhaube – aufzuschlagen. Ich will ihn arbeiten sehen! Er tut, wie ihm geheißen, doch seine Retourkutsche lässt nicht lange auf sich warten: »Sind sie bei dir in der Sauna auch so aufgegangen?« Das Publikum tobt, anscheinend hat sich dieser Running Gag schon bis nach Bad Füssing herumgesprochen: Alles fing in der TV-Sendung *Lafer! Lichter! Lecker!* an, in der Horst Lichter und ich mit Promis kochen. Dazu beantworten wir am Zuschauertelefon Fragen. In der besagten Sendung kochte ich mit Rosi Mittermaier, Horst mit Christian Neureuther. Da erreichte uns der Anruf einer Dame aus der Schweiz. Nachdem ich ihre Frage zum Unterschied zwischen braunem und weißem Zucker beantwortet hatte, sagte sie: »Ich kenne Sie, Herr Lafer, wir saßen mal zusammen in Ischgl in der Sauna.« Ich erstarrte. Fünf Kameras waren auf mich gerichtet. Schnell parierte ich: »Hoffentlich haben Sie dieses Erlebnis in bester Erinnerung! Ich dagegen habe gar keine mehr daran!«

Horst machte aus der Saunageschichte einen Kult. Er kann einfach nicht davon lassen. In der gleichen Sendung rief die Dame nochmals an und erkundigte sich nach der Herstellung von Bündnerfleisch. Natürlich schloss Horst an seine Antwort einen Gegenfrage an: »Haben Sie sich mit Johann Lafer in der Sauna über Fleisch unterhalten?« Die Antwort war nicht minder gut: »Über getrocknetes Fleisch?«

Und nun muss auch noch Hademar darauf herumreiten. Schnell wechsle ich das Thema. »Eine Frau aus Kiel hat mir einmal vier gebratene Rumpsteaks geschickt. Von dem einen Steak war eine kleine Ecke abgeschnitten, die anderen waren unangetastet. In dem beiliegenden Brief stand: ›Sie Dummschwätzer. Habe Ihr Rezept ausprobiert, das ist das Ergebnis.‹ Kiel war mir zu weit weg, um bei der Dame vorbeizuschauen. Also kaufte ich vier Rumpsteaks, briet sie nach meinem Rezept und schickte sie in einer kleinen Alukiste zurück. Dazu schrieb ich: »Ich bin kein Dummschwätzer, überzeugen Sie sich selbst davon.«

»Es kann eben nicht jeder kochen,« meint Hademar. »Kochkunst ist nicht angeboren. Man muss sie lernen.« Aufmunternd blicke ich ins Publikum. »Du alter Schwerenöter – immer mit den Frauen flirten«, tadelt mich Bankhofer. »Schön gleichmäßig die Eier verrühren«, erwidere ich. »Und soll ich dir den Leitspruch der meisten Köche verraten? Essen und Trinken sind die drei schönsten Dinge im Leben. «

Die Show ist vorbei, nach fast drei Stunden, ich habe mir den Mund fusselig geredet, warum die Küchengeräte, die ich beim Kochen benutzt habe, für eine optimale Umsetzung der Lebensmittel sorgen, auch die letzten Kuchenstücke sind verteilt. Das Ganze war ein einziges Wechselbad der Gefühle. Alle bestätigen mir, dass ich die Leute gut amüsiert hätte, keiner hätte sich im Saal gelangweilt. Die Kriterien, nach denen man diesen Abend bewertet, sind aber nicht meine. Keiner von den Anwesenden interessiert sich wirklich für die neuen Küchengeräte, für ernährungsbewusstes Kochen. Es ist allein daran zu merken, dass niemand weiter nachfragt. Draußen vor dem Saal kann man sich die Dampfgartöpfe und Friteusen ansehen, aber sie werden komplett ignoriert, die Menschen stehen jetzt nur an einem extra für mich aufgestellten Tisch an, um ein Autogramm von mir zu bekommen oder ein Buch zu kaufen und es sich signieren zu lassen.

Irgendwie erinnert mich das Konzept an die SWR-Sendung *Fröhlicher Weinberg*, die ich ab 1994 dreizehn Jahre lang gemacht habe. Es war mehr eine Unterhaltungs- als eine Kochsendung. Also plauderte ich mit Mary Roos, Wolfgang Kaiser oder den Bläck Fööss, kochte vegetarisch mit einem Fertiggerichtjunkie, scherzte mit Dirk Bach, unterhielt mich mit Winzern, rief unzählige Male: »Ist das nicht ein Wahnsinn!«, und überreichte meinen Kochpartnern den Goldenen Rührblitz.

Letztendlich passte das Konzept nicht zu mir – ich bin Koch und kein Entertainer. Weil es mir aber schwerfällt, einen Schlussstrich unter eine Unternehmung zu ziehen, und ebenso schwerfällt, auf den Rat anderer zu hören, habe ich länger mitgemacht, als es mir eigentlich lieb war.

An diesem Abend in Bad Füssing beschließe ich, in Zukunft nur noch die Sachen zu machen, an denen ich wirklich Freude habe. Morgen früh muss ich um vier Uhr aufstehen, übers Wochenende leite ich eine kulinarische Entdeckungsreise meines Kochclubs nach Portugal. Am Montag wird Verona Pooth ihren Geburtstag auf der Stromburg feiern. Ich muss noch Silvia anrufen, ob alles vorbereitet ist …

Natürlich werde ich immer wieder gefragt, wie ich es geschafft habe, aus meinem Namen eine Marke zu machen. Immerhin habe ich Werbeverträge mit Villeroy & Boch, WMF, Krups, Weber Grill, Tee Gschwendner, Lindt und allmilmö – was das angeht, übertreffen mich nur wenige. Ich gebe eigene Produkte wie zum Beispiel Töpfe, Gewürze oder Essig in der *Johann Lafer Edition* heraus, nicht zu vergessen die Stromburg, die Kochschule, *Heli Gourmet,* die vielen Kochbücher und Medienauftritte.

Ich habe eigentlich keine Marketingstrategie. Ich habe einfach immer nur versucht, gute Ideen in die Tat umzusetzen – seien es Geschäftsideen oder Küchenideen. Und wenn etwas praxistauglich war – also bei den Leuten gut angekommen ist –, dann hat es sich durchgesetzt. So ist eins zum anderen gekommen, ich habe einfach selbst nachgedacht und immer ein waches Auge und ein offenes Ohr gehabt.

Beim *Le Val d'Or* in Guldental haben wir nach dem gleichen Prinzip gearbeitet: Es war ein eher kleines Restaurant, also konnten wir auch mit einem kleinen Team individuell auf jeden Gast eingehen. Nach wie vor halte ich dies für eine wunderbare Philosophie, um in der Spitzengastronomie Erfolg zu haben, weil man hierbei alles persönlich im Griff hat und nicht von zu vielen Mitarbeitern, von einem zu großen System oder anderen Einflüssen abhängig ist. So konnten wir erfolgreich und wirtschaftlich arbeiten.

Silvia und ich haben die Schlüsselpositionen besetzt: Sie ist die Restaurantleiterin und zuständig für die gesamte Organisation, und ich bin der Küchenchef. Nachdem wir den zweiten Stern erhalten hatten, machten wir bei einer Restaurantfläche von sechsundfünfzig Quadratmetern – das ist für manche ein größeres Wohnzimmer – jährlich bis zu zwei Millionen Mark Umsatz. Das hat einerseits viel Spaß gemacht, andererseits aber unseren ununterbrochenen und ungeteilten Einsatz gefordert.

Der Schritt, Guldental zu verlassen und auf die Stromburg zu ziehen, war dann ein riesiger. Statt zehn Mitarbeitern hatten wir plötzlich sechzig, statt einem Restaurant besaßen wir zwei, und dazu noch ein Hotel – unsere Kosten gingen in die Millionen. Keine andere Entscheidung in meinem Leben hat mich vorher und nachher so gefordert – sowohl in psychischer als auch in physischer Hinsicht. Dieser enorme wirtschaftliche Druck, diese umfassenden Sorgen haben sich negativ auf meine Kreativität ausgewirkt. Es fiel mir unglaublich schwer, mit dem Rücken an der Wand zu stehen, aber nach außen hin zu lachen und tagtäglich aufs Neues volle Leistung zu bringen. Ich fühlte mich nicht mehr wohl in meiner Haut, wollte am liebsten gar nichts mehr machen, weil ich den Schuldenberg gar nicht mehr überblicken konnte. Schließlich ging es sogar so weit, dass ich meiner Frau Vorwürfe machte, weil sie dieses Stromburg-Projekt vorangetrieben hatte. Das war natürlich ungerecht, und zum Glück hatte ich mich auch gleich wieder im Griff.

Der Elan und die Kreativität kamen wieder, ich wuchs in meine neue Rolle als Unternehmer hinein. Die Werbeangebote wurden lukrativer, und ich konnte zusätzliche Einnahmen verbuchen. Eins fügte sich zum anderen.

Nicht viele Köche in Deutschland sind so frei wie ich. Ich muss zu meinem großen Glück nicht mehr jedem halb gefülltem Kochtopf hinterherlaufen, nicht mehr auf jeder Kirmesveranstaltung kochen, um noch nebenbei ein paar Euro zu verdienen. Somit kann ich heute sagen, dass ich alle (nun gut, sagen wir *fast* alle) Entscheidungen intuitiv richtig getroffen habe – es ist gar nicht so schlecht, wenn man seinem Gefühl folgt.

Natürlich gibt es immer wieder Krisen, die drohen, den ganzen Erfolg zunichtezumachen. So war es zum Beispiel Mitte der Neunzigerjahre, als die BSE-Angst auch Deutschland ergriff, besonders schlimm ab November 2000, als der erste Fall in Deutschland auftrat. Ich haderte damit, dass ich als Koch mein Bestes gab und volle Teller zurückerhielt, weil Rindfleisch darauf war. Was sollte ich tun? Die ersten Steakhäuser mussten schließen, wie würde sich die Panik auf die Stromburg auswirken?

In dieser Hinsicht war BSE war für mich ein Schlüsselerlebnis. Ab diesem Zeitpunkt bemühte ich mich vermehrt, meine Firma auf ein breites Fundament zu stellen – nicht nur auf das Kochen, sondern auch auf andere Einnahmequellen.

So ist *Johann Lafer* heute eine lebendige Marke, aber eben eine sehr auf meine Person fixierte. Das ist auch ein Nachteil, denn ohne mich könnte das ganze Unternehmen wie ein Kartenhaus einstürzen. Jetzt muss ich daran gehen, die Marke *Johann Lafer* von meiner Person zu lösen und so ihren dauerhaften Bestand zu sichern. Das ist mir sehr wichtig, denn dann können meine beiden Kinder ihren Lebensweg finden, ohne eingeengt zu sein vom Unternehmen Johann und Silvia Lafer.

Für den Moment gilt: Eine Marke zu haben, die ganz alleine und ausschließlich auf einer Person aufgebaut ist, bedeutet, dass man als diese Person, also als derjenige, der die Marke mit Leben erfüllt, ständig auf Hochtouren arbeiten muss, nie langsamer werden darf. Sobald ich nachlasse oder mich mit dem Gedanken befasse aufzuhören, gefährde ich, was ich für mich und meine Familie so ausdauernd und kämpferisch aufgebaut habe. Meine Arbeit trägt meinen Namen und ich muss, gerade weil ich mit meinem Namen für alles, was ich tue, einzustehen habe, von dem überzeugt sein, was ich tue.

Natürlich müssen mich auch die Töpfe, Pfannen, Küchengeräte, für die ich werbe, überzeugen, sonst mache ich nicht mit. Kochen ist ein Handwerk, und dazu braucht man Handwerkszeug von guter Qualität. Diese Erkenntnis setzte sich zu Beginn der Achtzigerjahre auch bei einem breiteren Publikum durch. Damals erreichte die Nouvelle Cuisine gerade einen ihrer Höhepunkte und ich stand für die Fernsehsendung *Essen wie*

*Gott in Deutschland* vor der Kamera. Mit der Nouvelle Cuisine schwappten zahlreiche neue Küchengeräte und Accessoires auf den Markt. Und wenn ich in meiner Sendung ein Spitzsieb oder einen Melonenkugelausstecher benutzte, dann wollte plötzlich jeder Hobbykoch so ein Ding haben – auch wenn er vorher gar nicht gewusst hatte, dass es so etwas gibt.

Küchenutensilien unterliegen wie alles andere dem Zeitgeist und dem aktuellen Trend: Was vor dreißig Jahren in war, interessiert heute keinen mehr. Heute ist Hightech angesagt, auch bei den Küchengeräten.

Ganz wichtig ist aber, dass nicht nur bei der Ausstattung, sondern auch bei den Zutaten die Qualität stimmt. Früher hat jeder Koch eine riesige Trickkiste gehabt, um Qualitätsmängel zu beheben – zum Beispiel, zähes Fleisch in Essigwasser gelegt, um es mürbe zu machen. Heute nimmt man gleich ein erstklassiges Stück Fleisch und brät es in einer hochwertigen Pfanne.

Meine Vision der perfekten Küche besteht darin, dass über dem Kochfeld ein Bildschirm hängt, auf dem das Rezept und die Zubereitungsschritte erscheinen. Bestenfalls ist dieser Küchencomputer mit dem Supermarkt vernetzt, sodass ich gleich Bestellungen aufgeben kann. Wer sich nicht so gut auskennt, verfolgt auf dem Monitor, wie ihm die einzelnen Handgriffe erläutert werden. Zusätzlich gibt es Tipps zur Warenkunde. Das wäre doch was!

Bei mir zu Hause kommen wir diesem Ideal schon recht nahe: In unserer Küche sind Kameras installiert, die das Geschehen an Herd und Ofen verfolgen. So kann jeder im Haus (auch wenn er nicht in der Küche ist) an kleinen Monitoren verfolgen, was in der Küche gerade passiert – wie weit der Braten ist, ob das Nudelwasser überkocht, wie weit die Sauce ist. Wenn Silvia kocht, kann ich im Wohnzimmer sehen, was sie macht, und mich gleichzeitig am Duft des Essens freuen.

Trotzdem ersetzt das nicht das eigentliche »Leben in der Küche«. Die Küche ist ein geselliger Ort – hier trifft sich die Familie, redet, lacht, scherzt, isst. Ich halte es für sehr wichtig, dass wir unseren Kindern diese Bedeutung der Küche als Lebensraum vermitteln. Und damit sind wir bei einem sehr wichtigen Thema angekommen: die Ernährung der Kinder. Viele Kinder heute sind übergewichtig – sie kennen nur Fastfood und Fertiggerichte, nicht aber selbst gekochtes Essen. Wir müssen unseren Kindern Freude am Kochen und Lust am Essen vermitteln. Erste und wichtigste Voraussetzung ist, dass sich die Eltern nicht dem Herd verweigern, sondern den Kindern die Liebe zum Kochen und Essen selbst vorleben. Sonst wird sich nichts ändern.

Doch zurück zur Werbung. Meinen ersten Vertrag schloss ich Anfang der Neunzigerjahre mit WMF. Die Marketingleute hatten eine meiner Fernsehsendungen gesehen und wollten daraufhin mit mir zusammenarbeiten. Für mich schloss sich damit ein Kreis: Das erste

Küchenmesser, das ich mir in der Lehrzeit geleistet hatte, war ein WMF-Messer.

Da ich von der Qualität der Produkte absolut überzeugt war, konnte ich glaubwürdig für die Produktpalette aus Edelstahl vom Schneebesen zum Bratentopf Werbung machen. Und so halte ich es bis heute: Ich mache nur Werbung für Produkte, die mich überzeugen. Alles, was mir nicht gefällt oder unpraktisch bis unbrauchbar ist, fällt bei mir durch.

Bei den ersten Fernsehaufnahmen schwenkte ich eine Bratpfanne. Damals war ich noch ganz schmal, trug eine strahlend weiße Kochschürze, ein ebenso schneeweißes Hemd und um den Hals eine schrecklich bunte Fliege. Heute wäre die sogar im Karneval geschmacklos … Meine Geheimratsecken wurden mit dunklem Make-up überschminkt – ich sollte wohl das imaginäre Idealbild eines Kochs nach dem Verständnis der Marketingabteilung verkörpern.

Anfangs machte ich solchen Firlefanz mit – auch Männer sind schließlich eitel. Heute aber weiß ich, dass ich so etwas gar nicht nötig habe. Spaß beiseite – es ist ganz einfach so, dass ich so sein will, wie ich bin. Auch mit Geheimratsecken.

Nach den Anfängen bei WMF begann ich, auf Gastronomiemessen für AEG zu arbeiten. Als wir unser neues *Le Val d'Or* auf der Stromburg einrichteten, wollte ich unbedingt ein Manufakturgeschirr haben. Ich dachte dabei an das kurfürstlich-mainzische Höchster Porzellan oder, noch besser, an KPM, die Königliche Porzellan-Manufaktur in Berlin. Und so kauften wir für mehrere Hunderttausend Mark KPM-Geschirr. In einer Art Gentlemen's Agreement machte KPM im Gegenzug mit mir einen Werbevertrag.

Sehr bald begriff ich, unter großen Schmerzen, dass sich so teures Geschirr – jedes Stück ein Unikat – nicht für einen Restaurant- und Hotelbetrieb eignet. Jedes Jahr gingen Teller im Wert von mehreren Tausend Mark zu Bruch – mir bluteten jedes Mal das Herz und der Geldbeutel. Damit beendete ich das Geschirrexperiment und rettete von dem teuren Porzellan, was zu retten war, indem ich es einlagerte. Kaum waren wir auf neues Geschirr von Villeroy & Boch umgestiegen, fragten unsere Gäste nach dem alten, von dem ich doch stets geglaubt hatte, dass es nie wahrgenommen worden wäre.

# INTIME GESPRÄCHE MIT DER BARBE – SPITZENKÖCHE ALS VISIONÄRE

**JEDER BERUFSKOCH MUSS SEIN KULINARISCHES REPERTOIRE IMMER AUF DEM NEUESTEN STAND HALTEN, MUSS BEOBACHTEN, WAS DIE KONKURRENZ MACHT, MUSS SPÜREN, WELCHE TRENDS KOMMEN UND WELCHE WICHTIG SIND. ZWANGSLÄUFIG LANDET MAN DA IRGENDWANN BEI FERRAN ADRIÀ. ES GIBT NATÜRLICH VIELE KÖCHE, DIE SICH DER MOLEKULARKÜCHE WIDMEN, ABER AN ADRIÀ KOMMT MAN EINFACH NICHT VORBEI. ER IST MOMENTAN SICHER DER EINFLUSSREICHSTE KOCH DER WELT.**

Ich wollte mir selbst ein Bild machen, daher bin ich an die Costa Brava gereist, um in Adriàs Restaurant *El Bulli* in der Nähe der Ortschaft Roses zu essen und mir seine Küche zeigen zu lassen. Ich bewundere seinen Mut, einen ganz neuen Weg zu gehen, die Küche gleichsam in ein Labor zu verwandeln und mit Hightechmethoden Kreationen zu schaffen, die in der Kochwelt bisher völlig unbekannt waren.

Mir kommen seine Form- und Farbkreationen wie die Werke eines Außerirdischen vor. Die Art und Weise, wie er völlig neue Kombinationen – heißes Eis, Olivenölbonbons, Parmesanspaghetti – und Texturen – wie Duftnebel in Salzstreuern, Salzsorbet, Gemüsegelatine – schafft, ist sensationell. Seine Kreativität hat das Kochen in ganz neue Sphären gehoben, nun wird es als Kunst verstanden und ist der *documenta XII* in Kassel angegliedert.

Adriàs Kreationen sind dennoch den meisten Menschen zu abgehoben: dreißig Gänge, die in Reagenzgläsern und Pipetten serviert werden, Gemüse, das mit medizinischen Geräten bearbeitet wurde … da kommen viele nicht mehr mit.

Doch zurück zum kreativen Adrià: Allein seine Idee, einen Sahnesiphon für ganz neue Zwecke zu verwenden, ist Wahnsinn. Also mal ehrlich: Einen Sahnesiphon kannte und hatte jeder von uns. Nur haben wir anderen das gute Stück in den Keller geräumt und Sahne mit dem Spritzbeutel aufgetragen. Und was macht Adrià? Er befüllt den Sahnesiphon mit allen möglichen süßen und salzigen Zutaten, um seine berühmten Espumas zu machen: leichte Schäume, Wolken von Geschmack wie Eis-Fenchel-Espuma, Kartoffel-Espuma, Schinken-Espuma …

Als ich das hörte, fragte ich mich sofort, warum mir das nicht eingefallen war. Ich meine, so weit hergeholt war die Idee ja gar nicht. Adrià musste nicht einmal ein neues Gerät erfinden – es war alles schon da, er musste nur die Teile neu zusammensetzen.

Hinzu kam, dass der Katalane seine Gelees und Algensäfte genau im richtigen Moment der Öffentlichkeit präsentierte. Die Kochwelt hatte auf etwas Neues gewartet. Darum haben Restaurants auf der ganzen Welt Ideen von Ferran Adrià übernommen und damit die Küche interessanter und geschmacksintensiver gemacht.

Neben Ferran Adrià halte ich unter anderem Thomas Keller für einen wahren Meister am Herd. Der New Yorker Koch und Autor Anthony Bourdain sagte einmal über ihn: »Man kann ihn nicht im Ernst als ›besser‹ oder ›am besten‹ oder gar ›perfekt‹ bezeichnen. Er steht einfach außer Konkurrenz.«

Ich habe den Kalifornier des Öfteren auf amerikanischen Kochshows getroffen und sein Restaurant *The French Laundry* in Napa Valley besucht. Was mir an ihm besonders gefällt, ist seine bedingungslose Liebe zum Kochen und sein Respekt vor den Lebensmitteln. Wie er einen Fisch ganz behutsam – fast zärtlich – schuppt, das ist wirklich einzigartig.

Keller hat eine »Nouvelle Californian Cuisine« kreiert, die auf den Produkten der Region aufbaut, dabei aber asiatische und europäische Einflüsse aufnimmt. Dieses Selbstbewusstsein, mit dem er einheimische Produkte und damit auch ihre Eigenheiten präsentiert – aufgrund der klimatischen Verhältnisse gibt es in Kalifornien wirklich großartige Lebensmittel –, ist mehr als bemerkenswert.

Gerade aus der heutigen kalifornischen Küche kommen interessante Impulse, von denen ich einige aufgegriffen habe. Tagelang habe ich beispielsweise an einer Pilztasche mit einheimischen Pilzsorten herumexperimentiert, um ihr mit Zitronengrasessenz mehr Raffinesse zu geben.

Was ist also kreative Küche? Ferran Adrià? Thomas Keller? Anne-Sophie Pic? Ich verstehe unter kreativer Küche eine Mischung aus Adrià, Keller, Pic und Bauersfrau. Man nehme von allen etwas und schaffe neue Trends. Ich will verdeutlichen, dass auch beim Kochen und Essen von nichts auch nichts kommt. Denn leider ist es so, dass das Kochen in den vergangenen Jahrzehnten in Vergessenheit geraten ist – die Menschen sind zu sehr mit Arbeit, Karriere und Freizeitstress beschäftigt. Fürs Kochen und für den Gast, fürs gemeinsame Essen und für den Genuss bleibt da keine Zeit …

Wenn ich ein Thunfisch-Carpaccio zubereiten möchte, dann brauche ich einen Thunfisch von Sushiqualität. Mit Thunfisch zu 1,50 Euro wird das nichts. Ich frage mich oft, warum mein Fernsehpublikum so schwer versteht, dass ich für ein erstklassiges Gericht eben nicht nur erstklassige Kochkenntnisse haben muss, die eigentlich viel weniger bedeutsam sind, als man meint, sondern vor allem erstklassige Zutaten. Wer nach dem Motto »Geiz ist geil« zum Einkaufen geht, der muss sich nicht wundern, dass das Essen nicht schmeckt, dass er übergewichtig wird und Nahrungsmittelallergien bekommt. Geiz ist eben nicht geil! Man muss einfach Prioritäten setzen, wofür man sein Geld ausgibt. Es lohnt sich wirklich, für Lebensmittel mehr Geld auszugeben und dafür an anderer Stelle zu sparen. Nur hochwertige Zutaten garantieren genießerische Erlebnisse. Und wer einmal ein solches hatte, greift garantiert nie wieder freiwillig zu Billiglebensmitteln.

Ich möchte den Geschmackshorizont der Menschen erweitern und ihre Sensibilität erhöhen: Man muss bewusst essen und sich den Geschmack einer Speise vergegenwärtigen. Viele essen, ohne einen Gedanken an die Gerichte zu verschwenden. Fragt man zwei Stunden nach dem Essen, wie und wonach es geschmeckt hat, können sie sich an nichts mehr erinnern. Schärfen wir unser Bewusstsein, beginnen wir, über Geschmackserlebnisse nachzudenken!

Ich kann vermutlich nicht jeden Kochbanausen zum Feinschmecker machen – aber ich würde es gerne versuchen. Ich würde zumindest gerne das Bewusstsein schaffen, dass Essen mehr ist als Nahrungsaufnahme.

Neben dem Produkt, den Kenntnissen und der Küchenausstattung spielt noch etwas anderes eine ganz entscheidende Rolle: der Koch selbst. Wenn zehn Menschen eines meiner Rezepte nachkochen, dann kann ich sicher sein, dass dabei zehn verschiedene Varianten des gleichen Gerichts herauskommen. Das liegt daran, dass jeder das Rezept individuell interpretiert. Nehmen wir zum Beispiel Kalbsmedaillons. Jeder der zehn Köche kauft ein Kalbsfilet von unterschiedlicher Qualität. Selbst wenn jeder ein erstklassiges Filet nimmt, was in der Realität eher nicht der Fall sein wird, und es in die vorgeschriebenen zwei Zentimeter dicken Scheiben schneidet, folgt das Problem des Anbratens. Das Rezept verlangt, dass man zwei Esslöffel Butterschmalz oder Olivenöl erhitzt. Jetzt trennt sich die Spreu vom Weizen.

Jeder versteht unter heißem Fett etwas anderes – muss es rauchen? Muss ich noch den Finger hineinhalten können? Muss ein Tropfen Wasser in der Pfanne spritzen?

Ist diese Hürde überwunden, stellt sich die nächste Frage: Wie lange ist das Fleisch zu braten? Im Rezept heißt es, dass das Fleisch durchgehend rosa sein soll. Brate ich das Medaillon also von jeder Seite eine halbe Minute? Eine Dreiviertelminute? Oder gar eine Minute? Manch ein Koch verwendet ein Bratenthermometer, um Gewissheit zu haben, aber letztendlich entscheidet das eigene Gespür.

Nächstes Problem: das Würzen. Kein Kochrezept gibt »7,3 Gramm Salz« an – das ist viel zu kompliziert, obwohl es vielleicht die exakt richtige Menge ist. »7,4 Gramm« sind schon zu viel. Aber vielleicht empfinde nur ich das so. Ein anderer zieht einen kräftigeren, salzigeren Geschmack vor. Und das ist doch auch das Schöne am Kochen: Man kann das Rezept nach seinem eigenen Geschmack variieren. Darum kommen bei zehn Köchen auch zehn unterschiedliche Variationen der Kalbsmedaillons heraus.

Ich halte wirklich nichts davon, die Angaben eines Kochrezepts zum Gesetz zu erheben. Wie eine Kochsendung im Fernsehen soll auch ein Kochbuch Ideen und Vorschläge bieten, also die Kreativität fördern. Würde nicht jeder Koch individuell sein Gericht gestalten, sondern ganz sklavisch einem allgemeingültigen Schema folgen, wäre das Kochen eine überaus langweilige Angelegenheit.

Nichts ist spannender, als einem Koch über die Schulter zu schauen, der etwas Eigenes kreiert.

Ich bin überzeugt, dass gutes Kochen zu 80 Prozent recht leicht zu lernen ist. Die restlichen 20 Prozent machen den Unterschied – und trennen den guten Koch vom Spitzenkoch. Dieser letzte Rest hat weniger mit Perfektion als vielmehr mit Gefühl und Talent zu tun. Nennen Sie mich verrückt, aber ich kann mich in die Lebensmittel, die ich zubereite, hineinversetzen. So wie man sich in seine Liebste oder seinen Liebsten hineinversetzen kann.

Daher ist auch das Schlimmste, was mir widerfahren könnte – abgesehen davon, dass meiner Familie etwas zustoßen würde –, wenn ich meinen Geschmacks- oder Geruchssinn verlieren würde. Das wäre mein Ende. (Vielleicht. Reden wir nicht davon, was wäre, wenn ich nicht mehr fliegen könnte …)

Bevor das passieren kann, muss ich unbedingt meine Botschaft unters (Fernseh-)Volk bringen. Und auf den ersten Blick könnte man glauben, Deutschland sei eine Nation der Hobbyköche – die Flut von Kochsendungen, Kochbüchern, Kochkursen und Kochforen ist unüberschaubar. Natürlich freut mich die Resonanz, die wir (Fernseh-) Köche inzwischen erzielen. Aber mal ehrlich: Von achtzig Millionen Deutschen erreichen wir doch nur einen Bruchteil. Darum erscheint es mir fraglich, ob Deutschland jemals flächendeckend zum Feinschmeckerland wird – von Flensburg bis Garmisch-Partenkirchen.

»Kochen muss schnell gehen, darf keine Arbeit machen und muss satt machen.« Wer das sagt, hat meiner Ansicht nach nichts von Kochkunst verstanden. Wenn die Kochkolumne in einer überregionalen deutschen Zeitung »Nimm Drei« heißt, dann kann man schon mal so kochen, aber eben nicht immer. Es ist eine Tatsache, dass sich die Deutschen schlecht ernähren. Die Fertiggerichte, die einen Großteil der Ernährung ausmachen, strotzen geradezu von Geschmacksverstärkern, Verdickungsmitteln, Stabilisatoren und künstlichen Farb- und Aromastoffen, von zu viel Fett und Zucker ganz zu schweigen. Obwohl wir Profis seit Jahren Aufklärungsarbeit leisten und predigen, wie schlecht und schädlich die industriell produzierten Lebensmittel sind, hat sich am Ernährungsverhalten wenig geändert. Das finde ich schockierend! Ich bin der Meinung, dass der Staat eine Steuer auf alle künstlichen Zusatz- und Aromastoffe erheben sollte, ähnlich der Tabaksteuer. Ich will nicht verschweigen, dass die Industrie erste gute Ansätze zeigt: Einige Hersteller bringen die ersten Gerichte ohne Zusatzstoffe heraus oder steigen von Sahnepulver auf frische Sahne um. Aber wir haben noch einen weiten Weg vor uns. Man muss ganz klar sagen, dass gesunde Ernährung mit einem gewissen Arbeitsaufwand und einem gewissen finanziellen Einsatz verbunden ist. Wer beides scheut, kann sich schlichtweg nicht gesund ernähren.

Natürlich kosten gesunde Lebensmittel von guter Qualität Geld. Wer heute fünfhundert Gramm Rinderhack für 1,98 Euro kauft, der muss sich doch bewusst machen, was das bedeutet: Der Bauer muss das Rind aufziehen, füttern und versorgen. Im Schlachthof wird das Tier geschlachtet, zerlegt und an den Fleischgroßhandel, Metzger oder Supermarkt geliefert. Dort wird das Fleisch einsortiert, etikettiert und verkauft. Jeder, der an diesem Prozess beteiligt ist, muss Geld daran verdienen – vom Bauern über den Schlachthof, Großhändler, Metzger und den Supermarkt. Und die Mehrwertsteuer ist auch noch im Endpreis enthalten. Bei etwas gesundem Menschenverstand stellt sich die Frage: Hat dieses Rind überhaupt jemals gelebt?

Aber scheinbar stellt sich niemand diese Frage. Oder ist es den Konsumenten egal? Es ist extrem schwierig, den Wert guter Lebensmittel Menschen deutlich zu machen, die diese gar nicht kennen. Das beginnt schon bei den Kleinen: Kinder, die immer nur H-Milch trinken, lehnen frische Vollmilch ab, weil sie ihnen nicht schmeckt. Wer immer nur Billigbrötchen aus dem Plastikbeutel zu 69 Cent im Zehnerpack isst, kann mit frischen Brötchen vom Bäcker nichts anfagen. Warum das so ist? Der Geschmackssinn hat sich so an die mit Glutamat, Geschmacksverstärkern und künstlichen Aromastoffen aufgepeppte Einheitskost gewöhnt, dass man alle frischen Lebensmittel, die natürlich schmecken, als fad und langweilig empfindet. Und wenn das keine katastrophale Entwicklung ist, dann weiß ich nicht, was eine wäre …

Um daran etwas zu ändern, müssen wir also bei den Kindern anfangen – und zwar nicht nur mit einem Ernährungsinformationstag pro Jahr, sondern mit langfristigen Aktionen. Und wir müssen den Eltern klar machen, wie wichtig es ist, frisch zu kochen.

Von nichts kommt nichts! Gut gelaunt zurück von einem Marktbesuch in Florenz …

Kindheitserinnerungen – der kleine Hansi oben mit Cousine Josefine, unten im Kreis der Familie.

Die Erstkommunion (oben) und die Firmung mit meinem Firmpaten Onkel Franz (unten).

Mit meinen Eltern vor dem Haus in Muggental, St. Stefan/Rosental (oben). Die besten Lehrlinge aus der Landesberufsschule Bad Gleichenberg mit Fachlehrer Hans Senk auf der Grazer Messe (unten).

Mit meiner Lehrchefin Erika Wagner vor dem *Gösser Bräu* in Graz (oben). Fröhliche Abschlussparty: gut gelaunt nach bestandener Lehrprüfung (unten).

»Steirer Buam san very good …« (oben). Immer gut drauf: Die Küchencrew des *Schweizer Hof*, Berlin, ich hinten rechts (unten).

Eines meiner großen Vorbilder: Eckart Witzigmann (oben). So hat alles angefangen: kleines Restaurant, kleine Brigade, viel Spaß – das *Le Val d'Or* in Guldental (unten).

Silvia Buchholz amtierte von 1976 bis 1978 als Nahe-Weinkönigin (oben). Das *Le Val d'Or* mit frisch verputzter Fassade (unten).

Unsere Hochzeit am 18. August 1990: das Hochzeitsfoto mit Eltern und Schwiegereltern.

Johann Lafer mit Silvia Buchholz-Lafer.

Am Fuße des Hunsrück liegt malerisch die ehemalige Burg des Deutschen Michel, heute Johann Lafers Stromburg.

Auch sie wissen, was gut ist: Jennifer und Jonathan bei der Traubenlese in den Guldentaler Weinbergen.

Koch aus Leidenschaft: mit Brigade in der Küche der Stromburg (oben). Flieger aus Leidenschaft (unten). Folgende Doppelseite: Bilder sagen mehr als Worte: »Face It«, fotografiert von Werner Feldmann.

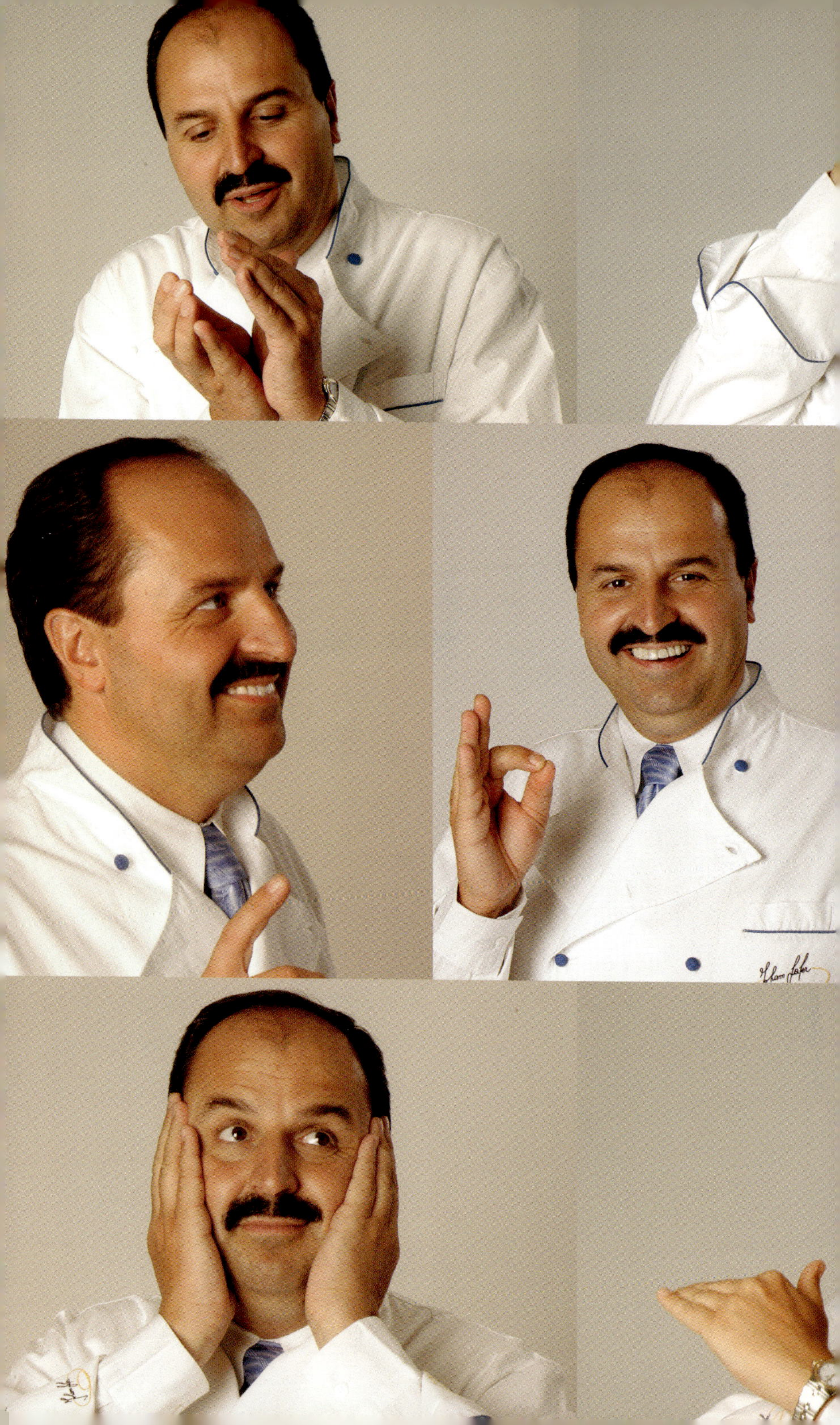

Immer noch das beste Wiener Schnitzel gibt es bei Mama zu Hause (oben). Freundschaftsbande, die man nicht zerschneiden kann: Horst und ich – wir mögen uns!

# LAFER, LICHTER, LACHEN – DER KOCH ALS KOMÖDIANT

**HORST LICHTER HAT UNSER GEMEINSAMES SUSHIABENTEUER GUT ÜBERSTANDEN. UNSERE TISCHGESPRÄCHE DREHTEN SICH NUR UM GOTT UND DIE WELT, DIE FAMILIE UND DAS WETTER. KEIN WORT ÜBER DIE ARBEIT. DEN ROHEN FISCH FAND ER EINFACH NUR »GANZ SCHÖN KALT«.**

Heute, knapp zwei Wochen später, sehen wir uns wieder an der Rothenbaumchaussee. Diesmal geht es um eine Kochsendung, die direkt auf uns zugeschnitten ist: *Lafer! Lichter! Lecker!* Der Untertitel ist Programm: *Die etwas andere Promi-Kochschule.* Wir wollen für jeden Geschmack etwas bieten: Currywurst trifft Tafelspitz, Rheinischer Sauerbraten trifft Steirischen Almochsen, Sternekoch trifft Küchenoriginal. Die Studioküche folgt diesem Prinzip: Horsts Kochbereich ist einfach und bodenständig, mit blau-weißen Windmühlenkacheln, einem auf nostalgisch getrimmten Herd, Postkarten am Kühlschrank, im Regal alte Kaffeekannen. Mein Bereich dagegen ist modern, klar, funktional und mit allerlei Hightechgeräten ausgestattet.

In jeder der fünfundvierzigminütigen Folgen haben wir zwei Prominente zu Gast, die einen Gang des Menüs selbst zubereiten müssen. Horst hat heute den Comedian Guido Cantz an seiner Seite, mich unterstützt Hannelore Hoger. Dabei fällt mir auf, dass ich viel öfter mit den weiblichen Gästen koche als Horst. Ist das Zufall oder Absicht? Ich bevorzuge die Interpretation, dass die Frauen auf mich fliegen, aber vielleicht liegt es ja auch nur daran, dass Frauen sich im Allgemeinen eher zutrauen, einem Sternekoch zur Hand zu gehen als Männer. Die fühlen sich mit Horsts Gerichten wahrscheinlich sicherer …

Horst, heute in rot-weiß gestreifter Schürze, und ich, in schneeweißer Kochjacke, sind ein tolles Paar. Die Sendung macht uns beiden riesigen Spaß. *Lafer! Lichter! Lecker!* hat einen ganz neuen Ansatz – dass nämlich die hohe Kunst des Kochens, die ich ja sehr ernsthaft betreibe, auch locker und humorvoll präsentiert werden kann. Auch die Zubereitung von Heilbutt in Tempuramantel kann mit Lust und Lachen verbunden sein. Viele Zuschauer haben mir geschrieben, dass sie nie gedacht hätten, wie entspannt kochen sein könnte, wie sehr sie meinen Humor und mein Lachen mögen. Sieh mal einer an! Als wir die Sendung konzipiert haben, war nie die Rede davon, dass ich als Spaßvogel auftreten soll. Das war eindeutig Horsts Domäne. Sein Witz ist aber so ansteckend, dass ich gar nicht anders kann, als den Ernst ein wenig außen vor zu lassen …

Es ist heiß im Studio, und es wird gleich noch heißer werden – dafür sorgen neben den Scheinwerfern die beiden Herde. Egal. Schon ertönt der Anfangsjingle, und die Aufzeichnung beginnt. Horst und ich stellen unsere Kochpartner vor und sagen ein paar Worte zu den Rezepten, die wir heute kochen. Das ist immer ein spannender Moment, denn weder Horst noch ich wissen im

Voraus, was der andere zubereiten wird. Auch die beiden Gäste wissen nicht, was auf sie zukommt. Zwiebeln schneiden? Teig ausstechen? Kartoffeln schälen? Diese Überraschungstaktik hat einen Haken: Wenn der Gast nicht weiß, was auf ihn zukommt, kann er nicht trainieren. Dann passiert es schon mal, dass ich ihn bitte, mir die Minze zu reichen, und er gibt mir den Dill. Also trainiere ich mich seither ein wenig, nämlich nicht so viel vorauszusetzen. Ich halte einfach das Minzesträußchen hoch und erkläre: »Das ist übrigens frische Minze!«

Guido Cantz soll nun Gurkenschiffchen mit Gemüsequark zubereiten, ein klasssisches Siebzigerjahre-Rezept. Horst wagt sich an Schweinefilets im Speckmantel mit Orangensoße. Ich hatte Hannelore als »Superköchin« vorgestellt, was sie mit einem lachenden »Au weia!« kommentierte. Sie schaut skeptisch, als ich verrate, welches Gericht sie zubereiten muss: Rhabarber-Mandel-Strudel auf Erdbeer-Carpaccio. Ich selber werde einen Loup de Mer mit Risotto und Parmesanschaum präsentieren. Dann kann es ja losgehen! Horst und ich müssen in jeder Sendung einen wahren Drahtseilakt vollbringen – wir müssen unsere Gäste anleiten, dürfen sie aber nicht in den Schatten stellen. Wir müssen uns auf ihre Kochkenntnisse und -fähigkeiten einstellen und, auch wenn sie vielleicht gar nicht kochen können, ein perfektes Menü zaubern.

Einmal sagte eine Schauspielerin, die an meiner Seite kochen sollte, vor Sendebeginn zu Horst: »Was, ich muss hier kochen?« Horst antwortete: »Ja, sicher müssen Sie hier kochen, und zwar mit Johann Lafer.« – »Wer ist denn Johann Lafer?« – »Das ist ein Sternekoch.« – »Ich habe nur die Einladung meiner Agentur gelesen. Da hieß es, ich soll mal in diese Sendung gehen. Ich weiß eigentlich überhaupt nichts darüber. Ich esse übrigens auch nur sehr wenig.« Da hatte ich also mit einer Dame zu kochen, die *Lafer! Lichter! Lecker!* noch nie gesehen hatte, keine Ahnung vom Kochen hatte und nicht einmal gerne aß. Nach der Aufzeichnung war ich platt.

Heute wird alles besser! Es geht schon gut los … Hannelore soll mit dem Handrührgerät Eiweiß zu Schnee schlagen. Ich rate ihr, mehr »Gas zu geben«, sie hält dagegen: »Das ist doch schon ganz steif!« Brüllendes Gelächter, Horst fragt, wie sie das genau meint. Hannelore bleibt ob dieser anzüglichen Bemerkung ungerührt. Als ich mich dann über den quirlenden Mixer beuge, landet eine Ladung Eischnee direkt in meinem Gesicht. Was soll das? Schadenfroh verlangt Horst sofort, dass die Szene auf den Bildschirmen im Studio wiederholt wird – in Zeitlupe!

Als ich den Risottotopf auf die Herdplatte setze, riecht es plötzlich ganz verbrannt. Auf der Platte klebt doch tatsächlich ein Gummibärchen! Sabotage! Das hat vermutlich einer der Studioarbeiter vergessen … Doch bald brennt noch mehr an – bei Horst kocht die Milch fürs Kartoffelpüree über. Im Brustton der Überzeugung erklärt er: »Wenn die Milch überkocht, dann ist das gut. Dann schmeckt das Püree umso besser.« Als er dann noch anmerkt, dass man die Gurkenschiffchen mit Magerquark füllt, muss ich lachen: »Ausgerechnet! Seit wann nimmst du Magerquark?« Er ist es doch, der jedes Gericht mit einem Pfund Butter verfeinert!

»Johann ist heute anscheinend mehr auf meiner Seite als auf seiner. Das mag ich«, entgegnet Horst. Er schaut mich mit treuherzigem Dackelblick an, dann hechtet er zu Hannelore und küsst sie von oben bis unten ab. »Wollen wir vielleicht mal anfangen? Los geht's!« Langsam werde ich ungeduldig …

Tatsächlich schaffen wir unser Kochprogramm und beschließen die Sendung mit der üblichen Probierrunde: Die Zuschauer kommen nach vorne, kosten von den Speisen, fragen nach Autogrammen und Fotos.

Auf dem Weg in die Garderobe sage ich zu Horst, dass ich mich manchmal wie ein Stierkämpfer fühle. »Das siehst du falsch! Du bist ein Dompteur, und in der Manege sind ein paar unberechenbare Tiere.«

Die Arbeit mit Horst Lichter macht mir großen Spaß. Manchmal glaube ich, dass uns das Schicksal zusammengeführt hat (na ja, vielleicht in Gestalt der ZDF-Verantwortlichen …). Manchmal höre ich, dass mich Horst mit seinen Witzeleien in der Sendung in den Schatten stellen würde. Das finde ich gar nicht. Er ist ein lustiger Kerl, und wir ergänzen uns prima. Und wer sagt, ich wäre nicht lustig, der soll sich die Sendung mal ansehen!

Was ich an Horst neben seinem Humor am meisten schätze, ist seine ehrliche Art. Er hat mir mal gestanden, dass er mich in der Anfangszeit unserer Bekanntschaft für einen recht eingebildeten und weltentrückten Kerl gehalten hat. Allein schon die Art, wie andächtig ich mit den Zutaten umging, hat ihn auf die Palme gebracht. Heute macht er es ebenso wie ich – ich habe ihm also beigebracht, wie man das Kochen und Essen zelebrieren kann. Na, wenn das nichts ist.

*Lafer! Lichter! Lecker* hat sich inzwischen ganz schön gemausert. Zuletzt hatten wir knapp zwei Millionen Zuschauer – und das am Samstagnachmittag, in naher Konkurrenz zur Fußball-Bundesliga. Ich war schon unglaublich stolz, als Johannes B. Kerner und Markus Heidemanns, die »Macher« der Produktionsfirma *Fernsehmacher* mir ihre Glückwünsche auf die Mailbox sprachen. Eigentlich wäre das der rechte Zeitpunkt gewesen, sich mal zurückzulehnen und die Korken knallen zu lassen. Aber gerade als mich die beiden anriefen, besprach ich mit meinem Küchenchef Thomas Kahl die Speisekarten der kommenden Wochen. Ich hatte so viel Arbeit, dass ich nicht einmal zurückgerufen habe, um mich zu bedanken. Und das mir, dem Verfechter des Genießens!

# DIE ZEIT UND DAS GLÜCK –
# ÜBER DIE ZWEITE HÄLFTE
# DES LEBENS

**SEIT ICH ALS KOCH ARBEITE – SEIT MEINER LEHRZEIT –, MUSS ICH MIT DRUCK VON AUSSEN ZURECHTKOMMEN EBENSO WIE MIT DEM DRUCK, UNTER DEN ICH MICH SELBST SETZE. STROMBURG, KOCHSCHULE, WERBEVERTRÄGE, FERNSEHEN – MANCHE LEUTE BEHAUPTEN GAR, ICH WÄRE SÜCHTIG NACH ÖFFENTLICHER ANERKENNUNG. DOCH ICH SEHE DURCHAUS DIE KEHRSEITE DER MEDAILLE, JE ÄLTER ICH WERDE, UMSO DEUTLICHER. ICH HABE SO VIEL STRESS, DASS ICH MANCHMAL AM ENDE MEINER KRÄFTE BIN. VIELE LEUTE FRAGEN MICH, WIE ICH DIE VIELE ARBEIT SCHAFFE. DAS FRAGE ICH MICH, EHRLICH GESAGT, AUCH MANCHMAL.**

Wenn ich nach der Arbeit von der Stromburg nach Guldental fahre, überlege ich, was am kommenden Tag ansteht. Zum Beispiel die Aufzeichnungen der SWR-Sendung *Lafer: Einfach kochen!* Eine Woche lang täglich zwei Sendungen. Zum Glück wird in meinem eigenen Studio in Guldental produziert, sodass ich in der Nähe meiner Familie und meines Restaurants bin. Das Konzept ist einfach: Zwei Menschen, die gerne und mit Lust kochen, tun dies gemeinsam mit mir. Der Zuschauer erlebt hautnah, welche großen und kleinen Probleme bei der Zubereitung eines Gerichtes auftreteten können. Meine Gäste stellen Fragen, die vermutlich auch jedem einzelnen Zuschauer auf der Zunge liegen. Und so gebe ich Tipps und Ratschläge für alle Kochlagen.

Ich weiß selbst, dass ich an die Grenzen des Machbaren gekommen bin. Abgeben ist schwierig, hinzu kommt, dass die öffentliche Wahrnehmung für mich eine große Bedeutung hat. Ich zeige mich gern als einen Menschen, der kochen kann – und ich möchte, dass mich die Zuschauer oder die Leute, die eine Werbeanzeige mit mir sehen, mit Genuss und Lebensqualität in Verbindung bringen. Doch bei allem Erfolg, aller Euphorie und dem größten Spaß – mir ist bewusst, dass ich aufpassen muss, nicht ein Gefangener meiner selbst zu werden. Sonst verliere ich die Freude an dem, was ich tue. Normalerweise müsste ich mit fünfzig kürzertreten – aber ich liebe nun mal, was ich tue, stehe gerne im Rampenlicht. Andere werfen mir vor, dass ich nicht genug bekommen kann. Noch wird im *Gault Millau Deutschland* des Jahres 2006 gestichelt, dass ich im »Epizentrum« meiner »Eigenvermarktung nur noch die Honneurs« mache.

Aber eines muss ich wirklich sagen: Für das, was ich als Koch geschafft habe, gibt es in Deutschland kaum ein vergleichbares Beispiel. Viele große Köche sind angestellt und brauchen sich nicht um die Wirtschaftlichkeit des eigenen Unternehmens zu sorgen. Ein Leben für den guten Geschmack hat natürlich etwas mit dem Wunsch zu tun, etwas zu verändern und zu bewegen. Ich bin nun mal ein Workaholic – ohne Arbeit kann ich nicht leben. Trotzdem weiß ich, dass nach der Pflicht die Kür kommt. 2007 ist mein letztes Pflichtjahr, dann habe ich alles gemacht, was es zu machen gibt.

Ich weiß, dass ich das Tempo, das ich in den letzten zehn Jahren vorgelegt habe, nicht mehr lange halten werde. Man kann nicht sein ganzes Leben lang sechzehn Stunden täglich Vollgas geben.

Noch ist es so, dass ich auf allen Hochzeiten gleichzeitig tanzen muss – Stromburg, Kochschule, Fernsehen. Natürlich klagen meine Kinder hin und wieder, dass ich zu wenig Zeit für sie habe. Und in diesen Augenblicken bin ich hilflos und traurig, ich kann mir keine Situation vorstellen, die für einen liebenden Vater schmerzhafter sein könnte, als aus dem Mund der eigenen Kinder zu hören, was längst das eigene Gewissen plagt. Manchmal glaube ich, ich irre durch ein Labyrinth und finde den Ausgang nicht. Aber dann ist es ja auch so, dass ich meine Arbeit liebe – ich kann sie nicht morgen stehen und liegen lassen, gerade auch wegen meiner Familie nicht.

Der Journalist Klaus Kamolz betitelte sein im April 2007 in der österreichische Zeitschrift *Profil* erschienenes Johann-Lafer-Porträt mit meinen Worten: »Ich muss gut drauf sein.« Das ist schon richtig, nur wenn ich schlecht drauf bin, darf ich es nicht zeigen. Wer im Licht der Öffentlichkeit steht, muss immer gut drauf sein. Und es interessiert auch niemanden, wie es mir wirklich geht.

Wenn ich meinen Terminkalender anschaue, möchte ich manchmal am liebsten davonlaufen – mich auf meine Lieblingsinsel Pangkor Laut in Malaysia zurückziehen und gar nichts tun. Ich bin merkwürdig hin- und hergerissen zwischen meinem Wunsch, allein zu sein, und meiner Arbeitswut. Letztendlich siegt immer meine Arbeitswut. Auf der einsamen Insel würde ich es wahrscheinlich nur einen Tag aushalten … Heute weiß ich natürlich, dass ich den Mangel an Privatsphäre akzeptieren muss, da ich erfolgreich und bekannt sein möchte. Vor der Kamera zeige ich mich als gut gelaunter Optimist und habe dennoch dunkle Flecken auf meiner Seele. Es gibt mir zu denken, dass so viele Leute, die im Licht der Öffentlichkeit stehen, den Halt verlieren und ins Bodenlose rutschen.

Ich habe so viel erlebt und durchgemacht, dass ich mich manchmal frage, wie ich alles unbeschadet überstanden habe. Ich habe immer wieder Phasen durchlebt, in denen ich mich psychisch und physisch am Ende fühlte. Ich konnte mich zum Glück immer retten, ohne die Flucht in den Alkohol oder Drogen zu suchen. Es war stets mein Ziel, selbstständig und unabhängig zu sein.

Vor Kurzem erhielten Silvia und ich das Angebot, das Gründerode-Haus zu übernehmen, in dem Szenen aus *Heimat 3*, dem letzten Teil der *Heimat*-Trilogie von Edgar Reitz spielen. Wir waren beide Feuer und Flamme, aber dann wollte ich nicht mehr; ich finde, wir haben genug erreicht. Da müssen wir jetzt nicht noch einmal mit einem Projekt bei null anfangen. Zu viele Beispiele haben mich gelehrt, wie schnell man aus dem siebten Himmel stürzen und unsanft landen kann.

»Weniger ist mehr.« Das gilt nicht nur beim Kochen, sondern in ganz vielen Bereichen des Lebens. Und Risiken sind wir wirklich genug eingegangen. Letztendlich höre ich nicht auf Leute, die mir im Nachhinein sagen, was ich hätte besser machen können. Ich treffe die Entscheidungen, und ich stehe dann auch dafür gerade. So einfach ist das.

Ich bin an dem Punkt angekommen, an dem ich mich frage: Wie geht es weiter? Was kommt noch? Diese Fragen machen mir Angst, solange ich auf sie keine Antworten finde. Aber: Wer an sich selbst glaubt und versucht, seine Sache gut zu machen, dem wird es gelingen.

Ich bin froh, fünfzig Jahre alt zu sein. Ich würde nicht noch einmal jung sein wollen und von vorne beginnen müssen. Ich bin gelassener geworden und habe gelernt, mein Leben mit weniger Härte gegen mich und andere zu führen. Trotz meiner vielen Arbeit freue ich mich am Leben und genieße dank meiner Frau Silvia und unserer beiden Kinder die vielen Lichtblicke, die das Leben für jeden von uns bereit hält, jeden Tag aufs Neue. Natürlich will ich, dass ich gemocht werde, so bin ich einfach. Das ist meine kleine Schwäche, von Kindheit an. Ich möchte das Strahlen in den Augen meiner Gäste sehen.

Nur: der glücklichste Mensch auf Erden bin ich jedesmal dann, wenn ich das Leuchten in den Augen meiner Kinder sehe und Silvias Hand in meiner liegt. Sie sind meine Stärke.

## SCHAUMSÜPPCHEN VON BRUNNENKRESSE MIT KNOBLAUCHROYALE UND RICOTTAZIGARRE

ZUTATEN FÜR 4 PERSONEN

*Knoblauchroyale:*
100 g Knoblauch, geschält
350 ml Sahne
1 Ei
1 Eigelb
Salz, Muskat

1 Bund Brunnenkresse
30 g Butter
40 g Schalotten, gewürfelt
1 Knoblauchzehe, fein gewürfelt
400 ml Geflügelfond
300 ml Sahne
Salz, Pfeffer, Muskat

*Ricottazigarre:*
150 g Ricotta
1 EL Schnittlauch, gehackt
1 EL Kerbel, gehackt
1 EL glatte Petersilie, gehackt
1 Eigelb
Salz, Pfeffer
Chili a. d. Gewürzmühle
1 TL Zitronensaft

2 Blatt Frühlingsrollenteig
1 Eigelb
150 g Butterschmalz
etwas Zitronensaft
2 EL geschlagene Sahne

ZUBEREITUNG

1 Knoblauchroyale: Den geschälten Knoblauch mit der Sahne aufkochen, ziehen lassen, durch ein Sieb passieren, die Sahne auf 200 ml einkochen und abkühlen lassen.
2 Anschließend Ei und Eigelb untermixen, mit Salz und Muskat würzen und durch ein Sieb passieren. Die Masse in vier feuerfeste Gläser füllen und im Backofen bei 100° C Ober- und Unterhitze im Wasserbad ca. 40–50 Minuten garen.

3 Die Brunnenkresse waschen und grob hacken.
4 Die Butter in einem Topf zerlaufen lassen. Schalotten und Knoblauch beigeben und anschwitzen. Mit Brühe

und Sahne auffüllen und alles gut durchkochen lassen. Mit Salz, Pfeffer und Muskat würzen.

5. Ricottazigarre: Den Ricotta mit den gehackten Kräutern und dem Eigelb vermischen, mit Salz, Pfeffer, Chili aus der Gewürzmühle und Zitronensaft abschmecken und in einen Spritzbeutel füllen.
6. Den Frühlingsrollenteig halbieren, mit Eigelb bestreichen und die Ricottamasse darauf dressieren. Nun zu einer Zigarre aufrollen und die Enden gut festdrücken. Die Zigarren in heißem Butterschmalz ausbacken und auf Küchenpapier abtropfen lassen.

7. Die Brunnenkresse zu der Suppe geben und mit dem Pürierstab gut durchmixen.

8. Zum Schluss die Suppe durch ein Sieb passieren und mit Zitronensaft und geschlagener Sahne verfeinern. Die Gläser mit der Knoblauchroyale langsam mit der Suppe füllen und mit einer Ricottazigarre garnieren.

## ZITRONENGRASESSENZ MIT KORIANDERGRIESSNOCKEN

### ZUTATEN FÜR 4 PERSONEN

250 g Poulardenfleisch
4 Stck. Zitronengras
1 EL Limonenschale
2 Eiweiß
1 l eiskalte Geflügelbrühe

***Koriandergrießnocken:***
50 g Butter
½ TL Korianderkörner (geröstet, fein gemahlen)
1 Ei
60 g Hartweizengrieß
Salz
1 EL Korianderblätter

### ZUBEREITUNG

1 Poulardenfleisch, Zitronengras und Limonenschale feinhacken und alles mit dem Eiweiß mischen.
2 Die Geflügelbrühe in einen Topf geben und das hergestellte Klärfleisch daruntermischen. Unter vorsichtigem Rühren aufkochen und ca. 20 Minuten ziehen lassen.
3 Die Brühe nun durch ein feines Tuch vorsichtig passieren.

4 Koriandergrießnocken: Die Butter mit dem Koriandermehl schön schaumig rühren, das Ei und den Grieß unterrühren. Mit Salz und den geschnittenen Korianderblättern abschmecken.
5 Die Nocken mit zwei Teelöffeln formen und in das heiße Salzwasser geben, kurz aufwallen und dann 8–10 Minuten ziehen lassen.

## BACKHENDL MIT KOPFSALAT

### ZUTATEN FÜR 4 PERSONEN

2 Maishühner (ca. 800 g)
Salz, Pfeffer
90 g Mehl
3 Eier
2 EL geschlagene Sahne
200 g Semmelbrösel
etwas Öl
2 Zitronen
2 Petersilienzweige
4 Kopfsalatherzen
500 g Butterschmalz

### ZUBEREITUNG

1 Die Maishühner auswaschen, abtrocknen und auslösen. Keulen und Brust von der Karkasse lösen. Die Haut entfernen. Mit Salz und Pfeffer gut würzen. Eier und Sahne mit einer Gabel verquirlen. Das Hühnerfleisch in Mehl, den verschlagenen Eiern und den Semmelbröseln panieren.

2 Butterschmalz erhitzen, die Hähnchenteile darin goldbraun ausbacken, dabei mehrmals wenden. Danach auf Küchenkrepp abtropfen lassen.

3 Die gebackenen Keulen und die Brust auf den Tellern anrichten und mit Zitronenspalten garnieren. Als weitere Garnitur kann krause Petersilie in Fett ausgebacken werden. Diese ebenfalls gut salzen.

4 Die Kopfsalatherzen separat oder dazu servieren, Dressing nach Wunsch. Ich empfehle steirisches Kürbiskernöl.

## SCHARFES THAIHUHN MIT GEBRATENEM PAK CHOI

### ZUTATEN FÜR 4 PERSONEN

4 Hühnerbrüste, küchenfertig und ohne Haut
3 Eiweiß
2 EL Kokosraspel
3 EL feines Reismehl
2 rote Chilischoten, fein gewürfelt
2 EL Korianderblätter, gehackt
3 Kaffir-Limonenblätter, gehackt
3 EL Macadamianüsse, gemahlen
3 EL Stärkemehl
50 ml Erdnussöl

4 Stück Mini Pak Choi
3 EL Sesamöl
Salz, Pfeffer

***Süß-scharfe Sauce:***
2 EL brauner Zucker
50 ml Reisessig
100 ml helle Sojasauce
Saft von
1 Limette
abgeriebene Schale von
1 Limette (unbehandelt)
2 EL Sushi-Ingwer, gehackt
1 rote Chilischote, fein gewürfelt

### ZUBEREITUNG

1 Die Hühnerbrüste in jeweils 3 gleichgroße Stücke schneiden.
2 Eiweiß in einer Schüssel mit dem Schneebesen leicht schaumig anschlagen. Die restlichen Zutaten mischen und unter das Eiweiß mischen.
3 Die Hühnerbrüste in Stärkemehl wenden, durch die Panade ziehen und in heißem Erdnussöl von beiden Seiten anbraten. Bei geringer Temperatur fertig braten.
4 Pak Choi waschen, trocken schleudern, halbieren, in heißem Sesamöl anbraten und mit Salz und Pfeffer würzen.

5 Süß-scharfe Sauce: Alle Zutaten in einer Schüssel gut verrühren.

6 Den gebratenen Pak Choi auf Teller geben, Thaihuhn darauf setzen und mit der Sauce beträufeln. Die restliche Sauce separat dazu servieren.

## KALBSVÖGERLN
## AUF WIRSINGGEMÜSE UND SCHUPFNUDELN

### ZUTATEN FÜR 4 PERSONEN

1 kg Kalbshaxe, ohne Knochen
2 ½ EL Butterschmalz
Salz, Pfeffer
180 g Röstgemüse (Karotten, Sellerie, Lauch, Zwiebel)
20 g Tomatenmark
300 ml Rotwein
500 ml Kalbsfond
2 Knoblauchzehen, angedrückt
1 kleines Lorbeerblatt
1 Nelke
etwas abgeriebene Zitronenschale
angerührte Speisestärke

*Schupfnudeln:*
400 g Kartoffeln, mehlig kochend
50 g Grieß
50 g Mehl
1 Eigelb
Salz, Muskat

*Wirsinggemüse*:
1 Wirsingkopf
1 Schalotte, gewürfelt
2 EL Speckwürfel
1 EL Butterschmalz
250 ml Sahne
Salz, Pfeffer, Muskat
3 EL Butter

### ZUBEREITUNG

1 Die Kalbshaxe enthäuten, entsehnen und der Muskulatur folgend trennen. Die länglichen Muskeln würzen und im Topf scharf anbraten. Die Kalbsvögerl herausnehmen und das gewürfelte Röstgemüse anrösten.
2 Tomatenmark unterrühren und mit einem Teil des Weins ablöschen. Einreduzieren lassen und wieder etwas Wein angießen. Diesen Vorgang öfters wiederholen, desto schöner wird die Sauce. Ist der Wein aufgebraucht, die Kalbsvögerl wieder zugeben und mit Kalbsfond aufgießen.
3 Die Gewürze zufügen und abgedeckt im 170° C heißen Backofen ca. 2 Stunden schmoren lassen.

4 Sind die Kalbsvögerl weich, herausnehmen und warm stellen.

5 Die Sauce passieren, auf die Hälfte einkochen lassen und eventuell mit etwas angerührter Speisestärke leicht binden. Das Fleisch in die Sauce zurückgeben.

6 Für die Schupfnudeln die Kartoffeln mit Schale in Salzwasser kochen, abschütten und im 200° C heißen Ofen ca. 10 Minuten ausdampfen lassen. Schälen und zweimal durch eine Presse drücken.

7 Grieß, Mehl, Eigelb, Salz und Muskat beigeben und alles gut verkneten.

8 Die Hände mit Mehl bestäuben und aus dem Teig kleine Fingernudeln formen. Diese in kochendes Salzwasser geben, Topf vom Herd nehmen und solange ziehen lassen, bis die Nudeln an der Wasseroberfläche schwimmen. Herausnehmen und in kaltem Wasser abschrecken.

9 Wirsinggemüse: Den Strunk herausschneiden. Äußere Blätter entfernen. Die restlichen Blätter abschälen und diese in kochendem Salzwasser blanchieren. Anschließend in Eiswasser abschrecken, die Blätter mit einem Tuch abtupfen, Blattrippe herausschneiden und dann die Blätter in große Stücke schneiden.

10 Schalotten- und Speckwürfel in heißem Butterschmalz anbraten. Wirsing zufügen, mit Sahne auffüllen, sämig einkochen. Mit Salz, Pfeffer und Muskat abschmecken.

11 Die Schupfnudeln in Butter goldgelb anbraten, eventuell nochmals würzen und mit Wirsinggemüse und den Kalbsvögerln anrichten.

## WIENER SCHNITZEL
## MIT STEIRISCHEM KARTOFFEL-GURKEN-SALAT

### ZUTATEN FÜR 4 PERSONEN

*Schnitzel:*
4 Schnitzel von der Kalbsoberschale, à ca. 120 g
Öl
Salz, Pfeffer
2 Eier
2 EL geschlagene Sahne
Salz, Pfeffer
50 g Mehl
150 g Semmelbrösel
200 g Butterschmalz
4 Zitronenspalten

*Kartoffel-Gurken-Salat:*
900 g festkochende Salatkartoffeln
Salz
0,5 TL Kümmel
0,5 Salatgurke
2 EL Speck, fein gewürfelt
1 EL Pflanzenöl
3 EL Schalottenwürfel
5 EL Balsamico bianco
200 ml Rinderfond
1 EL scharfer Senf
Salz, Pfeffer
5 EL Pflanzenöl
50 ml Kürbiskernöl
1 El Schnittlauchröllchen

### ZUBEREITUNG

1 Die Kalbsschnitzel zwischen zwei Klarsichtfolien, welche vorher leicht mit etwas Öl eingerieben wurden, dünn ausklopfen. Mit Salz und Pfeffer würzen.
2 Die Eier und die geschlagene Sahne mit Hilfe einer Gabel in einer Schüssel verquirlen. Salzen und pfeffern.
3 Die Schnitzel in Mehl wenden, überschüssiges Mehl abklopfen, dann durch das Ei ziehen und anschließend in den Semmelbröseln panieren. (Wichtig: die Panade fest andrücken.)
4 Butterschmalz in einer Pfanne erhitzen und die Schnitzel von beiden Seiten goldgelb ausbacken. (Die Schnitzel sollten im heißen Butterschmalz schwimmen.) Auf

Küchenpapier abtropfen lassen und auf den Tellern mit je einer Zitronenspalte anrichten.

5 Für den Salat die Kartoffeln waschen und in Salzwasser mit Kümmel nicht zu weich kochen. Die Kartoffeln abkühlen lassen, schälen und in gleichmäßige Scheiben schneiden.

6 Die Gurke schälen, der Länge nach halbieren und mit einem Löffel das Kerngehäuse entfernen. In Scheiben schneiden und zu den Kartoffeln geben.

7 Speckwürfel in einer heißen Pfanne in Pflanzenöl anschwitzen, Schalotten dazugeben und mitbraten. Mit Balsamico bianco ablöschen und mit Rinderfond aufgießen. Etwas einkochen lassen. Den Senf einrühren und mit Salz und Pfeffer abschmecken.

8 Die heiße Marinade und das Pflanzenö auf die Kartoffel- und Gurkenscheiben geben, gut durchmischen und eine halbe Stunde ziehen lassen. Zum Schluss mit steirischem Kürbiskernöl verfeinern und mit Schnittlauchröllchen vollenden.

## STEIRISCHER ALMOCHSE UNTER DER PFEFFERKRUSTE AUF GRIEBENSPITZKOHL UND BRUNNENKRESSEPÜREE

### ZUTATEN FÜR 4 PERSONEN

*Steirisches Almochsenfilet:*
3 EL Butterschmalz
1 kg steirisches Almochsenfilet
Salz, Pfeffer
2 Rosmarinzweige
2 Thymianzweige
2 Schalotten, halbiert

*Pfefferkruste:*
60 g Weißbrot, ohne Rinde
100 g Butter, zimmerwarm
1 Thymianzweig, gezupft
1 TL bunter Pfeffer (melange noir), zerstoßen
Salz

*Griebenspitzkohl:*
800 g Spitzkohl
40 g Butter
60 g Schalotten, fein gewürfelt
20 g Mehl
100 ml Weißwein
350 ml Geflügelfond
150 g Speck
Salz, Pfeffer
Muskat
Chili a. d. Gewürzmühle
100 g Tomatenwürfel
2 EL Grieben
2 EL Schnittlauch, in feine Röllchen geschnitten
2 EL geschlagene Sahne

*Brunnenkressepüree:*
500 g mehlig kochende Kartoffeln
Salz
100 ml Milch
80 g Butter
150 g Brunnenkresse
50 g Butter
Salz
Muskat
2 EL geschlagene Sahne

ZUBEREITUNG

1 Steirisches Almochsenfilet: Butterschmalz in einer Pfanne erhitzen. Das Almochsenfilet mit Salz und Pfeffer würzen und darin rundherum anbraten. Rosmarin, Thymian und Schalotten zugeben. Ein Backblech mit 4 Schichten Alufolie belegen und das angebratene Almochsenfilet mit Kräutern und Schalotten darauf geben. Im vorgeheizten Backofen bei 130° C Unter- und Oberhitze ca. 40–50 Minuten garen, dabei öfter wenden.

2 Pfefferkruste: Das Weißbrot in einer Küchenmaschine fein mahlen und zusammen mit der Butter, Thymianblättchen und Pfeffer in einer Schüssel vermengen, mit Salz abschmecken.

3 Die Masse in einen Gefrierbeutel geben, mit einem Nudelholz ca. 2 mm dünn ausrollen und kalt stellen. Kurz vor dem Servieren die Kruste auf die Größe des Filets zurecht schneiden, den Gefrierbeutel entfernen, die Kruste auf das Fleisch legen und unter dem Backofengrill goldbraun überbacken.

4 Griebenspitzkohl: Den Spitzkohl putzen, waschen und in feine Streifen schneiden. Diese in kochendem Salzwasser ganz kurz blanchieren, abschrecken und ausdrücken.

5 Butter erhitzen und die Schalotten darin anschwitzen. Mehl dazugeben und mitrösten, mit Weißwein und heißem Geflügelfond auffüllen und ca. 20 Minuten köcheln lassen.

(Weitere Schritte siehe nächste Seite)

6 Für die Grieben den Speck in feine Würfel schneiden und in einem Topf bei milder Hitze auslassen, bis er goldbraun uns knusprig ist. Anschließend mit einer Schaumkelle aus dem Fett nehmen und die Grieben auf Küchenpapier abtropfen lassen.

7 Den Spitzkohl zugeben, mit Salz, Pfeffer, Muskat und Chili aus der Gewürzmühle würzen. Zum Schluss Tomatenwürfel, Grieben, Schnittlauch und geschlagene Sahne unterheben.

8 Brunnenkressepüree: Die Kartoffeln waschen und in Salzwasser ca. 10 Minuten ankochen lassen. Nun das Wasser abgießen, die Kartoffeln mit der Schale in Alufolie einpacken und im vorgeheizten Backofen bei ca. 180° C etwa 45 Minuten garen.

9 Die Milch mit der Butter kurz aufkochen.

10 Die Kartoffeln schälen und heiß in das Milch-Butter-Gemisch pressen.

11 Brunnenkresse putzen, waschen und in kochendem Salzwasser blanchieren. Anschließend in Eiswasser abschrecken. Zusammen mit der Butter in einem Standmixer zu einem feines Püree mixen und mit Salz würzen.

12 Das Brunnenkressepüree zu der Kartoffelmasse geben, gut verrühren und mit Salz und Muskat abschmecken. Zum Schluss die geschlagene Sahne vorsichtig unterheben.

## GEFÜLLTE THUNFISCHRÖLLCHEN MIT THAI-MANGO, GURKE UND SOJA-AHORN-DIP

### ZUTATEN FÜR 4 PERSONEN

400 g Thunfischfilet
(Sushi-Qualität)
1 Thai-Mango
1 Gurke

*Für den Soja-Ahorn-Dip*
6 EL Sojasauce
1 EL Reisessig
10 EL Olivenöl (oder
Sesamöl)
3 TL Zucker
1 EL Ahornsirup
½ Chilischote, fein gewürfelt
Saft von 1 Limette (ca. 3 EL)

Salz, Pfeffer
2 Päckchen Chizo Kresse für
die Garnitur

### ZUBEREITUNG

1 Das Thunfischfilet vor dem Schneiden für ca. 1 Stunde in das Gefrierfach legen, damit sich der Thunfisch später leichter in dünne Scheiben schneiden lässt (per Hand oder mit der Aufschnittmaschine).
2 Mango schälen und in ca. 6–8 cm lange Stifte schneiden. Gurke waschen, der Länge nach vierteln, Kerngehäuse entfernen und ebenfalls in ca. 6–8 cm lange Stifte schneiden.

3 Für den Soja-Ahorndip alle Zutaten miteinander vermischen und mit einem Schneebesen zu einer homogenen Masse schlagen.
4 Das Thunfischfilet dünn aufschneiden und mit dem Soja-Ahorn-Dip mit Hilfe eines Küchenpinsels bestreichen. Mango- und Gurkenstifte auf den Fisch legen, einrollen, mit Salz und Pfeffer würzen und mit der Chizo Kresse garniert servieren.

## ST. PETERSFISCH IM KOKOSSCHAUM AUF GEBRATENEN ASIA NUDELN

### ZUTATEN FÜR 4 PERSONEN

1 Chilischote
½ Ingwerknolle
4 Schalotten, geschält
etwas Sesamöl
250 ml Kokosmilch, ungezuckert
4 Kaffirlimonenblätter
Salz
Zucker

4 St. Petersfischfilets, à 100 g (ohne Haut)
1 EL geschlagene Sahne
Chili a. d. Gewürzmühle
Korianderblätter für die Garnitur

*Gebratene Asia Nudeln:*
2 EL Sesamöl
30 g Paprika, rot, geschält
30 g Paprika, grün, geschält
30 g Paprika, gelb, geschält
30 g Mu Err Pilze
30 g Chinakohl
30 g Mangold
120 g Singapurnudeln
1 EL Knoblauch, gehackt
2 EL Oystersauce
2 EL Sweet Chili Sauce
2 EL Ingwer, gehackt
½ TL Curry
½ TL Kurkuma
Salz, Pfeffer
Sweet Chili Sauce
Korianderblätter für die Garnitur

## ZUBEREITUNG

1 Chilischote, Ingwer und Schalotten grob schneiden. Alles in etwas Sesamöl anschwitzen.
2 Mit Kokosmilch auffüllen.
3 Die Kaffirlimonenblätter zufügen und mit Salz und Zucker würzen.

4 Die Fischfilets in ein breites Geschirr setzen, mit dem heißen Kokossud übergießen und im Backofen bei 150° C ca. 8 Minuten langsam garen.
5 Den Fond passieren, mit der Sahne schaumig mixen und den St. Petersfisch damit überziehen. Mit etwas Chili aus der Gewürzmühle würzen und mit gezupften Korianderblättern garnieren.

6 Gebratene Asia Nudeln: Das Sesamöl in einer ausreichend großen Pfanne stark erhitzen, den geschälten und in feine Streifen geschnittenen Paprika zugeben. Danach die eingeweichten und gut abgetropften Mu Err Pilze ebenfalls zugeben und kurz mitrösten.
7 Den Chinakohl und den Mangold vom Strunk befreien, in feine Streifen schneiden und zu dem Gemüse in die Pfanne geben. Danach die abgekochten Nudeln zugeben. Mit dem Knoblauch, Oyster- und Sweet Chili Sauce, Ingwer, Curry, Kurkuma, Salz und Pfeffer würzen. Alles gut vermischen.

8 Das St. Petersfischfilet auf den Asia Nudeln anrichten, mit etwas Sweet Chili Sauce beträufeln und mit frischen Korianderblättchen garnieren.

## BISKUITROLLE MIT HIMBEER-SAHNE-CRÈME

### ZUTATEN FÜR 4 PERSONEN

50 g Butter
3 Eiweiß
40 g Zucker
3 Eigelbe
2 EL Zucker
20 g Mehl
20 g Speisestärke
1 bis 2 EL Puderzucker
3 Blatt rote Gelatine
300 g Himbeeren
50 g Puderzucker, gesiebt
1 EL Himbeergeist
125 g Sahne
Puderzucker

### ZUBEREITUNG

1 Den Ofen auf 200° C vorheizen.
2 Die Butter bei mittlerer Hitze zerlassen.
3 Eiweiß steif schlagen, dabei nach und nach den Zucker einrieseln lassen.
4 Die Eigelbe mit dem Zucker schaumig schlagen und ein Drittel des Eischnees unterheben. Mehl und Speisestärke auf die Eigelbmasse sieben und unterrühren. Dann den restlichen Eischnee mit der flüssigen Butter unterheben. Die Biskuitmasse auf ein mit einer Silikon Backmatte von Birkmann ausgelegtes Blech geben, glatt streichen und im Ofen bei Ober- und Unterhitze auf der mittleren Schiene ca. 10 Minuten backen.
5 Ein sauberes Stofftuch mit dem Puderzucker bestäuben. Den Biskuit darauf stürzen, die Backmatte vorsichtig abziehen und den Biskuit abkühlen lassen.
6 Inzwischen die Gelatine ca. 10 Minuten in kaltem Wasser einweichen.
7 2/3 der Himbeeren mit dem Puderzucker pürieren und durch ein feines Sieb streichen. Die Gelatine gut ausdrücken, im warmen Himbeergeist auflösen und unter das Himbeermark rühren.

8 Die Sahne steif schlagen und mit den restlichen Himbeeren unter das Himbeermark heben. Den Biskuitboden mit der Himbeersahne bestreichen, mit Hilfe des Tuches vorsichtig zusammenrollen und zugedeckt ca. 1 Stunde kühl stellen.

9 Die Biskuitrolle mit Puderzucker bestäuben und in Scheiben schneiden.

## JOHANN'S PRALINENTARTE MIT GEEISTER MOCCASAUCE UND TRUFFE D'OR

### ZUTATEN FÜR 10 TARTEFÖRMCHEN MIT EINEM DURCHMESSER VON 9 CM

*Tortenboden:*
80 g Butter
40 g Puderzucker
80 g weiße Schokolade, aufgelöst
3 Eigelbe
50 g Zucker
5 Eiweiß
75 g Mehl
25 g Walnüsse, gemahlen

*Pralinencrème:*
2 Eier
60 g heller Nougat
150 g Bitterkuvertüre
abgeriebene Schale von 1 Orange (unbehandelt)
1 cl Amaretto
1 cl Grand Marnier
1 cl Stroh-Rum
1 geschlagenes Eiweiß
150 g Sahne
75 g Crème double

*Pralinenmasse I:*
125 ml Sahne
½ TL Bitterkakao
125 g Bitterkuvertüre
5 cl Grand Marnier
abgeriebene Schale von
1 Orange (unbehandelt)

*Pralinenmasse II:*
150 ml Sahne
1 Prise Salz
100 g weiße Kuvertüre
100 g Vollmilchkuvertüre
3 cl Cointreau (60 %)

60 fertige Trüffelhohlkugeln
600 g dunkle Kuvertüre

*Geeiste Moccasauce:*
0,125 l Schlagsahne
0,125 l Milch
40 g Zucker
1 EL Espressopulver (Instant)

3 Eigelbe
2 Kugeln Vanilleeis

ZUBEREITUNG

1 Für den Tortenboden Butter mit Puderzucker schaumig schlagen. Weiße, aufgelöste Schokolade und Eigelbe nach und nach beigeben. Weiter schaumig schlagen. Getrennt davon Eiweiß mit Zucker schaumig schlagen. Den Eischnee abwechselnd mit dem Mehl und den Walnüssen vorsichtig unter die Schokoladenmasse heben. In die Förmchen füllen und bei 180°C ca. 30 Minuten backen. Gut auskühlen lassen.

2 Für die Pralinencreme Eier über Wasserbad schaumig schlagen. Nougat und Bitterkuvertüre im Wasserbad auflösen und zu den aufgeschlagenen Eiern geben. Orangenabrieb, Amaretto, Grand Marnier und Rum hinzufügen. Sahne und Crème double zusammen nicht zu steif schlagen und mit dem geschlagenen Eiweiß vorsichtig unter die Schokoladenmasse heben.

3 Truffe d'Or: Die Böden abkühlen lassen und mit der Pralinencrème füllen. Für 2 Stunden in den Kühlschrank stellen, mit Kakao bestäuben, aus den Tarteförmchen stürzen und mit Truffe d'Or und geeister Moccasauce servieren.

4 Für die Pralinenmasse I die Sahne mit dem Kakao einmal aufkochen und die kleingeschnittene Kuvertüre einrühren. Sofort von der Flamme nehmen und mit Grand Marnier und Orangenschale abschmecken. Abkühlen lassen.

5 Für die Pralinenmasse II Sahne und die Prise Salz einmal aufkochen. Kleingeschnittene weiße und Vollmilchkuvertüre schnell einrühren. Von der Flamme nehmen und mit Cointreau abschmecken. Abkühlen lassen.

(Weitere Schritte siehe nächste Seite)

6 Die beiden ausgekühlten Massen einmal mit einem Schneebesen kurz durchrühren, bis sie sämig sind.
7 Die Trüffelhohlkugeln zuerst mit Hilfe eines Spritzsacks mit kleiner glatter Tülle mit der Pralinenmasse I zur Hälfte füllen, kurz kühl stellen. Anschließend mit der Pralinenmasse II die Kugeln auffüllen.
8 Die kleingeschnittene Schokolade über einem warmen Wasserbad auflösen, anschließend temperieren und die Öffnung der Hohlkugeln damit verschließen.
9 Die Trüffel einzeln mit Hilfe einer Pralinengabel in die temperierte Schokolade tauchen, auf ein Pralinengitter setzen, kurz anziehen lassen und mit der Gabel den Trüffel igeln (auf dem Gitter rollen).
10 Mit Blattgold dekorieren.
11 Für die geeiste Moccasauce die Sahne, Milch, Zucker und das Espressopulver aufkochen lassen.
12 Das Eigelb zu der Kaffee-Milch geben und solange auf der Flamme kräftig rühren, bis die Sauce bindet. Anschließend passieren und nun gut abkühlen lassen.
13 In die gut gekühlte Sauce das Vanilleeis geben und mit einem Zauberstab schaumig mixen.

## VANILLEKIPFERL MIT WEINSCHAUM

### ZUTATEN FÜR 30 STÜCK

*Vanillekipferl:*
25 g Mandeln, fein gemahlen
100 g Butter, in kleine Stücke geschnitten
40 g Puderzucker
1 Eigelb
Mark von 1 Tahiti-Vanilleschote
abgeriebene Schale von 1 Zitrone (unbehandelt)
30 g Haselnüsse, fein gemahlen
135 g Mehl
1 Prise Salz
100 g Puderzucker
2 Päckchen Vanillezucker
Mark von 1 Vanilleschote

*Weinschaum:*
80 ml Weißwein
2 Eigelbe
40 g Zucker
abgeriebene Schale von ½ Orange (unbehandelt)
abgeriebene Schale von ½ Zitrone (unbehandelt)

### ZUBEREITUNG

1 Vanillekipferl: Die Mandeln in einer heißen Pfanne bräunen, beiseite stellen und abkühlen lassen.
2 Butter, Puderzucker, Eigelb, Vanillemark, Zitronenschale, Haselnüsse, Mehl und Salz zu einem glatten Teig verkneten. In Klarsichtfolie wickeln und 1 Stunde kühl stellen.
3 Den Backofen auf 200° C vorheizen.
4 Aus dem Teig etwa 30 Kipferln formen, auf ein mit Backpapier belegtes Backblech legen und im heißen Ofen etwa 10 Minuten backen.
5 Puderzucker sieben und mit Vanillezucker und Vanillemark mischen. Kurz bevor die Kipferln ganz abgekühlt sind, diese vorsichtig in der Zuckermischung wälzen.
6 Weinschaum: Alle Zutaten für den Weinschaum zusammen in eine Schüssel geben und über einem heißen Wasserbad schaumig schlagen.

## LAFER'S MOHREKOPP MIT GEWÜRZORANGENFILETS

ZUTATEN FÜR 4 PERSONEN

*Lafer's Mohrekopp:*
1 Ei
50 g heller Nougat
50 g weiße Kuvertüre
1 Blatt Gelatine, in kaltem Wasser eingeweicht
1 EL Rum
1 EL Grand Marnier
40 g Krokantbrösel
abgeriebene Schale von 1 Orange (unbehandelt)
225 g geschlagene Sahne
1 kl. Biskuitboden

*Canache:*
220 g Sahne
40 g Butter
200 g Bitterkuvertüre

*Sauce:*
90 ml Wasser
110 g Zucker
50 g Crème double

ca. 50 g weiße Kuvertüre, aufgelöst

*Gewürzorangen:*
5 Orangen
130 g Zucker
250 ml Weißwein
125 ml Orangensaft, frisch gepresst
2 Kardamomkapseln
4 Nelken
2 Sternanis
2 Zimtstangen
1 Vanilleschote
abgeriebene Schale von 1 Orange (unbehandelt)
abgeriebene Schale von 1 Zitrone (unbehandelt)
20 g Speisestärke
2 cl Grenadine
2 cl Grand Marnier

*Mandelkrokantkörbchen:*
50 g flüssige Butter
100 g Kristallzucker
2 EL frischer Orangensaft
Saft von ½ Zitrone
30 g Mehl
50 g gehobelte Mandeln oder gemahlene Pistazien

## ZUBEREITUNG

1 Lafer's Mohrekopp: Das Ei über dem Wasserbad schaumig schlagen. Wenn die Eimasse dicklich wird, herunternehmen und noch etwas weiterschlagen.

2 Den Nougat und die Kuvertüre über dem Wasserbad bei mäßiger Hitze schmelzen lassen, unter die Eimasse geben und gut verrühren.

3 Die eingeweichte Gelatine mit etwas Rum und Grand Marnier erwärmen. Die aufgelöste Gelatine nun unter die obige Masse rühren.

4 Die Krokantbrösel und die Orangenschale mit der geschlagenen Sahne vorsichtig unter die abgekühlte Masse rühren.

5 Die Crème in Kuppelförmchen füllen. Im gleichen Durchmesser kleine Biskuitböden ausstechen und damit abdecken.

6 Ca. 2 Stunden kühlstellen. Nach dem Abkühlen auf ein Gitter stürzen.

7 Canache: Die Sahne aufkochen und die Butter und die klein geschnittene Bitterkuvertüre darin auflösen.

8 Sauce: Wasser und Zucker aufkochen, Crème double dazugeben, nochmals aufkochen lassen und leicht abkühlen.

9 Die Canache und die Sauce mischen und gut verrühren.

10 Mit einer Suppenkelle die Überzugmasse über die Crèmekuppeln gießen und im Kühlschrank fest werden lassen.

11 Die Mohreköppe mit der flüssigen weißen Kuvertüre (mit Hilfe eines kleinen Pergamenttütchens) besprenkeln.

(Weitere Schritte siehe nächste Seite)

12 Die Orangen filetieren.
13 Zucker karamellisieren, mit Weißwein ablöschen und etwa 5 Minuten kochen. Orangensaft unterrühren. Gewürze sowie Orangen- und Zitronenschale dazugeben und alles etwa 10 Minuten leicht köcheln lassen.
14 Speisestärke mit 1 Esslöffel kaltem Wasser anrühren und den Gewürzfond damit leicht binden. Nochmals kurz aufkochen und abkühlen lassen.
15 Mit Grenadine und Grand Marnier abschmecken. Das Ganze über die Orangenfilets gießen und etwa 1 Tag im Kühlschrank marinieren. Vor dem Servieren die Gewürze entfernen.

16 Mandelkrokantkörbchen: Alle Zutaten vorsichtig miteinander verrühren. Diese flüssige Mandelmasse in Klarsichtfolie wickeln und für eine Stunde in den Kühlschrank legen. Ein Blech mit Butter bestreichen und mit Mehl bestäuben. Aus der Masse kleine Kügelchen formen und auf das Blech setzen. Mit Hilfe eines Gabelrückens die Kugeln flach und dünn zerdrücken. Dann für 5–7 Minuten bei 200° C in den vorgeheizten Backofen schieben. Wenn die Mandelscheiben goldbraun sind, aus dem Ofen nehmen, leicht abkühlen lassen und in noch warmem Zustand in etwas höhere Gefäße drücken, so dass der Rand überlappt. Nun völlig auskühlen lassen, bis die Körbchen fest sind.

17 Den Mohrekopp mit Grand Marnier Eis im Krokantkörbchen servieren. Mit den Gewürzorangen und einem Saucenspiegel aus Vanillesauce und Himbeermark garnieren.

## ERDBEERROSETTE MIT RHABARBERSCHAUM

### ZUTATEN FÜR 4 PERSONEN

375 g Rhabarber
Saft von 3 Zitronen
180 g Zucker
200 ml Weißwein
6 Eigelbe
60 g Zucker
Mark von
1 Tahiti-Vanilleschote
1 Prise Zimt
1 Prise Nelken, gemahlen
100 g geschlagene Sahne
500 g Erdbeeren
etwas Puderzucker
Minze für die Garnitur

### ZUBEREITUNG

1 Rhabarber waschen, schälen und in 1 cm große Stücke schneiden.

2 Zitronensaft, Zucker und Weißwein aufkochen, den Rhabarber zugeben und bei geschlossenem Deckel kurz weich dünsten. Anschließend durch ein Sieb schütten, dabei die Flüssigkeit auffangen, und die Rhabarberstücke abkühlen lassen.

3 125 ml der aufgefangenen Flüssigkeit, Eigelbe, Zucker, Vanillemark, Zimt und Nelken über einem heißen Wasserbad schaumig schlagen, anschließend kalt schlagen. Die Rhabarberstücke unter die kalte Masse geben und die Sahne unterheben.

4 Die Erdbeeren waschen, putzen und in ca. 3 mm dünne Scheiben schneiden. Die Erdbeerscheiben auf gekühlten Tellern verteilen, den Rhabarberschaum darauf anrichten und mit Puderzucker bestäubt servieren. Eventuell mit frischer Minze vollenden.

## ZUTATEN FÜR 1 SPRINGFORM VON 26 CM DURCHMESSER

100 g Mürbeteig
50 g Aprikosenmarmelade, aufgerührt
1 Biskuitboden, 26 cm Durchmesser
125 ml Rum
2 EL Wasser
30 g Puderzucker
375 ml Milch
2 Eigelbe
70 g Zucker
Mark von 2 Vanilleschoten
1 Prise Salz
4 Blatt Gelatine
500 g Sahne
200 g Löffelbiskuits
50 g Sahne
100 g Mandelblättchen, geröstet

## ZUBEREITUNG

1 Den Backofen auf 200° C vorheizen.
2 Den Mürbeteig etwa 3 mm dünn ausrollen, mit einem Tortenring (Durchmesser 26 cm) einen Kreis ausstechen und im heißen Backofen 5–10 Minuten backen. Anschließend auskühlen lassen.
3 Den Boden mit Aprikosenmarmelade bestreichen. Den ca. 1–2 cm hohen Biskuitboden darauf legen und um das Ganze einen Tortenring setzen. Rum, Wasser und Puderzucker mischen und den Kuchen damit leicht tränken. Den Rest der Rummischung beiseite stellen.

4 Milch aufkochen. Eigelbe, Zucker, Vanillemark und Salz miteinander verrühren und zusammen mit der Milch über einem heißen Wasserbad abrühren, bis die Crème bindet. Sofort von der Herdplatte nehmen.
5 Gelatine in kaltem Wasser einweichen, gut ausdrücken und in die noch warme Crème einrühren. Das Ganze auf

Eis solange rühren, bis die Crème leicht anzieht. Mit Rum abschmecken.

6 Sahne steif schlagen und unter die Crème heben. 1/3 der Crème auf den Tortenboden geben und glatt streichen.

7 Die Löffelbiskuits mit der restlichen Rummischung tränken und eng nebeneinander auf die Crème legen. Ein weiteres Drittel der Crème darauf verteilen und nochmals mit Löffelbiskuits belegen. Die restliche Crème darauf geben und glatt streichen. Die Torte einen Tag kühl stellen.

8 Den Tortenring entfernen. Sahne steif schlagen, die Torte damit rundherum bestreichen und mit Mandelblättchen bestreuen.

## MILLEFEUILLE AUS KROKANTBLÄTTERTEIG, BOURBON VANILLECRÈME UND WALDERDBEEREN MIT SAFRANEIS

### ZUTATEN FÜR 4 PERSONEN

*Krokantblätterteig:*
300 g Blätterteig
80 g Puderzucker
2 cl Orangenlikör
100 ml geschlagene Sahne
300 g Walderdbeeren

*Crème:*
100 g Sahne
40 g Zucker
Mark von
½ Bourbon Vanilleschote
3 Eigelbe
2 Blatt Gelatine
1 TL Zitronensaft

*Safraneis:*
250 ml Milch
250 ml Sahne
100 g Zucker
½ TL Safranfäden
2 Eier
2 Eigelbe

### ZUBEREITUNG

1 Krokantblätterteig: Den Blätterteig viereckig etwa 3 mm dick ausrollen und auf ein vorher mit Wasser beträufeltes Backblech legen. Mit einem Blech beschweren, damit der Teig nicht so stark aufgeht.

2 Im Backofen bei etwa 240° C (Heißluft etwa 200° C) gut ausbacken und mit einem Ausstecher mit Durchmesser 4 cm Kreise ausstechen.

3 Nun dick mit Puderzucker bestreuen und unter dem Grill goldgelb karamellisieren lassen. Wenn die Kreise ausgekühlt sind, den Vorgang von der anderen Seite wiederholen.

4 Crème: Die Sahne mit dem Zucker und dem Bourbon Vanillemark aufkochen. Ein Drittel der kochenden Flüssigkeit zum Eigelb geben und glatt rühren. Beides wieder in den Topf geben, auf den Herd stellen und unter ständi-

gem Rühren solange auf dem Herd lassen, bis das Ganze dickflüssig wird (darf auf keinen Fall mehr kochen!). Sofort durch ein feines Sieb in ein kaltes Gefäß passieren.

5 Gelatine in kaltem Wasser auflösen und unter die Crème geben. Alles auskühlen lassen. Die erkaltete Crème mit dem Zitronensaft und dem Orangenlikör glatt rühren und die geschlagene Sahne unterheben.

6 Safraneis: Milch, Sahne, Zucker und Safran aufkochen. Ein Drittel zum Eigelb geben und glatt rühren. In den Topf zurückgeben und auf dem Herd unter ständigem Rühren zu einer dicklichen Masse aufschlagen (nicht kochen lassen!). Sofort durch ein Sieb in ein kaltes Gefäß passieren und in der Eismaschine gefrieren.

7 Zum Anrichten den Krokantblätterteig in die Mitte des Tellers legen und die Crème darauf geben. Die Erdbeeren vorsichtig in die Crème drücken, nochmals Crème darauf geben und einen zweiten karamellisierten Blätterteigkreis aufsetzen. Den Vorgang wiederholen und mit marinierten Walderdbeeren und Safraneis servieren.

## BIBLIOGRAFIE

Kerner, Johannes B.: *Kerners Köche. Die besten Rezepte aus der TV-Show.* München 2005

Lafer, Johann und Lichter, Horst: *Lafer! Lichter! Lecker! Die etwas andere Kochschule.* München 2007

Lafer, Johann: *Kochen mit Johann Lafer.* München 2007

Lafer, Johann: *Meine Kochschule.* München 2006

Lafer, Johann: *Desserts, die mein Leben begleiten.* München 2005

Lafer, Johann: *Rezepte.* München 2005

Lafer, Johann: *Kochen für Freunde.* München 2006

Lafer, Johann: *Vorspeisen.* München 2006

Lafer, Johann: *Gut kochen.* München 2005

Lafer, Johann: *Die klassische Küche Italiens.* Köln 2003

Lafer, Johann: *Meine Kochschule.* München 2006

Lafer, Johann, Brussee, Helmut & Gasser, Helmut: *So schmeckt das Leben.* München 2006

## LITERATUR

ASTHEIMER, SVEN: Prediger hinter dem Herd. *Frankfurter Allgemeine Zeitung* vom 30. Dezember 2006

BAUR, EVA GESINE: *Hamlet am Herd. Das Leben des Eckart Witzigmann.* Hamburg 2006

BOURDAIN, ANTHONY: *Geständnisse eines Küchenchefs. Was Sie über Restaurants nie wissen wollten.* München 2006

FICHTNER, ULRICH: Das riecht ja wieder wunderbar, *Der Spiegel* vom 28. November 2005

FREITAG, MICHAEL: Wer wagt, gewinnt: Dieser Koch setzt alles auf eine Karte, *Frankfurter Allgemeine Magazin* vom 10. November 1995

GAMERSCHLAG, BERT: Schmeckt's Mr. President. Tun Sie denn mal was rein!, *stern* vom 3. März 2005

JUNGLAS, WOLFGANG: *Der Kulinarische Weinberg. Alle deutschen Weinregionen und ihre schönsten Rezepte.* München 1995

KAMHOLZ, KLAUS: Ich muss immer gut drauf sein, *Profil* vom 6. April 2004

*Bildnachweis* Alle Fotos auf den Seiten 257–269 oben und 272 stammen aus dem Privatarchiv von Silvia Buchholz-Lafer und Johann Lafer
© Silvia Buchholz-Lafer und Johann Lafer.
Seite 269 unten: © Jörg Ladwig
Seite 270–271 (alle Fotos): © Werner Feldmann

www.collection-rolf-heyne.de

1. Auflage 2007



*Text aufgezeichnet von* Regina Carstensen, München
*Buchgestaltung nach einem Entwurf von* Wolfgang Seidl, Seidldesign, Stuttgart
*Lithografie* Lorenz & Zeller, Inning a. A.
*Druck und Bindung* Ebner & Spiegel, Ulm

Printed in Germany

ISBN 978-3-89910-350-2